语言观念的哲学追索

——于全有语言哲学论稿

于全有 著

北方联合出版传媒(集团)股份有限公司

万卷出版有限责任公司

图书在版编目（CIP）数据

语言观念的哲学追索 / 于全有著. — 沈阳：万卷
出版有限责任公司，2023.9
ISBN 978-7-5470-6363-7

Ⅰ. ①语… Ⅱ. ①于… Ⅲ. ①语言哲学 Ⅳ.①H0
中国国家版本馆CIP数据核字（2023）第162737号

出 品 人：王维良
出版发行：北方联合出版传媒（集团）股份有限公司
　　　　　万卷出版有限责任公司
　　　　　（地址：沈阳市和平区十一纬路29号　邮编：110003）
印 刷 者：辽宁鼎籍数码科技有限公司
经 销 者：全国新华书店
幅面尺寸：170mm×240mm
字　　数：310千字
印　　张：17
出版时间：2023年9月第1版
印刷时间：2023年9月第1次印刷
责任编辑：刘书吟
责任校对：刘　洋
装帧设计：张　莹
ISBN 978-7-5470-6363-7
定　　价：48.00元
联系电话：024-23284090
传　　真：024-23284448

在第二届语言理论与对外汉语教学研究国际学术研讨会上（2011.4）

应邀赴重庆讲学期间，顺游长江三峡时留影（2021.5）

在辽宁大学语言学及应用语言学专业博士学位毕业论文答辩会上（2019.7）

与爱人胡广东跟部分研究生在一起（2018.12）

我们的全部尊严就在于思想

——序于全有《语言观念的哲学追索》

李宇明

于全有教授的《语言观念的哲学追索》即将付梓，作为出版前的读者，我先睹为快，大脑中总是涌现出"我们的全部尊严就在于思想"这句名言。

这句名言出自布莱兹·帕斯卡尔（Blaise Pascal 1623—1662）的《思想录》，也译作《沉思录》。帕斯卡尔是17世纪法国最具天才的数学家、物理学家和哲学家。他发现了几何学上的帕斯卡尔六边形定理、帕斯卡尔三角形；提出了物理学上的帕斯卡尔定理，为此科学界以其名字来命名压强的单位，简称"帕"。1670年，《思想录》在法国出版，这部著作被认为是法国古典散文的奠基之作，是世界思想文化史上的经典著作。

人脆弱如芦苇，但人类的伟大在于他会思想、有思想。思想大家如帕斯卡尔，虽然英年早逝，仅在世39年，但他的天才和智慧却在历史的星河中大放异彩。人如是，一门学科亦如是。

学科所拥有的不仅是科学材料、研究方法与技术、各种发现与发明，还有方法论、研究范式、科学理念。这其中不仅有具象的物、抽象的理，也有更为尊贵的可以称之为"思想"的东西。故而很多学科都有"××思想史"的著述。鲁国尧先生在《关于"中国语言学思想史"的断想》（《语言战略研究》2018年第2期《卷首语》）一文中提及，他2004年曾徜徉于书店，见到了《逻辑学思想史》《中国货币思想史》等书。据称书店是他的"悟道之处"，由此激发了他对学科"思想"的兴趣，便到某大学图书馆网检索，居然发现有700来本《××思想史》的著作，诸如《中国传播思想史》《中国近代军事思想史》《数学思想史》《化学思想史》《中国技术思想史论》等，但却独不见《中国语言学思想史》！自此之后，鲁国尧先生不断呼吁开展"中国语言学思想史"研究，2007年还发表长文《就独独缺〈中国语言学思想史〉！？》。

语言学界有语言学理论、语言学史等著作，甚至还有以《语言学说史》（［苏］H. A. 康德拉绍夫著，杨余森译，武汉大学出版社，1985年）命名的著作，其中必然涉及语言学思想，但以"语言学思想"为明确研究对象者的确不多。2016年薄守生、赖慧玲《百年中国语言学思想史》（中国社会科学出版社）出版，算是补此一憾。2018年陈昌来《中国语言学史研究的现状和思考》（《上海师范大学学报》哲学社会科学版第3期）、2011年李仕春《中国语言学学术思想史研究刍议》（《广西社会科学》第2期）、2015年鲁国尧《新知：语言学思想家段玉裁及〈六书音均表〉书谱》（《汉语学报》第4期）陆续发表，算是有了一些关于语言学思想讨论的回鸣。

全有教授的《语言观念的哲学追索》，是作者关于语言哲学的论文辑录，内容分为《理论篇》和《史论篇》两部分，主要是有关语言观问题的思索与探究。书中虽没有"语言学思想"之名，但因讨论的是语言哲学问题，多数文章其实也是在阐发"语言学思想"。比如著作中的"史论篇"，有《上古时期人类有关语言本质问题的探索历程》《中近古时期人类有关语言本质问题的探索历程》《19世纪人类有关语言本质问题的探索历程》《20世纪以来人类有关语言本质问题的探索历程》4篇文章，是对语言本质问题的历时梳理。视域跨越数千年，笔触涉及近百家，有古希腊的赫拉克利特、德谟克利特、苏格拉底、柏拉图、亚里士多德等学说，古印度的《奥义书》与"史波达说"，古代中国的老子、孔子、管子、墨子等学说。古希腊、古印度、古代中国的先哲们，几乎在同一时期都不同程度地思索语言本质问题，是人类思想史上的一大奇观。他们在语言工具说、语言符号说、语言本体说等语言意识的萌生、发展中，陆续出现语言天赋论、语言世界观说、语言生物机体说、语言行为论、语言过程论等语言学思想，这是十分有意思的。

笔者曾有《〈论语〉之论语》（《语言教学与研究》2009年第4期），发现《论语》中关于语言的记述十分丰富，主要论及慎言恶佞、言行相副、言而有信、言语合礼、言必有用、言当雅顺等，还涉及当时其他方面的一些语言行为规范。《论语》基本上是带着语言伦理学的眼光来看待语言的，是中国应用语言学的滥觞，是先秦语言学思想的主要代表。由于《论语》及儒学在中国历史上的特殊地位，使得《论语》对语言和语言行为的论述，对后世发生了重要影响。研究《论语》关于语言的记述，不仅有利于了解先秦的语言学思想，而且也能帮助把握两千多年来中国人的语言意识与语言规范。正是有此研究，我更能感受到全有教授《史论篇》的思想脉动。

《语言观念的哲学追索》的"理论篇"有15篇文章，其中有一组文章是讨论"语言本质"的。《"语言本质"内涵的内在逻辑层次》《语言符号论之语言本质观论析》《语言工具论之语言本质观论析》《语言本体论之语言本质观论析》《重新探索语言本质问题的理论价值与实践价值》《语言本质观的层次性重建》《语言本质问题研究境界的拓展与提升》等，从不同视角、不同层次论析语言的本质，还对王希杰先生的语言本质观进行了述评。这些文章提出，语言本质应该是一个由语言的底层本质、一般本质、特殊本质等层次构成的具有一定的内在逻辑联系的整体。语言的底层本质是人的实践活动，这可以从语言的产生、发展、习得、应用等方面反映出来；语言的一般本质是表现，这可以从语言表达与接收的过程、从不同语域的语言存在方式上反映出来；语言的特殊本质是符号，这可以从语言的音义结合等特性上、从与一般符号特点的比较上反映出来。

全有教授能够用哲学的视角研究语言学，发掘语言学思想，这与他的学术阅历密切相关。他早年读硕士研究生时主攻语法修辞，后入吉林大学攻读哲学博士学位，主修语言哲学。在高校从教36年，他曾为本科生、研究生主讲过现代汉语、应用语言学、语言学概论、修辞学研究、中国语法学史、语法理论、语言观研究、语言学方法论、中国现代语言学史等十数门基础课、理论课和选修课，具有宽阔扎实的学术基础。他著有《语言本质理论的哲学重建》《语言理论与应用研究》《普通话概论》《现代汉语专题研究》等著作，具有敏锐的学术眼光和对多个理论问题的深邃思考。耕耘半生，硕果满园，故能著成新作《语言观念的哲学追索》。

人有思想方有尊严，学科亦如是。语言学古老亦年轻，兼有人文科学、社会科学、自然科学等多学科性质，应有的一系列科学思想值得研究，也应有研究语言学思想的学科觉悟，使语言学因有熠熠闪光的语言学思想而有学科尊严。鲁国尧先生有呼吁，于全有等先生有实践。语言学思想不应再是"养在深闺人未识"，其研究有望是"东城渐觉风光好""红杏枝头春意闹"，这是宋代词人宋祁《玉楼春·春景》中的诗句，也是鲁国尧先生在《关于"中国语言学思想史"的断想》中表达愿景所引用的。

前　言

　　语言观念作为一种对语言的本质性的理性认识，是统摄对语言的相关理性认识与科学应用的灵魂。

一

　　语言观念的内涵有狭义与广义之分：狭义的语言观念指的是在根本性的层次上，对语言到底是什么的一种带有本质性认识特征的思想观念；广义的语言观念指的是包括语言的各种不同层次之本质是什么等在内的各种语言思想观念。本书所研究、探讨的语言观念，主要是狭义层面上的语言观念。本书中所触及的关于语言观念的哲学追索，即主要是意在从根本性的层次上对语言到底是什么进行一种带有本质性认识特征的形上思索，向上可以属于语言哲学层面上的研究、探索。

　　语言观念的形成，离不开对语言本质的认识。也就是说，语言观念脱胎于对语言本质的认识，语言本质观念是语言观念形成的基础。而对事物本质的认识，无疑已触及对事物的根本性认识的层次。从这个意义上说，无论对于语言学也好，还是对于哲学也好，语言观念问题在深层次上所涉及的，并不单纯地是一个语言学问题，而是一个关于语言的哲学问题。而从语言哲学研究的视角上看，语言观念问题也是一个必然首先要涉及的、核心性的理论问题。无论目前学界对语言哲学的内涵是做塞尔的"philosophy of language"与"linguistic philosophy"之分也好，还是做万德勒的"philosophy of linguistics""philosophy of language""linguistic philosophy"之分也好，抑或是别做其他之分也罢，概而言之，语言哲学的内涵不外乎涉及两大类状况：一是对语言（学）的基本问题的哲学研究（大体相当于"philosophy of language"与"philosophy of linguistics"所触及的内容），二是通过语言研究的方式来研究、探讨哲学问题（大体相当于"linguistic philosophy"所触及的内容）。从目前语言哲学研究所触及的相关内容上看，语言哲学所研究的内容固然有属于哲学研究的一面，语言哲学中也有一部分所探究的内容也可以是属于语言学研究的一面。而语言哲学不管是在上述研究的哪一面，无疑都会在不同层面与不同程度上，触及语言观念问题。

二

中国古代很早就已出现了有关语言哲学问题的相关探讨。远在中国的春秋战国时代，儒家、道家、墨家、法家、名家等不少代表性的人物——如孔子、孟子、荀子、老子、庄子、墨子、管子、尹文子、公孙龙子等，在有关语言与事物间关系的探讨中，就出现了颇类似于古希腊"名"与"物"关系之争的、有关"名"与"实"关系（即名称与事物的关系）的探讨，并取得了比较丰硕的思索成果。如果要从相传为兵家太公望（即吕尚/姜子牙）所著的《六韬》中即已出现的"名当其实"之说算起，中国古代有关"名"与"实"关系问题的认识，还可以在此基础上再提前好几百年之久。可惜的是，自从走过先秦时代的辉煌之后，中国古代的相关语言问题的探究却在很长的一段时间里陷入了重实用而忽视对语言的理性探究的窠臼。特别是在经过焚书坑儒、罢黜百家之后，创造性思维多半已失去了进一步发展的社会环境与土壤，致使我们在相关语言问题研究上，与具体的语言事实研究方面所取得的丰硕成果相比，在有关语言观念的形上之思研究方面，则显得相对薄弱而不尽如人意。即便是我们在历史长河中的某些时期，在有关语言观念的形上之思方面有所触及与思索，也往往多是以散珠碎玉的形式出现，既缺乏系统完善的理论论证，又鲜有较大的相对系统的理论创新。究其根源，这种状况的形成，固然与相应的社会文化环境与氛围有关，也可能与中国人重形、重用等思维偏向不无关联。

没有语言观念哲学思索的语言学或语言哲学，无疑是失魂的语言学或语言哲学。我国有学者曾在1996年的相关语言哲学对话中针对我国语言学还缺乏"哲学头脑"的指挥这一问题时提出："一旦哲学武装了语言研究，一旦语言哲学发挥了强大的理论力量，我国语言学必将有重大突破。"[1]这无疑看到了我们在相关语言研究中加强语言哲学研究的重要性。同时，语言观念的科学发展，无疑也需要相关方面理论思维的发展与引领。恩格斯曾在《自然辩证法》中说道："一个民族想要站在科学的最高峰，就一刻也不能没有理论思维。"[2]而理论思维的发展，需要也应该让哲学思考成为一种习惯和能力。

毕竟，按照一般的理解，哲学本源于仰望星空；毕竟，按照黑格尔的说法，"一个民族有一群仰望星空的人，他们才有希望"；毕竟，按照philosophy（哲学）的原意——"爱智慧"，哲学本是人的一种生活方式、一种精神品质。

三

法国哲学家帕斯卡尔曾经说过："我们的全部尊严就在于思想。"

然而，按照歌德的理解，世上最艰难的工作，恰恰是思想。

在有关语言观念问题的思索上，我们要想真正地在根本性的层次上廓清并揭示出语言的本真面目，走入语言灵魂的深处，又谈何容易！仅以对作为语言观念形成基础的语言本质观念的认识来说，历史上，从苏格拉底到洛克、卢梭，从列宁、斯大林到如今，许多人都认为语言是工具，索绪尔等认为语言是符号，而海德格尔、伽达默尔等认为语言是本体，还有人认为语言本质上是声音、是交际、是世界观、是人文性等。那么，语言在本质上到底是什么？上述这些认识与说法都分别是站在什么维度、什么层面上来思索问题的？其结论由来的思想基础、逻辑思维方式是什么？又如，当代西方分析哲学的重要代表人物维特根斯坦认为，语言无本质。那么，维特根斯坦到底是在什么背景与意义上说这个意思的？对语言到底可不可以谈论本质？如若认为对语言可以谈论本质的话，我们到底应该怎样去追寻、探索语言的本质？探讨问题的逻辑起点在哪里？事物的本质到底是一种什么样的结构？本质有没有层次性？语言哲学层次与意义上的语言本质到底是什么？上述这一系列涉及追根问底的相关问题探索，由于受到问题本身的艰深性、复杂性等因素的影响以及人们对相关问题的相关认识能力的影响，显然难以一蹴而就。这种对事物的根本性认识的过程，

---

① 于根元等著《语言哲学对话》，语文出版社1999年版，第23页。

② 中共中央马克思恩格斯列宁斯大林著作编译局译《马克思恩格斯全集》第20卷，人民出版社1971年版，第384页。

如果抛却其所诉求的具体问题内容不论，仅就其对事物的认识过程而论，颇有点像利玛窦当年在论证"人之魂为神"时所讲的"脱形而神之"的过程——"我欲明物，如以己心受其物焉，其物有形，吾必脱形而神之，然后能纳之于心。如有黄牛于此，吾欲明其性体，则视其黄，曰非牛也，乃牛色耳；听其声，曰非牛也，乃牛声耳；啖其肉味，曰非牛也，乃牛肉味耳。则知夫牛自有可以脱其声色味等形者之情而神焉者。"①无疑，这种"脱形而神之"地达至追寻到"神焉者"的过程，是需要探究者对被认知的事物有相当的认知功力与勇毅前行的孤往精神为基础的。尽管于人类而言，语言似乎已是我们再熟知不过的事物。

毕竟，熟知未必真知；毕竟，"见诸相非相"才"即见如来"（《金刚经》）之境界很难一蹴而就；毕竟，眼界决定宽度，思想决定深度，思想有多远，才可能走多远。

《周易·系辞上传》有言："形而上者谓之道，形而下者谓之器，化而裁之谓之变，推而行之谓之通。"意思是说：形而上之内在精神因素叫作道，形而下之外显物质状态叫作器，二者互动导致事物的交感化育而相互裁节叫作变，顺着变化规律以推广旁行叫作通。也就是说，形而上之内在精神因素乃无形的道体，形而下之外显物质状态乃物之显相；道为器之魂，器为道之用；唯有顺着道与器二者间的交感化育、相互裁节之变化规律而行，才能达至致道的目的。而对事物的相关认识若不能超越物之显相而达至无形的道体与魂魄，则很难谈得上已迈入对事物的本质性认识之境界，更谈不上能拨云见日、达至"神焉者"与"见如来"之境了。

四

学贵行之。

近些年来，笔者对相关语言哲学研究中存在的一些问题进行了一定程度的研究、探讨，本书即是近些年来笔者从事语言哲学研究部分文章的辑录，主要是有关语言观问题的思索与探究的。辑录成册的目的，一是为过去的相关研究做一阶段性小结，以便于作为镜像而自我省察；二是便于以之向同道请业，以利于今后的思索与提高。有道是："竹子之所以能节节升高，是因为它每走一

---

① [意]利玛窦著《天主实义》，见《利玛窦中文著译集》，复旦大学出版社2001年版，第28页。

步，都要做一次小结""不自满者受益，不自是者博闻"。由此观之，阶段性小结与向同道请业，自当不失为一种问学的方式。至于本书对相关语言观念的探究与揭示、对相关问题形成路径的追寻与探索，到底抓没抓住事物的根本、能不能达至"脱形而神之"之境，对相关研究的进步到底能不能起到有所裨益的推进作用，则只能交由读者们去品评了。

荀子曾有"非我而当者，吾师也；是我而当者，吾友也"（《荀子·修身》）、"赠人以言，重于金石珠玉"（《荀子·非相》）之训，诚望学界同道有以教之。

于全有

2022年3月15日

目 录
Contents

史论篇

理论篇

"语言本质"内涵的内在逻辑层次 *

摘要："语言本质"就是语言之为语言的根本的规定性。而作为这种根本的规定性的"本质"，其自身本来就具有内在的逻辑层次。一般而言，本质可以反映在底层本质、一般本质、特殊本质这样三个基本的层次上。相应于本质所具有的这种内在的逻辑层次，语言本质也具有相应的逻辑层次。

关键词：语言本质；内涵；逻辑层次

所谓的"语言本质"，通常指的就是语言之为语言的根本的规定性。

为了更好地说明问题，廓清"语言本质"内涵的内在逻辑层次，这里首先需要从"语言"和"本质"的含义上谈起。

一

关于"语言"到底是什么、其概念到底该如何界定能相对更为科学一些，这本是要在对语言的本质进行过比较深入的研究、探寻之后，最终才能实现的目标。由于语言与人类的生存活动、人类自身的生理机制等都有着十分密切的关系，不同领域的学者完全可以从不同的学科角度给语言下一个不同的定义，并对语言的本质做出相应的、不同的阐释，因此，目前学界对"语言"的认识并不一致。仅据我们粗略地梳理，百余年来，关于"语言"的比较有代表性的概念已不下百余种①。这里，为了有一个基本的着眼点以方便讨论，我们

---

* 本文原刊《社会科学辑刊》2011年第4期，收入本书时依原手稿作了补正。

① 详情可参阅于全有《语言底蕴的哲学追索——从传统语言本质论到层次语言本质论》，第153—171页，吉林大学博士学位论文，2008年。

暂先以目前在社会上影响相对比较广泛的《辞海》中的"语言"概念及其内涵作为起点与基础，来展开我们对问题的讨论与追索。《辞海》中的"语言"条目说：

> 语言　人类最重要的交际工具。它同思维有密切的联系，是人类形成和表达思想的手段，也是人类社会最基本的信息载体。人类借助语言保存和传递人类文明的成果。语言是人区别于其他动物的本质特征之一。共同的语言又常是民族的特征。语言就本身的机制来说，是社会约定俗成的音义结合的符号系统。语言是一种特殊的社会现象，它随着社会的产生而产生、发展而发展。语言没有阶级性，一视同仁地为社会各个成员服务。但社会各阶级、阶层或社会群体会影响到语言，而造成语言在使用上的不同特点或差异[1] 1128。

这个定义虽然也有不尽如人意之处，但却大体上反映了现今一般的语言理论对"语言"的内涵的基本认识。为了确保对问题讨论的基点的一致，这里有必要对我们这里所要探究的"语言"的内涵，再做两点必要的内在逻辑层次性质的说明：

第一，我们这里所要探讨的"语言"，主要立足于或集中于人类的自然语言，包括人类自然语言下的语言行为，其含义主要是人类自然语言意义上的含义。

众所周知，目前一般的语言理论对"语言"含义的经典表述，常常是"语言是人类最重要的交际工具""语言是音义结合的符号系统""语言是能够充当人类最重要的交际工具与思维工具的、音义结合的符号系统"等。这些对"语言"含义的经典表述，说的本都是人类自然语言意义上的"语言"。但是，自20世纪以来，随着语言哲学的兴起及对语言表征的多视点、多维度的阐发，"语言"的内涵已在不少相关学者那里发生了很大的变化，实际上已被赋予了很丰富的含义。这些有关"语言"的含义，大致说来，可以有以下这样两种基本类型：一是指自然语言及自然语言下的语言行为，包括人的自然语言的符号、表意方式及听说读写等行为；二是指非自然语言符号及非自然语言行为，包括人的态势语、形式语言（人工语言），包括动物所发出的各种信号"语言"，包括人类社会的各种情态符号，甚或是罗兰·巴特（Roland Barthes，1915—1980。也有人译为"罗兰·巴尔特"）所认为的物体、绘画、电影、电视、广告、杂志、照片、衣服、食物、汽车、家具等"语言"，乃至于他所认为的都具有语言性质的人类一切文化现象[①]。20世纪以来，正是在"语言"又有了第二种含义的意义上，人类所有的表意方式都被看成是语言，人类所有的活动也都被一些结构主义者看成是语言，并在一定程度上被以"拟语言结构"的方式来加以研究。尽管上述这两种类型的"语言"在某种意义上有相通之处，但严格意义上说，二者毕竟还是有区别的两种不同形态的"语言"。为了讨论的集中，本文所探讨的"语言"，主要指向人类的自然语言，包括自然语言下的语言行为。但这并不妨碍本文关于"语言"问题的一些阐释可能在某种程度上也适用于对非自然语言及非自然语言行为的"拟语言结构"式的探讨。

第二，我们这里所要探讨的"语言"，思索的逻辑层次起点不是已抽掉了具体的语言行为活动的、抽象的"语言"层面，而是包括"言语"在内的"语言"层面。

著名语言哲学家、现代语言学之父费尔迪南·德·索绪尔（F. de Saussure，1857—1913）在其传世名著《普通语言学教程》中，创造性地提出了一个被他称为"我们在建立言语活动理论时遇到的第一条分叉路"的重要语言理念——"语言"（langue）和"言语"（parole）二分的主张[②]。索绪尔认为，"语言现象"总有诸如音响形象与观念、言语活动中的个人与社会等两个互相对应的方面，由此他把"言语活动"分成了"语言"和"言语"两部分：所谓的"语言"，按索绪尔的说法，就是"通过言语实践存放在某一社会集团全体成员中的宝库，一个潜存在每一个人的脑子里，或者说得更确切

---

① 参见：1. ［法］罗兰·巴特著《符号学美学》第一章，董学文、王葵译，辽宁人民出版社1987年版。需要说明的是，这本书中标注梅洛-庞蒂的生年为"1906"。本文依目前比较常见的一些工具书及相关著述中的说法，将其改为"1908"。2. 裴文著《索绪尔：本真状态及其张力》，商务印书馆2003年版，第161页。原见 Barthes, Roland. Mythologies. London: Paladin.1957. 需要说明的是，也有的学者将现今的"语言"含义分为这样三种：一是指语言行为，二是不仅指语言行为，而且指非语言行为，三是指各种符号表意方式。参见王一川著《文学理论讲演录》，广西师范大学出版社2004年版，第63页。

② ［瑞士］费尔迪南·德·索绪尔著《普通语言学教程》，高名凯译，商务印书馆2004年版，第42页。需要说明的是：（1）索绪尔在《普通语言学教程》中所讲的"langue"（语言）和"parole"（言语），在索绪尔著的《索绪尔第三次普通语言学教程》中，分别被称为"整体语言"和"个体语言"。参阅［瑞士］费尔迪南·德·索绪尔著的《索绪尔第三次普通语言学教程》（屠友祥译，上海人民出版社2002年版）中的有关论述。（2）一般认为，"语言"和"言语"的划分，始于索绪尔。其实，在索绪尔之前，早已有不少人触及过本问题。如巴尼尼、孔狄亚克、卢梭、洪堡特、博杜恩·德·库尔德内等，都曾在各自的著述中不同程度地触及过本问题。

些，潜存在一群人的脑子里的语法体系"[2]35，亦即"一种表达观念的符号系统"[2]37，按现在人们的一般理解，语言实际上就是人们用以说（写）和存在于所说（所写）中的音义结合的词汇系统和语法系统，具有一般、抽象、系统、工具（言语运用的工具）之特征；所谓的"言语"，按索绪尔的说法，就是个人的执行语言行为[2]35，按现在人们的一般理解，言语实际上就是个人说（写）的行为和结果，具有个别、具体、运用、基础（语言存在的基础）等特征。二者本是一般与个别或是抽象与具体的关系（也有人认为二者是工具与运用的关系[3]230），统一于语言现象（索绪尔称之为"言语活动"）之中。现实的语言中，没有不带言语的语言，也没有在语言之外的言语，二者的这种互相联系、互为前提的关系，一如梅洛－庞蒂（Merleau-Ponty Maurice，1908—1961）所指出的那样，是"处于被确定的现实语言习惯的变化之中"的[4]9。由于"语言"实际上是存在于言语之中的一个"同质"的系统，"言语"是对"语言"的这种"同质"系统"异质"化的过程和结果，"语言"和"言语"有不同质的因素，索绪尔认为"异质"的言语"我们没法把它归入任何一个人文事实的范畴，因为不知道怎样去理出它的统一体"[2]30，不好研究，于是，他认为"要解决这一切困难只有一个办法：一开始就站在语言的阵地上"[2]30，因而便选择了"对于研究特别有利"的、有助于解释的形式方面——"语言"，作为语言学的研究对象。正因为如此，索绪尔出于语言研究划界的需要，主张"语言"和"言语"二者"应该分开走"[2]42，把含有共性规律的"语言"部分作为语言学的唯一对象，并提出了"语言学的唯一的、真正的对象是就语言和为语言而研究的语言"的主张[2]323。但索绪尔承认："要使语言能够建立，也必须有言语。"[2]41

应当说，从一定层次的研究意义上说，索绪尔"语言"和"言语"二分的主张，自有其一定的合理内核，无须置辩。但是，在任何学术研究中，一定的研究内容的划界，实际上总是要服务于一定的研究目的的。就本研究所要探讨的问题而言，我们在对人类的自然语言的底蕴追索中，要想形成对自然语言本质的完整的认识，无疑先要经过一个由表及里、由现象到本质的过程。它的起点，需要首先从现象出发，从现实的，包括语言和言语在内的、活的语言现象出发，去进行由表及里的本质性的探索。而近年来对索绪尔的语言与言语问题研究的成果表明，索绪尔把"言语活动"分为"语言"和"言语"的状况，现经许多学者的研究、补正，已倾向于重作下述情况的划分[5]6：

$$\text{语言现象} \begin{cases} \text{言语} \begin{cases} \text{言语活动（或言语行为）} \\ \text{言语产品} \begin{cases} \text{口语——第一性的形式} \\ \text{书面语——派生的形式} \\ \text{内在言语——不参与交际的形式} \end{cases} \end{cases} \\ \text{语言} \end{cases}$$

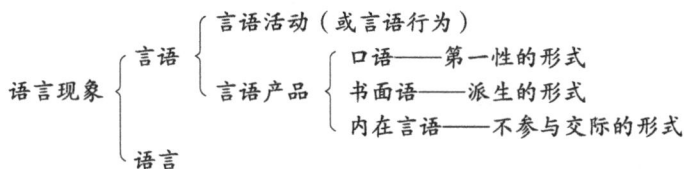

从近年新出版的索绪尔的《索绪尔第三次普通语言学教程》中索绪尔对此的相关划分情况——将"群体语言"（langage）分为"整体语言"（langue）和"个体语言"（parole）——上看[6]中译本绪言24，1，173—174，上引的这种关于语言现象的重新划分无疑是符合语言现象实际的。尽管按照传统的观念，在一门学科内，不能从两个不同的角度去研究同一材料所包含的不同的具体对象，就像索绪尔所认为的那样，语言学不能同时既把语言、又把言语这样两个有区别的东西同时作为对象来研究，但是，"近代交叉科学、边缘科学的出现，已经动摇了这一观念。有些综合科学把复杂现象作为整体来把握，应该说，语言现象就是这类复杂现象"[5]2。也就是说，包含在语言现象内的语言和言语实际上也是完全可以放到一起来进行研究的。正如表演是通过表演者来表现出它自身的存在一样，倘若我们的研究一开始就想从脱离了"言语"的、抽象的"语言"出发，而不是从活生生的语言现象出发去展开我们的工作，这不仅会重蹈传统形而上学之思维方式的覆辙，而且这样做的结果，会一如罗兰·巴特若干年前早已告诫我们的那样："从一开始就想把语言从言语中分离出来的想法，也同样是没有价值的，这不是初步的工作。"[4]10

二

关于什么是"本质"，目前学术界已有不少有代表性的看法。如冯契主编的《哲学大辞典》（分类修订本）中，把"本质"解释为"事物所固有的普遍的、相对稳定的内部联系"[7]98；教育部社会科学研究与思想政治工作司组审、陈先达主编的《马克思主义哲学原理》中，把"本质"解释为"事物的根本性质，是组成事物基本要素的内在联系"[8]137。至于什么是"内部联系"或"内在联系"，虽然在一些工具书中也有诸如"事物和现象内部各要素之间的关系"之类的解释①，

---

① "内部联系"与"内在联系"在冯契主编的不同版本的相关哲学工具书中，意思大体上是相通的。分别参见：1.冯契主编《哲学大辞典》（分类修订本）上，上海辞书出版社2007年版，第77页；2.冯契主编《哲学大辞典》（修订本），上海辞书出版社2001年版，第1047页；3.冯契主编《哲学大辞典·马克思主义哲学卷》，上海辞书出版社1990年版，第112页。

但仍给人一种不甚清楚、难得要领之感。而对于什么是"根本性质",则往往都鲜有具体的解释与说明。

实际上,所谓的"本质",也就是存在于事物的质之中的、使事物成为自身的根本的规定性①。这种根本的规定性,决定着事物或现象的类属或属性。由于本质是通过现象表现出来的,它本身不能直接被人感知,需要通过抽象思维去把握。因而,我们可以通过承载本质的现象之类属,来把握某类事物的本质。也就是说,要揭示事物的本质,就是要弄清楚它的属或类,本质就是事物或现象的属或类所表示的那些抽象内涵。

哲学历史上,从亚里士多德(Aristoteles,公元前384—公元前322)开始,就有了从事物的种属关系上来看事物的本质的主张。亚里士多德认为,"种是表示在属上相区别的若干东西之本质的范畴","种最被认为是揭示被定义者本质的"②。可见,亚里士多德是把"种"看作是"属"的本质的。只不过,在亚里士多德那里,"种"是"属"的上位概念,"种"为"属"的本质③。这一点,不同于现代形式逻辑中的"种""属"关系。在现代形式逻辑中,"属"(也称"类")成了"种"的上位概念,使"属"成为"种"的本质了。洛克(John Locke,1632—1704)认为:"事类或物种的本质,并不是别的,只是那些类名和种名所表示的那些抽象观念。"[9]430他认为,"本质"的原义是"存在",就是"可感性质所依托的""事物的内在组织(这在实体方面往往是不能被人认识的)"。后来,自经院哲学始,"'本质'一词就不用于事物的实在的组织,而几乎完全用于类和种的这种人为的组织"。而有实在组织的各种事物之所以能归于某种"种名"之下,"只是因为它们同那

---

① 这里的"质",指的是"一事物区别于他事物的内在规定性","它与存在具有直接同一性,可以被人们直接感知"。参阅冯契主编《哲学大辞典》(分类修订本)上,上海辞书出版社2007年版,第97—98页。

② 苗力田主编《亚里士多德全集》第一卷,中国人民大学出版社1990年版,第358、471页。其中,"种是表示在属上相区别的若干东西之本质的范畴"一语,在余纪元等译本中译为"种是表示在属上相区别的若干东西之是什么或本质的范畴"。见余纪元等译的亚里士多德著《工具论》(下),中国人民大学出版社2003年版,第356页。

③ 这也可能与我们在翻译亚里士多德所使用的关于"种""属"的两个词——"Genus"和"Species"——时,翻译人的不同理解与翻译有关。在陈修斋翻译莱布尼茨著的《人类理智新论》下册(商务印书馆2006年)第322页关于亚里士多德提出的下定义准则——"一个定义当由属和种差构成"——一语时,陈修斋就认为把"属和种差"译成"种和属差",这是翻译时的问题。他在译亚里士多德的这个下定义的准则时,在此处的脚注中说:"我国有些哲学和逻辑文献中作'种和属差'即将Genus译为'种',Species译为'属',与生物学界译法颠倒,本书从生物学界译法,故此处也相应将'属差'改译为'种差'。"

些种名所表示的抽象观念相契合"。因而，洛克才说"事类或物种的本质，并不是别的，只是那些类名和种名所表示的那些抽象观念"。而"普通所用的本质一词，多半指这种含义而言"[9]430。为了更好地分析说明问题，洛克先根据"本质"前后的这两种含义，把"本质"区分为"实在的本质"和"名义的本质"两类，并论证了"实在的本质"与"名义的本质"只在实体方面有差异，而"在简单的观念和情状方面，它们永远是同一的"，从而说明本质是"类名和种名所表示的那些抽象观念"之观点。洛克说："要假设物种是被实在的本质所区分的，那并没有用处——如果我没有错误的话，则我似乎记得，关于有形实体（单指这些实体）的实在本质人们曾有两种意见。有一些人是用本质一词表示他们所不知道的一种东西，他们假设宇宙间有一定数目的本质，一切自然的事物都依此以生，而且各种事物只因精确地具有这些本质，才能成为此一种或彼一种。这是一种意见。另有一些人以为一切自然事物中的不可觉察的各部分虽有一种实在的，不可知的组织，可是我们所以能分别它们，所以能按照需要把它们分种列属，并给它们以公共名称，只是凭借于由那种内在组织所流出的一些可感的性质。这是另一意见，是比较合理的。我想前一种意见最能淆乱我们关于自然事物的知识。因为它虽然假设这些本质只是有定数的一些模型或形式，而且假设一切存在的事物都受此模型的陶冶，并且都平均具有这些本质，可是我们看到，在一切种动物中常有妖怪胎产生，而且在人类方面，亦有易子changeling，或别种奇怪的产物，常常难和这种假设相契。因为两种事物如果精确地具有同一的实在本质，则它们便不应该有差异的性质，正如两个形相在共同具有圆形的同一的实在的本质时，不应该有差异的性质一样。我们纵然没有别的理由来反对这个假设，可是它既然一面假设事物的本质是不可知的，一面又假设这些本质能区分事物的种，这就足见这个假设是完全无用的，并不能有助于我们的知识的任何部分。因此，只有这一种理由，我们亦可以废弃这一种假设，而自安于我们知识所能达到的那些物种的本质。不过我们在认真考察之后，就会知道，这些本质，只是我们用独立的概括名称所标记的那些抽象的复杂观念。"[9]431—432站在唯理论立场上的莱布尼茨（Gottfried Wilhelm Leibniz，1646—1716）虽然并不满意站在经验论立场上的洛克对"本质"的某些阐释，但实际上，从他的"应该考虑到只有一种事物的本质，但有多个定义表明同一种本质，就像①同一结构或同一城市，可以照着我们看它的角度不同而

---

① 此处的"像"字原译本为"象"字，这里按现在规范改为"像"字。

用不同的景色画面来表现它一样"[10]326之观点及其有关论述上看，他实际上不过是对洛克的说法又作了更进一步的阐释罢了。

黑格尔（Georg Wilhelm Friedrich Hegel, 1770—1831）主张事物的"类"（也就是"属"）就是事物的本质，认为事物的"类或共性即构成其特定的本质"。黑格尔还解释说："万物生死，兴灭；其本性，其共性即其类，而类是不可以单纯当作各物共同之点来理解的。"[11]80列宁（Владимир Ильич Ленин, 1870—1924）曾在《哲学笔记》中，在摘引了黑格尔《哲学史讲演录》中的一段关于类概念是自然的本质的内容后，加注说："类概念是'自然界的本质'，是规律……"[12]227。马克思（Karl Marx, 1818—1883）也曾表达了这样的思想："北极和南极，二者都是极，它们的本质是同一的；同样，女性和男性，二者都是一个类、一种本质——人的本质。"[13]111显然，马克思在这里说的"极"和"人"，分别是作为种的北极和南极、男性和女性的属，亦即作为它们的本质来看待的。而马克思在其具体哲学问题研究的实践中，在对事物本质问题的探讨上，也是这么做的。如马克思在《资本论》中，在揭示利润、利息和地租的本质时指出，利润、利息和地租都是剩余价值的转化形式（即现象），利润、利息和地租都属于剩余价值，因而，剩余价值就是利润、利息和地租的本质。

这使我们看到：事物的本质原本并不是什么神秘不可测的东西，它完全可以通过事物的属来把握。这种探寻事物本质的方式，既符合哲学史上人们对"本质"的认识与探求的一般规律，也合乎现代形式逻辑对"本质"把握的基本原理，合乎辩证法的基本原理。如在现代形式逻辑中，表示从属关系的概念有上位概念（如"牛"）与下位概念（如"黄牛"）之别。这当中，"'牛'等上位概念的外延包含'黄牛'等下位概念的外延，它们的内涵含有下位概念内涵的共同本质。因此，我们能用'牛'等上位概念（乙）说明'黄牛'等下位概念（甲），指出下位概念所代表的事物所具有的共同本质"。而"说明的方式是：甲是乙。如说：'黄牛是牛'这个判断的意思是：黄牛具有牛的本质"[14]26。而说"黄牛是牛"时，就等于在说"个别是一般"，就是在把个别和一般这一对立面联结起来。而这种联结又是完全合乎辩证法的"对立面的同一是有差别的具体的同一"之原理的。

同时，这也启示我们：当我们要揭示某一类事物的本质时，我们所要做的工作，其实就是要发掘出这一类事物现象合乎逻辑的属或类，给其做出一个属或类概念的规定。而作为属或类的概念，其本身又是一种反映事物本质的思维形式，它既要涵容、统摄所概括的某一类事物的所有现象，又不能从脱离某一类具体事物现象以外的地方去寻求：因为它对事物而言，本身并不是实体或实存，而是属于带有一般性特征的东西或内容，只能存在于具体的事物现象中，也只能从具体的事物现象中去抽象、概括、探求。

按照传统本体论哲学追求终极本质的绝对性、追求抽象同一的本质与抽象同一的原则的思维方式，决定一事物为该事物的本质往往被理解为是单一性的。我们认为，这种思维方式是不符合人们对事物认识的客观实际的。事物的本质应该是一个具有内在的统一性与内在的逻辑联系的、多层次的结构，本质是具有层次性的。这种层次性，指的是某一事物的本质可能在事物的不同层次上表现出来（如"一般本质"与"特殊本质"），或者是揭示本质时，可能有不同层次的划分，但并不意味着某一事物的本质是不具有内在同一性、没有内在的逻辑联系的多种类的复合。本质的这种层次性，源于事物的层次关系与属种关系的相对性与多样性及人们对事物本质认识的过程性。这是因为，第一，事物的层次关系与属种关系本来就是相对的、多样的。以事物的属性为例，从哲学上看，事物的属性通常有三个基本的层次：一是自然属性，也就是物质—结构属性，它们是事物天然具备的属性，通过对事物的观察分析就可以被揭示出来的，诸如形状、组织、颜色、味道等；二是功能属性，它是事物经受过人类活动作用之后，显现出来的属性，如用狗来看门、用草药来治病等；三是系统性属性，它是缘于系统的一种关系属性，如鸡属于"家禽"等[5]25—26。事物的上述不同的属性，让我们看到了事物自身属性相对多样的层次性存在。第二，人们对事物的认识具有过程性。人们对事物的认识，不仅是一个由现象到本质、由初级到高级的过程，而且是从不甚深刻的本质到更深刻的本质的、由浅入深的过程。列宁就曾说过："人的思想由现象到本质，由所谓初级本质到二级本质，不断深化，以至无穷。"[12]213因为认识和把握客体系统的本质是相对的，取决于科学知识的发展水平。而"在现阶段被看做'最终的本质'并作为多种多样的现象的原则的东西，在发展的另一阶段上可能会发现它是由更深层次的本质产生的，并在更广泛和更深入的理论系统的前后联系中得到解释"[7]98。现实生活中的每一事物都是相对于他事物而存在的，都是以属的种或类的个体而实际存在着，本身都具有一定的层次性。而当人们在甄别、区分、揭示事物的属种关系时，不同的分类标准及分类时母项与子项在逻辑上实际存在着的一次性划分与连续性划分之别，都会在一定程度上映现出事物本质的层次性与丰富性等特征。而马克思主义哲学对本质的认识，其实本就是有层次性的。虽然马克思、恩格斯（Friedrich Engels，1820—1895）并不曾直接对本质的层次性做出诸如底层本质、一般本质、特殊本质等这样清晰、明确的论述，但却可以透过他们实践的思维方式，从他们对社会的本质、人的本质及其他事物的本质的一些具体论述中，比较明显地看出他们对本质的理解是有层次性的。如马克思主义哲学在考察事物的本质时，特别注重通过对事物自身的质的考察，在更广泛的意义上来给事物定性，并注意对事物本质系统的界定，等于说是没忽视对事物的底层本质的考察；马克思主义哲学又特别注重强调在考察事物、分析问题时，要坚持能动性与革命性的统一、合目的性与合规律性的统一，等于说是体现了对事物一般本质考察的重视；马克思主义哲学在考察事物、分析问题时，还特别注意强调要一切从实际出发，尊重客观规律，具体问题具体分析，等于说是又体现了对事物特殊本质的重视。如马克思在理解人的本质时，就与仅仅从人的社会性特征来界定人的本质的这种单一的本质论理解不同，他坚持用整体、全面、发展的眼光去分析、理解、把握人的本质，多层次地把握人的不同层面的本质（详见下文）。

本质的层次性并不等于说事物本质的层次性就一定是纷乱无章，没有规律可循。只要一定的分类标准确定，则分类的内容便相对统一，本质也就有了可循的基础。

一般而言，本质的层次性可以反映在以下三个基本的层次上：底层本质、一般本质、特殊本质[15]。

所谓的"底层本质"，指的是事物底层所蕴含的本质，它是种的最高的属或类，亦称"形式本质"。用胡塞尔（Edmund Husserl，1859—1938）的话说，就是"它是一种纯本质形式，即虽然是一种本质，但却是一种完全'空的'本质，这种本质由于其空形式的方式而适合于一切可能的本质；它由于其形式的一般性而具有一切的、直至最高的实质一般性，并借助属于此形式一般性的形式真理，为它们规定法则"[16]62。比如说，哲学史上，有把人是社会性动物看作人的本质的，也有把理性、自由、追求幸福看作是人的本质的。在人的多种层次的本质中，只有由劳动而产生的社会性动物，可称得上触及了人的底层本质，它既适合于一切的人，又是开启对人的本质系统认识的基础。而人的理性、自由、追求幸福等东西，不过是人的社会性的外化表现，取决于人的底层本质。并且，它也只有从人的底层本质上才能得到适切的解释。社会性是人区别于其他动物、人之为人的最后界限，是人的最高的属。当然，同一事物完全可以在不同的指导思想下，从不同的角度、用不同的归类标准与方法对其进行观察、分析，这又使事物最高的属呈现出一定的相对性与多样性等特征。

所谓的"一般本质"，指的是潜隐于同类事物背后，既为该事物的每一个现实的个体所不完全地表现，又在不断地趋近的那种性质（类本质）。它规定着该类事物的共性，并使其万变不离其宗。一般本质通常是由事物内部否定方面所决定的事物的未来状态下的本质，是由同类事物共同具有的矛盾所决定的，是事物的类本质。同时，一般本质还具有理想性与价值性等特征。如马克思在揭示人的本质时曾指出的"一个种的整体特性、种的类特性就在于生命活动的性质，而自由的有意识的活动恰恰就是人的类特性"，就是对人的一般本质的揭示。因为在马克思看来，"人证明自己是有意识的类存在物，就是说是这样一种存在物，它把类看作自己的本质，或者说把自身看作类存在物"[17]273。而人作为一种类存在物、作为一种具有社会性的存在物，自由有意识的活动才是人的类特性，才是人的本质的理想层面。在这一点上，那种把马克思对人的一般本质的理解解释为是"一切社会关系的总和"的认识，显然是对马克思的有关论述的误解。马克思1845年在《关于费尔巴哈的提纲》中，在提及人的本质是"一切社会关系的总和"这句话时，其所出现的上下文语境是这样的：

> 费尔巴哈把宗教的本质归结于人的本质。但是，人的本质不是单个人所固有的抽象物，在其现实性上，它是一切社会关系的总和。
> 费尔巴哈没有对这种现实的本质进行批判，因此他不得不：
> （1）撇开历史的进程，把宗教感情固定为独立的东西，并假定有一种抽象的——孤立的——人的个体。
> （2）因此，本质只能被理解为"类"，理解为一种内在的、无声的、把许多个人自然地联系起来的普遍性①。

显然，马克思在提到人的本质是"一切社会关系的总和"这一论断时，不仅已明确地说明这是"在其现实性上"这个层面的人的本质，而且，马克思对费尔巴哈由于没能对这种"现实性"的本质进行剖析，而导致在人的本质问题

---

① 马克思著《关于费尔巴哈的提纲》，见中共中央马克思恩格斯列宁斯大林著作编译局编译《马克思恩格斯选集》第一卷，人民出版社1995年版，第56页。这段引文中的着重号为笔者所加。

理解上撇开人的本质历史发展及人的社会内容去抽象地谈人的类本质的做法，进行了批评。也就是说，马克思并不认为"在其现实性上"层面的"一切社会关系的总和"，是理想性层面意义上的人的本质（人的类本质）。这既显示了马克思不同于费尔巴哈的对人的本质理解的方式，又透露出马克思对非现实性的人的本质（即理想性层面上的人的本质）的潜在性思索。

所谓的"特殊本质"，指的是作为种的事物或现象最低的属，是最接近种的属或类的规定性，亦即事物特有的、决定一事物之所以为该事物的那些性质、动作、关系等，它是由事物内部矛盾肯定的方面所决定的事物在现存状态下的本质。比如说，"马车"是"用马拉的载人或运货的车"[18]871，它的属是"车"，这是它的形式本质；"载人或运货"是马车的一般本质；"用马拉"是马车的特殊本质。马克思在揭示人的本质时，曾提到的人"在其现实性"层面的本质，是一切社会关系的总和[19]56，实际上就可以将其理解为说的是人的特殊本质。因为仅从人的底层本质、一般本质出发，还不能达到对人与人之间的本质上的区分。只有从人的社会关系这一特殊本质上，才能判明并区分开不同的人。

哲学史上，许多崇尚经验主义方法的哲学家们，他们对事物本质的揭示与归结（归纳法），实际上大多都囿于事物的特殊本质的范畴去思索问题。如古希腊哲学家泰勒斯（Thales，盛年约公元前585年）的"水"、阿那克西曼德（Anaksimandros，盛年约公元前507年）的"无定"（apeiron）、阿那克西美尼（Anaksimenes，盛年约公元前546年）的"气"、赫拉克利特（Herakleitos，约公元前544年—公元前483年）的"火"等。这是哲学史上的许多涉及对事物本质问题的探讨，难以对事物获得相对全面、深刻认识的重要原因之一。同时，又由于受到思维方式的局限，没有本质的层次性之意识，这也是造成哲学史上包括现代英美分析哲学的重要代表人物维特根斯坦（Ludwig Wittgenstein，1889—1951）在内的许多哲学家即便是正确地诊断了某些有关事物本质问题认识的病症之症结，却难以为之开出更为有效的进一步解决问题的药方乃至出现所谓的"语言无本质"说等重要原因之一。

本质的层次性要求我们在对事物本质的揭示时，只有转变传统的思维方式，联系事物的整体本质系统、联系本质的层次性去认识、思考问题，才可能获得对一类事物本质问题的全面、深刻的认识，避免片面性地认识问题的弊端。同时，本质的层次性也昭示着我们：要想在某一类事物本质问题上取得大家相对认可的认识与成果，必须要明确所探讨的本质问题的层次。

三

按照我们前面对"本质"的探寻与阐释，从理论上说，"语言本质"在内涵上，自然也应相应地具有层次性，也可以有底层本质、一般本质、特殊本质等层次之分。

所谓的语言的底层本质，即是语言的底层所蕴含的本质，是语言最高的属或类，亦即语言的形式本质。这种本质，是作为整体的语言系统的底层本质，也就是跳出语言来看支撑语言的底层之本质。

所谓的语言的一般本质，是指潜隐于语言现象中的，既为语言的每一个现实的个体所不完全地表现、又在不断地趋近的那种性质（类本质）。它规定着语言的共性，使语言万变不离其宗。

所谓的语言的特殊本质，指的是最接近语言现存生态的、语言最低的属，亦即语言本身所特有的、决定语言之所以为语言的那些性质、关系等。

据此，我们完全可以对已有的有关"语言本质"问题的认识，进行合乎逻辑的理性重建。

参考文献：

［1］辞海编辑委员会. 辞海：普及本［M］. 上海：上海辞书出版社，1999.

［2］索绪尔. 普通语言学教程［M］. 高名凯，译. 北京：商务印书馆，2004.

［3］岑运强. 趣味实用语言学讲话［M］. 北京：北京师范大学出版社，2003.

［4］罗兰·巴特. 符号学美学［M］. 董学文，王葵，译. 沈阳：辽宁人民出版社，1987.

［5］华劭. 语言经纬［M］. 北京：商务印书馆，2003.

［6］索绪尔. 索绪尔第三次普通语言学教程［M］. 屠友祥，译. 上海：上海人民出版社，2002.

［7］冯契. 哲学大辞典：上［M］. 分类修订本. 上海：上海辞书出版社，2007.

［8］陈先达. 马克思主义哲学原理［M］. 北京：中国人民大学出版社，2003.

［9］洛克. 人类理解论：下册［M］. 关文运，译. 北京：商务印书馆，2009.

［10］莱布尼茨. 人类理智新论：下册［M］. 陈修斋，译. 北京：商务印书馆，2006.

［11］黑格尔. 小逻辑［M］. 贺麟，译. 北京：商务印书馆，2005.

［12］列宁. 哲学笔记·黑格尔《哲学史讲演录》一书摘要［M］//中共中央马克思恩格斯列宁斯大林著作编译局. 列宁全集：第55卷. 2版. 北京：人民出版社，1990.

［13］马克思. 黑格尔法哲学批判［M］//中共中央马克思恩格斯列宁斯大林著作编译局. 马克思恩格斯全集：第3卷. 2版. 北京：人民出版社，2002.

［14］李世繁. 形式逻辑新编［M］. 北京：北京大学出版社，1983.

［15］杨世宏，刘冠军. 从属种关系透视本质及其基本层次［J］. 社会科学研究，2002（5）：72—75.

［16］胡塞尔. 纯粹现象学通论［M］. 李幼蒸，译. 北京：商务印书馆，1996.

［17］马克思. 1844年经济学哲学手稿［M］//中共中央马克思恩格斯列宁斯大林著作编译局. 马克思恩格斯全集：第3卷. 2版. 北京：人民出版社，2002.

［18］李行健. 现代汉语规范词典［M］. 北京：外语教学与研究出版社，语文出版社，2004.

［19］马克思. 关于费尔巴哈的提纲［M］//中共中央马克思恩格斯列宁斯大林著作编译局. 马克思恩格斯选集：第1卷. 2版. 北京：人民出版社，1995.

（原刊《社会科学辑刊》2011年第4期）

语言哲学术语"Linguistic turn"的汉语称谓辨析 *

摘要：语言哲学术语"Linguistic turn"的汉语称谓通常有"语言学转向""语言的转向""语言性转向""语言转向""语言论转向"等五种。从"Linguistic turn"的本真状态等方面看，把"Linguistic turn"的汉语称谓称作"语言学转向"是错误的。其余几种称谓虽本身都无可厚非，但就学术界对西方哲学发展阶段的习惯性称谓模式等角度看，相比较而言，把"Linguistic turn"的汉语称谓称作"语言论转向"，比"Linguistic turn"的其他几种汉语称谓更为适切。

关键词：语言哲学；Linguistic turn；称谓；语言论转向

一

语言哲学中的"Linguistic turn"这一术语，自从伯格曼（G·Bergmann）在《逻辑与实在》（威斯康星大学出版社，1964年，英文版，第177页）中首创，后被罗里（R·Rory）将之用作所编的文集名称（芝加哥大学出版社，1967年，英文版）以来，它已成为理解20世纪西方哲学所发生的对语言的哲学探讨的这一重大转换的通行用语。作为一个在语言哲学界、文学艺术界等众多学术领域中所广泛使用的一个通行用语，"Linguistic turn"这一术语的汉语称谓通常有"语言学转向""语言的转向""语言转向""语言性转向""语言论转向"等五种不同的称谓形式。

---

* 本文原刊《社会科学辑刊》2007年第1期，收入本书时按原手稿表述对个别地方进行了订正。

1.语言学转向。对"Linguistic turn"的这一术语的此种汉语称谓，可以以车铭洲、张世英、赵敦华等人为代表。如车铭洲的《现代西方语言哲学》（四川人民出版社，1989），张世英的《哲学导论》（北京大学出版社，2002）、《新哲学讲演录》（广西师范大学出版社，2004），赵敦华的《现代西方哲学新编》（北京大学出版社，2001），以及诸如殷杰、郭贵春《哲学对话的新平台——科学语用学的元理论研究》（山西科学技术出版社，2003），王宾的《语言的向度》（中山大学出版社，2003）等诸多学者的著作中，在涉及"Linguistic turn"意义上的有关称谓时，采用的就是这种汉语称谓形式。

2.语言的转向。对"Linguistic turn"的这一术语的此种汉语称谓，可以以涂纪亮、程志民、江怡、牟博、刘鸿辉、李幼蒸、徐友渔、张志伟、欧阳谦等人为代表。如涂纪亮《现代西方语言哲学比较研究》（中国社会科学出版社，1996）[1]，程志民、江怡的《当代西方哲学新词典》（吉林人民出版社，2003），江怡《语言：人类最后的家园·序》（商务印书馆，2005），牟博、刘鸿辉译《语言哲学》（［美］威廉·阿尔斯顿著，生活·读书·新知三联书店，1988），李幼蒸译《哲学和自然之镜》（［美］理查德·罗蒂著，商务印书馆，2003），徐友渔的《"哥白尼式"的革命——哲学中的语言转向》（生活·读书·新知三联书店上海分店，1994），张志伟、欧阳谦的《西方哲学智慧》（中国人民大学出版社，2000）等诸多学者的著作中，在涉及"Linguistic turn"意义上的有关称谓时，采用的就是这种汉语称谓形式。

3.语言性转向。对"Linguistic turn"的这一术语的此种汉语称谓，可以以钱冠连为代表。如钱冠连的《语言全息论》（商务印书馆，2002）、《语言：人类最后的家园》（商务印书馆，2005）等著作中，在涉及"Linguistic turn"意义上的有关称谓时，采用的就是这种汉语称谓形式。

4.语言转向。对"Linguistic turn"的这一术语的此种汉语称谓，可以以孙正聿、陈嘉映、孙周兴、陆兴华、王平、伍铁平等为代表。如孙正聿的《哲学通论》（辽宁人民出版社，1998）、《哲学修养十五讲》（北京大学出版社，2004），陈嘉映的《语言哲学》（北京大学出版社，2003），孙周兴、陆兴华译的《哲学的改造》（［德］卡尔—奥托·阿佩尔著，上海译文出版社，

---

① 需要说明的是，在涂纪亮主编的《语言哲学名著选辑》（生活·读书·新知三联书店，1988）中，在涉及"Linguistic turn"意义上的有关汉语称谓时，则不同于这里提到的涂纪亮著的《现代西方语言哲学比较研究》中的"语言的转向"的提法，而是称之为"语言学转向"，这里取其时间上靠后面出现的一种称谓。

2005），王健平的《语言哲学》（中共中央党校出版社，2003）、伍铁平的《不要玷污历史唯物主义和唯物辩证法，维护语言文字科学的尊严——评〈汉字哲学初探〉》（《北方论丛》2002年第2期）等诸多学者的著作中，在涉及"Linguistic turn"意义上的有关称谓时，采用的就是这种汉语称谓形式。

5.语言论转向。对"Linguistic turn"的这一术语的此种汉语称谓，可以以王一川为代表。如王一川的《语言乌托邦——20世纪西方语言论美学探究》（云南人民出版社，1994）、《文学理论讲演录》（广西师范大学出版社，2004），［德］伽达默尔、［法］德里达等著，孙周兴、孙善春编译的《德法之争：伽达默尔与德里达的对话》（同济大学出版社，2004）等诸学者的著作中[1]，在涉及"Linguistic turn"意义上的有关称谓时，采用的就是这种汉语称谓形式。

"Linguistic turn"作为20世纪西方哲学的基本特征之一，本应有其相对确定的意义与内涵指向，而在目前的有关"Linguistic turn"这一术语的流行的汉语称谓里，却有"语言学转向""语言的转向""语言性转向""语言转向""语言论转向"这样五种尽管只有一字之差、但所反映出的意义与内涵指向却不尽相同、甚至相去甚远的称谓，这不能不引起我们对"Linguistic turn"这一术语的本真意义与内涵指向跟其上述这五种汉语称谓间关系的深入思索：同一术语内容的多种意义不尽相同，甚至是相去甚远的称谓，是对这一术语内容的理解和把握还不甚到位、不甚成熟的标志。上述这五种对"Linguistic turn"这一术语的汉语称谓，是否都能与"Linguistic turn"这一术语在哲学意义上的本真状态相协调或相适应？换句话说，"Linguistic turn"这一术语到底如何汉译才能更切合"Linguistic turn"这一术语本身在哲学意义上的本真状态及哲学史意义上的历史语境？

二

作为对20世纪西方哲学发生的重大哲学转向的一种称谓，所谓的"Linguistic turn"，主要指的是由英美的分析哲学运动所引起的一场哲学革命。这场哲学

---

[1] 需要说明的是，在孙周兴、陆兴华译的《哲学的改造》（［德］卡尔－奥托·阿佩尔著，上海译文出版社，2005）中，在涉及"Linguistic turn"意义上的有关称谓的汉译时，则不同于这里提到的孙周兴、孙善春编译的《德法之争：伽达默尔与德里达的对话》中的"语言论转向"的译法，而是译成了"语言转向"。这里取其时间上靠后面出现的一种称谓。

革命的基本特征，是把近代哲学家们在认识论上的哲学思考从理性批判的维度转换、深入到了语言批判的维度，使对语言问题的思考几乎构成了当代所有的哲学家的研究对象。不论是以海德格尔和伽达默尔为代表的哲学解释学，还是以索绪尔为代表的结构主义，以及以福柯、巴尔特、德里达等为代表的后结构主义等，不约而同地把对语言问题的思考提高到了哲学思考的高度，从而导致了哲学史上的一场重大的哲学转向，成为西方哲学发展史上的一个重要的阶段。然而，尽管这场哲学革命所涉及的许多派别都是在不同的哲学层面思考语言问题，分析哲学又被称为语言哲学，尽管它在为实现其宗旨与目的的过程当中对语言问题的某些思索对语言学研究具有重要的借鉴意义与作用，但从这场哲学革命宗旨及所要达到的目的上看，实际上却与语言学意义与目的上的对语言问题的思索与探究很不相同。它不过是从对语言问题而不是对语言学意义上的语言学问题的思索出发，去思索、探究、解决哲学问题，即通过对语言的思索去研究哲学问题，突出的是语言的哲学意义。即使是结构主义与后结构主义，也不过是从现代语言学中发展出来的哲学流派。

准此而论，在前文所归纳出来的"Linguistic turn"的这一术语的汉语诸种称谓中，"Linguistic turn"的第一种汉语称谓"语言学转向"的说法，显然是不甚妥当的，或者说是不甚恰当的，错误的。这是因为：

第一，由"Linguistic turn"所引起的这场哲学革命所带来的哲学转向，其本身只不过是哲学向"语言"问题思考上的转向，而并非是向"语言学"方面的转向、向"语言学"意义上的对语言问题思考的转向。因而，将哲学上的这种"Linguistic turn"称为"语言学转向"，不仅与西方哲学本来意义上的"Linguistic turn"的内涵所指与精神实质相悖，不合实际，而且也与"Linguistic turn"的本真状态相去甚远，实为一种容易产生误解的错误的称谓。

第二，把语言学科哲学术语"Linguistic turn"的汉语称谓称为"语言学转向"，混淆了科学研究的"对象"与"对象物"的区别。科学研究的"对象"和"对象物"是含义上有着严格区别的两个不同的概念。科学研究的"对象"往往与某科学的研究宗旨与遵循的方法紧密相联，科学研究的"对象物"则主要指的是在研究的过程中被观察、实验、分析、探究的东西，是研究的材料。从哲学的角度看，"对象物"属于本体论的范畴，而"对象"却属于认识论的范畴。不同的科学可以用同一现象的同一物质材料作为各自研究的"对象物"，亦即切入点，但这却不等同于说这些本是具有各种不同的研究旨归的不同的科学有着相同的研究"对象"。如医学和社会学都把人作为研究的"对象物"，但医学的研究"对象"却是人的生理属性，而社会学的研究"对象"则是人的社会属性。每门科学不一定都要有自己独一的专有"对象物"，但却必须要有独立的研究"对象"[1]1-2。从20世纪西方哲学发生"Linguistic turn"以来的诸多哲学成果中我们可以看到，西方语言哲学中所研究的语言，不过是其哲学研究的一个"对象物"，而并不是其哲学研究的"对象"。关于这一点，目前国内的许多语言哲学研究者往往不注意加以区别，还时常可以从一些著述中看到诸如"语言哲学作为一门以语言为研究对象的学科"[2]5"语言哲学与语言学……都以语言作为自己的研究对象"[2]20等种种不恰当的说法。而语言学中所研究的语言，才是语言学研究的对象。同时，语言哲学中对语言的思索与探究，跟语言学中对语言的思索与探究的目的与旨归也不相同：语言哲学家研究语言是旨在通过对语言的探究与思考来探究与思考世界，最终得出的道理是关于世界的道理，语言学家研究语言则是旨在探讨语言内在的机制与规律以便更好地理解把握、运用语言，最终得出的道理是关于语言的道理。也就是说，同样是对语言问题的思考与探究，哲学上对语言问题的思考，只是所要研究的哲学问题的一个切入点，并不意味着哲学像语言学一样，要以语言为研究对象，语言不过是哲学为达到自己的研究宗旨与目的的一个对象物而已。从这个意义上说，"Linguistic turn"中的linguistic，不可能是作为学科研究对象的、语言学意义上的语言，只能是服务于哲学研究目的的、作为哲学研究的对象物的语言。这也决定了"Linguistic turn"中的linguistic不可能是"语言学"的意义，而只能是"语言"的意义。

第三，从"Linguistic turn"这一术语中的linguistic的本义上看，linguistic的本义有"语言的""语言学的"两种含义。但在对linguistic一词的运用与理解上，英国著名语言学家戴维·克里斯特尔早就曾在其著作《现代语言学词典》中的linguistic词条中提醒并告诫："（对linguistic）这一术语使用时必须小心，因为有歧义：可以是（1）LANGUAGE语言一词的形容词，如见于'语言哲学'、'语言技能'、'语言少数民族'；（2）LINGUISTICS语言学的形容词，指体现语言学科学特点的理论方法，如见于'语言学分析'。"[3]207戴氏在这里无疑已明白地提示、告诫我们：linguistic只有在"指体现语言学科学特点的理论方法"时，才具有"语言学的"意义。而像诸如"linguistic philosophy"（语言哲学）等中的linguistic，则具有"语言的"意义。而原本就根本不是以"体现语言学科学特点的理论方法"为宗旨的"Linguistic turn"，其中的linguistic显然不是"语言学的"意义上的linguistic，而只不过是"语言的"意义上的linguistic。因而，将"Linguistic turn"在汉语中称为"语言学转向"，显然既与"Linguistic turn"在哲学上的本真状态不合，也不符合linguistic本身在语言学意义上的组合搭配机理。

三

除"Linguistic turn"的"语言学转向"的汉语称谓外，关于"Linguistic turn"的其他四种汉语称谓——"语言的转向""语言性转向""语言转向""语言论转向"，其所表之义既相对比较贴近"Linguistic turn"中的linguistic的本真意义，又基本上都符合"Linguistic turn"的本真状态。单就这几种称谓的本身来说，无可厚非。这里要探讨的，只是在更大的哲学语境中，用哪种表述能相应地更为适宜、更为恰切一些的问题。

比较而言，我个人认为，把"Linguistic turn"的汉语称谓称为"语言论转向"，较之"Linguistic turn"的其他汉语称谓能显得更为适宜、更为恰切一些。

首先，"Linguistic turn"既与西方哲学发展所经历的三个阶段——本体论→认识论→Linguistic××——中的第三个阶段的称谓相联系，又与西方哲学发展所经历的两次重大转向——认识论转向→Linguistic转向——中的第二次转向的称谓密切相关。将"Linguistic turn"的汉语称谓称为"语言的转向""语言性转向""语言转向"，不如将其称为"语言论转向"更能顺应西方哲学发展所经历的三个阶段、两次转向的原有的习惯表述模式。西方哲学发展所经历的三个阶段、两次转向，学术界对其习惯的表述模式是"××论""××论转向"。如果将"Linguistic turn"的汉语称谓称为"语言论转向"，则西方哲学发展的三个阶段、两次转向相应地就可以用"本体论→认识论→语言论"及"认识论转向→语言论转向"来称谓。这样，既符合"Linguistic turn"的原本理念与精神，又在表述风格、表述模式上相对统一，显得能更顺畅一些。当年将"Linguistic turn"的汉语称谓称为"语言论转向"的王一川先生，曾经对此有过这样的说明："'Linguistic turn'一词，国内学术界或译作'语言学转向'，但其含义较专门'语言学'（linguistics）宽泛，有语言观、语言性、语言的等多种复杂含义，故试酌译作'语言论转向'，也便于与另一重要术语'认识论转向'相对应。"[4]8可见，王一川先生之所以把"Linguistic turn"

译作"语言论转向"，正是部分地考虑到了要与"认识论转向"对应的问题。

其次，将"Linguistic turn"的汉语称谓称为"语言论转向"，从文面上看，比将其称为"语言的转向""语言性转向""语言转向"，在含义上及理解上能相对更明白一些，更准确一些。"语言的转向""语言性转向""语言转向"在对"Linguistic turn"的原本理念与精神的表现上，虽然也无可厚非，但与"语言论转向"的表述相比较而言，这些表述在文面上所透露出来的意义，不太容易让人一下子就能明确20世纪西方哲学所发生的这种转向到底是转向了"语言的""语言性""语言"的什么层面上与什么角度上。因为仅就文面意义而言，"语言的""语言性""语言"在所指的层面、角度及具体内涵上，都有不甚明确、不便于一下子就能明确把握的因素。而相比较而言，将"Linguistic turn"的汉语称谓称为"语言论转向"，在文面上所透露出来的意义则相对比较明确：这种转向是转向了"语言论"，转向了对语言问题的思考。因而，"语言论转向"的说法，相对显得更便于人们对"Linguistic turn"含义做相对更清楚一点儿的理解与把握。

参考文献：

［1］华劭. 语言经纬［M］. 北京：商务印书馆，2003.

［2］涂纪亮. 现代西方语言哲学比较研究［M］. 北京：中国社会科学出版社，1996.

［3］克里斯特尔. 现代语言学词典［M］. 沈家煊，译. 北京：商务印书馆，2000.

［4］王一川. 语言乌托邦：20世纪西方语言论美学探究［M］. 昆明：云南人民出版社，1994.

（原刊《社会科学辑刊》2007年第1期）

语言符号论之语言本质观论析

摘要：语言符号论之语言本质观，自苏格拉底开始，至今已走过两千多年的发展历史。其内涵的核心，主要由语言是一种音义结合的符号、语言是一个自治的符号系统等几部分内容构成。语言符号论之语言本质观主要是从语言的自然属性出发来认识语言的，它肯定了语言的符号性、系统性等特征，对于相对比较完整、系统地认识与把握语言等，具有十分重要的意义。但语言符号论之语言本质观也不可避免地存在着某些弱点与不足。这些弱点与不足，择要而言，主要反映在以下几个方面：（1）语言符号论之语言本质观只是语言自然属性层次意义上的本质之揭示与说明，并不是对语言本质的全面揭示与说明；（2）语言符号论之语言本质观建立在把语言看成是一个静态的共时系统的基础上，不仅忽视了语言动态的历时状态，忽视了语言中人的存在，而且把言语排除在语言研究的大门之外，脱离了活生生的语言实践；（3）语言符号论之语言本质观也存在着把语言看成是一种为人所支配的符号，而没有看到语言对人的能动作用。

关键词：语言符号论；语言本质观；语言实践

———

语言符号论之语言本质观，萌芽于柏拉图（Platon）《克拉底鲁篇》中的苏格拉底（Sokrates），中经安托万·阿尔诺（Antoine Arnauld，1612—1694）、克洛德·朗斯洛（Claude Lancelot，1615—1695）、洛克（John Locke，1632—1704）、莱布尼茨（Gottfried Wilhelm Leibniz，1646—1716）、孔狄亚克（Etienne Bonnotde Condillac，1715—1780）、卢梭（Jean

Jacques Rousseau，1712—1778）、洪堡特（Wilhelmvon Humboldt，1767—1835）等，到索绪尔（F.de Saussure，1857—1913）时基本成形①。这一观点发展至今，其内涵的核心，主要由以下几部分内容构成：

（1）语言是一种音义结合的符号（简称为"语言是符号"）。意思是说，语言是一种由语音形式和语义内容结合起来而构成的符号。这种音义结合的符号，既不同于诸如文字、旗语、手势类的视觉符号与号声、笛声、鼓声类的听觉符号，也不同于诸如盲文类的触觉符号与酒味、烟味、醋味类的嗅觉符号等。语言符号具有音义结合的任意性与约定俗成后的强制不变性的特点，还在词与词的组合上具有线条性等特点。

（2）语言是一个自治的符号系统（简称为"语言是符号系统"）。意思是说，语言符号与符号之间不是孤立的，而是有紧密联系的一个具有自我调节能力的系统。这个系统从构成上看，是由语音、语义、语汇、语法四种因素组成的大系统与每一因素下又具有的若干小系统来构成，语言符号的组合具有层级性，所有的符号都处在一定的聚合关系与组合关系中。而这个系统从其运行上看，它又具有自治性，表现在语言既有自己固有的秩序（即语言的各构成单位及其相互关系有自己的规则），又具有自我调节的能力（即语言符号具有能产性，能不断地根据需要产生新的要素。同时，语言符号系统中的各要素又按照一定的规则保持动态平衡）[1]。

语言符号论之语言本质观，常常被人们简称为"语言是符号"或"语言是符号系统"等。

二

语言符号论之语言本质观主要是从语言的自然属性出发来认识语言的，认为语言是一种符号系统，肯定了语言的符号性、系统性等特征，比较充分地显示了语言所具有的特殊本质，它对于相对比较完整、系统地认识与把握语言等，具有十分重要的意义。但语言符号论之语言本质观也不可避免地存在着某

---

① 关于语言符号论之语言本质观的发展演进的历程，详情可参阅：1. 于全有《语言底蕴的哲学追索——从传统语言本质论到层次语言本质论》，中国博士学位论文全文数据库，2008年；2. 于全有《上古时期人类有关语言本质问题的探索历程》，《沈阳师范大学学报》（社会科学版）2009年第1期；3. 于全有《中近古时期人类有关语言本质问题的探索历程》，《沈阳师范大学学报》（社会科学版）2010年第2期等。

些弱点与不足。这些弱点与不足，择要而言，主要反映在以下几个方面：

（一）语言符号论之语言本质观只是语言自然属性层次意义上的本质之揭示与说明，并不是对语言本质的全面揭示与说明。

首先，从语言符号论之语言本质观的内涵之一——语言是符号——上看，"符号"不过是语言在某一特定的层面上的本质，单纯用"符号"来作为语言的本质具有一定的片面性。

事物的本质本具有层级性，是一个具有一定的内在联系与内在统一性的整体。它既可以从事物的结构、功能等不同的角度反映出来，也可以从事物的底蕴层次、类层次及浅层次的特殊存在等层面上反映出来。不管我们站在什么样的立场上去认识事物的本质，只要想获得对一事物本质的完整的认识，就必须要注意把握好事物的整体本质与事物的某一层次的本质或某一角度的本质之间的关系。既不能以偏概全，又不能以某一种层次或视角下的本质，去代替或湮没另一种层次或视角下的本质。对语言本质的揭示与说明，也应当如此。

众所周知，符号是被用来指代某种事物的标记，是形式与内容的统一体。语言符号是被约定用来标记人类语言的，它是语音（形式）与语义（内容）的结合体。用索绪尔的话说，语言符号"是一种两面的心理实体"[2]101，它所连结的"不是事物和名称，而是概念和音响形象"[2]101。语言符号是能指（音响形象）与所指（概念）的统一体。人们就是用这样一种音义结合的符号，来作为"语言"这种事物的标记的。显然，这种标记的符号，只是在语言的标记层次上的东西，自然生态层次上的东西，或者说是语言的自然属性层次上的东西，而并不是决定语言之所以为语言的深层次上的东西。所以，单纯用"符号"来作为语言的本质，显然具有一定的片面性，符号不过是语言在某一特定的层面上的本质①。

其次，从语言符号论之语言本质观的又一内涵——语言是系统——上看，语言符号论之语言本质观的这一内涵与其前一个内涵的不同之处在于：它在语言是符号的基础上，又特别强调语言符号是一个"系统"。而"系统"本身其实也不能作为是对语言本质的揭示与说明的。道理很简单，世界上无论何种事物，其之所以能够独自成为一种事物，必然都有其各自内在的规定性，必然都

---

① 详情可参阅于全有《语言底蕴的哲学追索——从传统语言本质论到层次语言本质论》第 4 章第 4.1.3 部分中的有关内容，吉林大学博士学位论文，2008 年。

具有各自内在的构成系统。语言如此，其他事物也莫不如此。这样，"系统"便不仅是语言独有，其实它已是所有事物共同具有的性质。如是，则"系统"并不能被看成是对语言本质的揭示与说明。即便是作为在"符号系统"的意义上来揭示与说明语言的本质，也只有"符号"的意义才部分地触及了语言的本质。至于"语言是自治系统"中所涉及的"自治"，这也不是语言独具的一种本质。

（二）语言符号论之语言本质观建立在把语言看成是一个静态的共时系统的基础上，不仅忽视了语言动态的历时状态，忽视了语言中人的存在，而且将言语排除在语言研究的大门之外，脱离了活生生的语言实践。

语言符号本质论的代表人物索绪尔，曾在其《普通语言学教程》中，把言语活动划分为"语言"和"言语"两部分。他先在"我们在建立言语活动理论时遇到的第一条分叉路"[2]42，让本统一于言语活动中的"语言"与"言语"分道扬镳，将其割裂开来，并把对语言的具体运用的言语，排除在了语言学研究对象之外。随后，他又在"语言学在这里遇到了它的第二条分叉路"，区分了语言的共时态与历时态[2]141，又让本来与语言的共时态密切相联的语言历时态与之分道扬镳，实际上等于又把语言的历时态关到了他所研究的语言学的大门之外。共时态和历时态本是事物的两种不同的状态。所谓的共时态，其实指的就是某一时间的横断面上所反映出来的事物的某种暂时的状态，语言的共时态即是语言在某一时间的横断面上所反映出来的暂时状态；所谓的历时态，其实指的就是在连续的时间里事物所反映出来的发展变化状态，语言的历时态即是语言在连续的时间里所反映出来的发展变化状态。二者一个是从横断面的角度来看问题的，也就是从横向的角度来看问题的；一个是从历史的角度来看问题的，也就是从纵向的角度来看问题的。这两种不同的角度所观察到的东西是不一样的，即存在着所谓的"价值的科学的内在二重性"[2]117问题。这两种不同的状况，我们大体上可以试用下面的一个图示反映出来：

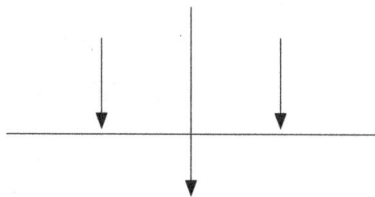

语言的共时态与历时态状态图示

在这个图示中，横线代表共时态的横断面，纵线代表历时态的历史平面。其中，几条纵线代表经历时间早晚不等的一个个语言事实（如语音的、语义的、语法的）在共时横断面上的状态：有的在共时横断面上，有的经过了共时横断面，有的没到达共时横断面[2]118，[3]99。共时态、历时态在语言研究中的位置，索绪尔给出了一个"可以表明语言研究应该采取的合理形式"[2]142：

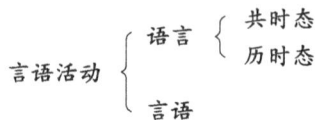

$$
言语活动\begin{cases} 语言\begin{cases} 共时态 \\ 历时态 \end{cases} \\ 言语 \end{cases}
$$

索绪尔认为："我们研究语言事实的时候，第一件引人注目的事是，对说话者来说，它们在时间上的连续是不存在的。摆在他面前的是一种状态。所以语言学家要了解这种状态，必须把产生这状态的一切置之度外，不管历时态。他要排除过去，才能深入到说话者的意识中去。历史的干预①只能使他的判断发生错误。"[2]120所以，尽管索绪尔认为共时态和历时态"将依次成为我们的研究对象"[2]143，但他最终实际上还是选择了没有历时态的言语"杂质"等干扰的、"共时态"的语言，作为语言学的研究对象，作为构建语言的共时系统的基础。虽然从一定的研究层次与角度上看，共时和历时的划分（其实就是断代与历代的划分）作为一种方法论手段，自有其一定的合理内核，无须置辩，但这绝不意味着共时和历时之间不能有任何妥协，不能对问题进行纵横交错式的立体研究。更不能因此导致出现这样的结果：强调共时的同时，却在很大程度上等于既把语言看成是一个自足的符号系统，又把语言的历时态与言语排除在语言的大门之外，这不仅会导致忽视了语言的历时态、忽视了言语，也会导致对语言中的人的忽视，等于割断了语言与人、与活生生的语言实践的联系。而语言符号论之语言本质观，恰恰会导致出现这样的问题。难怪巴赫金在其《马克思主义与语言哲学》一书中，批评索绪尔的语言观是"抽象客观主义"[4]、索绪尔的再传弟子——梅耶的学生马丁内要提出完全与师祖的意见相反的"就人类言语活动、为人类言语活动而研究言语活动"的主张[5]153。

语言其实并不是一个自足的系统。一方面，语言这个巨系统，既有其有序与系统性的一面，又有其无序与非系统性的一面，具有缺漏性与不自足性等特

---

① "预"字在该书 2004 年版中为"予"字。本文收入本书时，依该书 2009 年版将其改为"预"字。

征。我们日常语言交际中常见的有"师母"而无"师公"、有"家庭主妇"而无"家庭主男"等语言空缺现象[6]，其实就是这类情况的最好的注脚；另一方面，语言的形成是一个历史的过程，在其形成与发展的过程中，不可能不受到本身也在某种程度上带有某种缺漏性与非系统性的社会环境因素与文化因素的影响与制约，也不可能不受到人的因素的影响与制约。而这些外在的语言因素也不一定全都是杂乱无章的，它们也具有"异质有序"的一面，这也正是社会语言学得以发展的重要理论基础。这意味着，对语言的认识、理解与探索，并不能仅从其内部静态的、共时的系统一隅就能包揽达至对语言本质的全面理解与认识。与语言互通共生的、动态历时的言语事实及规律，应该也有必要与静态、共时的语言一道，被纳入到对语言本质规律整体考察与思索的视域中。现今的不少学者已经意识到，虽然语言作为交际工具是相对稳定的，但语言又是不断发展变化的，是一个不断演化的执行功能系统，共时与历时绝非是绝对对立的、不容妥协的。一方面，共时的认识与探索不可能绝对地排除时间性因素的干预，一定时代的共时的语言包含着一定的、已渗透在语言之中的历时的因素；另一方面，历时的语言认识注入共时的语言因素才可能更好地分析、阐释某些语言现象。比如说，20世纪80年代后期以来，汉语中开始逐渐地、大量地出现了一种以"很中国""很女人""非常男女""非常故事"等为代表的副词直接修饰名词的"副+名"结构形式的语句。对此，有人曾认为可以使用，也有人曾认为这是不规范的语言现象，不可以使用①。从共时的角度看，这只是一种与现有的语法规则不相同的新异的结构，在现有的语言规范面前无疑是一个非中规中矩的异类。但从历时的角度看，这种所谓的"异类"与"不规范"，实际上是以在此之前的、以往的语法结构规则与规范来看新语言现象的结果。从发展的眼光上看，这种"副+名"结构的大量出现，既与散见于古代文献中的"道，可道，非常道；名，可名，非常名"[7]1中的"非常道""非常名"一类的语言现象之表现方式在某种程度上具有一定的相合性与承延性，又孕育着一种新的语法规则与规范之可能性的开启与萌生。这使我们看到，如果不在共时中融入历时的考察与思索，我们则很难对一种语言现象做出相对比较全面、

---

① 参阅：1. 于全有《一种非常值得注意研究的"非常"语言现象》，《语言文字应用》2000年第1期，第88—92页。另见于全有著《语言理论与应用研究》，中国社会出版社2001年版，第291—301页。2. 杨亦鸣、徐以中《"副+名"现象研究之研究》，《语言文字应用》2003年第2期，第43—51页。另见杨亦鸣著《语言的神经机制与语言理论研究》，学林出版社2003年版，第200—211页。

科学的认识与思索。

同样，对语言仅做静态的共时的观察与认识，而没有具体的言语事实、言语使用者与理解者等因素的参与，我们也无法正确地理解认识某些语言现象。比方说，"真行""能耐"，单纯从其静态的共时层面上看，其所表达的意义无疑都是褒义的。但在一个含有讥讽对方之意的语境里，如果一个表达者带着讥讽的口吻对另一位接收者说"哟，你真行啊！多能耐呀！"，此时的"真行"与"能耐"在此语境中则已不再具有"语言"意义上的褒义了，而是在这种言语实践中，又临时转变成贬义的了。这种在具体的言语实践中的语词所表达的真意，就绝不是仅掌握了静态层面的"真行""能耐"的含义就能理解把握的。同样，"胖"与"小子""局长"各自在静态的共时层面上，其色彩意义通常都有中性的一面。但在"胖小子""胖局长"的语用情境中，其色彩意义就完全可能随着语用情境而发生改变，临时产生共现义（或称"相关义"）："胖小子"在我们的民族语言文化语境中，通常会产生褒义；"胖局长"在我们的民族语言文化语境中，往往又会产生贬义。而这种真实的意义的获得，也绝不是仅仅在静态层面就能完全把握的。所以，如果不考虑到具体言语实践状况，不考虑语用者运用语言的语境，我们对许多语言现象就很难做出正确的理解与认识。

从这个意义上说，没有历时态的语言状况的参与、言语实践的参与，不考虑作为语用者的人的因素，脱离活生生的语言实践，这时的语言在很大程度上已成为一种失去了活性的抽象物。这种状态下得出的有关语言本质的理论，注定是难以能够全面、合理地揭示与说明语言的本质的。

（三）如同语言工具论之语言本质观一样，语言符号论之语言本质观也同样存在着把语言看成是一种为人所支配的符号，而没有看到语言对人的能动作用。

按照语言符号论之语言本质理念，语言是人类为满足共同劳动的需要而创造出来的一种既属于人、又外在于人的客观存在，是人与人之间不可或缺的一种音义结合的符号系统。既然语言是为人所创造的一种为人服务的符号系统，它就必然地属于人，并从属于人，意味着人在语言面前具有至高无上的支配地位，掌控着语言，就像当代著名的英国科学哲学家波普尔（Karl Raimund Popper，1902—1994，亦译"波普"）所说的"我们拥有由我们自由支配的语言"[8]作者前言3，可以在人需要时把它拿来，不需要时弃之一旁，即语言带有被动性的意味与特征。这种思维方式，显然明显地带有传统主体性形而上学对主客体关系认识的特征。而作为这种致思途径与思想方式的延伸，语言便就因此而自然地常常被看成是一种没有能动作用的、被动性存在。

实际上，语言作为人的语言，它与人的关系是一种双向互动的关系：一方面，它可以被人用于思想情感的表达与交流，作为一种工具而为人所使用；另一方面，它又可以作用于人，尤其是作用于它的接收者，影响着人们的思想或行为，亦即对人又能产生能动的作用。如人们的以言行事等。同时，语言作为一种历史的存在，它一经产生，就又在人类的历史长河中，可以作为一种人类文化的载体，而成为承载、贮存、积淀人类历史文化的"水库"，能够在某种意义上以自己所承载的历史文化内容或相应的意义内容去影响人（包括语言运用中的表达者与接收者）、"占有"人，对人产生能动的作用。也就是说，语言被人创造出来之后，它既可以是为人所使用的一种表现符号，又具有可以影响人的思想或行为的能动作用。它还可以在历史性上，成为发生于语言之后的人在认知世界上的先在结构，从而影响人，作用于人，扮演着双重的角色。

其实，历史上，关于语言的这种能动作用，已有不少学者早已自觉或不自觉地触及了这一问题。如培根早就注意到了语言对人类理解的作用力，他说："人们相信自己的理性管制着文字，但同样真实的是文字亦起反作用于理解力。"[9]30-31洪堡特也曾认为，语言作为一个民族的创造物，不是被动的，而是能动的，"语言绝不是产品（Werk［Ergon］），而是一种创造活动（Thätigkeit［Energeia］）"[10]56。罗素也曾针对语言的用途说过："语言可以用来表示感情，或者用来影响别人的行为。"[11]6920世纪，以前期维特根斯坦等为代表的分析哲学家及以海德格尔、伽达默尔等为代表的现象学—解释学传统的哲学家们对语言本体意识的张扬，其实也正是看到了语言所具有的能动的一面。

参考文献：

［1］于全有.语言底蕴的哲学追索：从传统语言本质论到层次语言本质论［D］.长春：吉林大学，2008.

［2］索绪尔.普通语言学教程［M］.高名凯，译.北京：商务印书馆，2004.

［3］刘富华，孙维张.索绪尔与结构主义语言学［M］.长春：吉林大学出版社，2003.

［4］张会森.作为语言学家的巴赫金［J］.外语学刊，1999（1）：50—54.

［5］冯志伟. 现代语言学流派［M］. 修订本. 西安：陕西人民出版社，1999.

［6］于全有，纪飞. 语言本质问题研究境界的拓展与提升：王希杰先生的语言本质观述评［J］. 沈阳师范大学学报（社会科学版），2007（1）：129—133.

［7］沙少海，徐子宏. 老子全译［M］. 贵阳：贵州人民出版社，1989.

［8］波普尔. 科学知识进化论：波普尔科学哲学选集［M］. 纪树立，编译. 北京：生活·读书·新知三联书店，1987.

［9］培根. 新工具［M］. 许宝骙，译. 北京：商务印书馆，1986.

［10］威廉·冯·洪堡特. 论人类语言结构的差异及其对人类精神发展的影响［M］. 姚小平，译. 北京：商务印书馆，2004.

［11］罗素. 人类的知识：其范围与限度［M］. 张金言，译. 北京：商务印书馆，2003.

（原刊《辽宁教育行政学院学报》2012年第1期）

语言工具论之语言本质观论析 *

摘要：语言工具论之语言本质观，自苏格拉底开始，至今已有两千多年的历史。其内涵的核心，主要由语言是人类独有的最重要的交际工具、思维工具、认知工具等几部分内容构成。这种语言本质观主要是从语言的社会属性出发来认识看待语言的，肯定了语言的交际功能、思维功能及认知功能，并在表述上具有简单明了、易于理解等便捷与好处，但同时也明显地存在着理解把握上的其他弊端与不足。这种弊端与不足，从哲学语言学的视域上看，主要反映在以下几个方面：（1）语言工具论之语言本质观是对语言非本体性质的隐喻式归结，并不是对语言真正本质的科学揭示与说明；（2）语言工具论之语言本质观是语言为人所创造、属于人而又外在于人的从属论，等于只突出强调人在支配语言，体现不出语言对人的能动作用；（3）语言工具论之语言本质观对语言工具性的张扬，直接导致了对人的语言实践及人的存在的忽视。

关键词：语言工具论；语言本质观；语言实践

一

语言工具论之语言本质观，萌生于柏拉图（Platon）《克拉底鲁篇》中的苏格拉底（Sokrates）和赫谟根尼（Hermogen）的对话，中经托马斯·莫尔（Thomas More）、洛克（John Locke）、莱布尼茨（Gottfried Wilhelm Leibniz）、孔狄亚克（Etienne Bonnotde Condillac）、狄德罗（Denis Diderot）、卢梭（Jean Jacques Rousseau）、哈曼（Johann Georg Hamann）、

* 本文曾在辽宁省语言学会第 11 届年会暨学会成立 30 周年庆典（渤海大学，2010.8）会上宣讲交流。

辉特尼（William Dwight Whitney）及列宁（Владимир Ильич Ленин）等人的阐发，至斯大林（Иосиф Виссарионович Сталин, Джугашвили）时基本成形。这一观点后又迭经进一步地发展完善，至今已走过两千多年的发展历史①。

语言工具论之语言本质观内涵的核心，主要由以下几部分内容构成：

（1）语言是人类独有的、最重要的交际工具（简称为"语言是交际工具"，此简称常常也可涵盖下面提到的"语言是思维的工具""语言是认知的工具"等内涵）。意即语言是人类社会中所有的能充当交际工具用的东西（如旗语、电报代码、态势语等）中最重要的一种交际工具，也是人类所独有的一种交际工具。

（2）语言是人类思维的工具（简称为"语言是思维工具"）。意即语言是人类思维（主要是抽象思维）所借助的一种工具。

（3）语言是人类认知的工具（简称为"语言是认知工具"）。意即语言是人类认知世界时所借以使用的一种工具。

语言工具论之语言本质观，常常被人们简称为"语言是工具"或"语言是交际工具"。

二

语言工具论之语言本质观主要是从语言的社会属性（包括人的认知心理）出发，来认识看待语言的。它肯定了语言的交际功能、思维功能及认知功能，并在表述上具有简单明了、易于理解等便捷与好处，但同时也明显地存在着理解把握上的其他弊端与不足。

语言工具论之语言本质观所存在的弊端与不足，从哲学语言学的视域上看，主要反映在以下几个方面：

（一）语言工具论之语言本质观是对语言非本体性质的隐喻式归结，并不是对语言真正本质的科学揭示与说明。

我们不否认，为避免以同物说同物的同语反复，认识总是需要借他物来说

---

① 关于语言工具论之语言本质观的发展演进的历程，详情可参阅：1. 于全有《语言底蕴的哲学追索——从传统语言本质论到层次语言本质论》，中国博士学位论文全文数据库，2008年；2. 于全有《上古时期人类有关语言本质问题的探索历程》，《沈阳师范大学学报》（社会科学版），2009年第1期；3. 于全有《中近古时期人类有关语言本质问题的探索历程》，《沈阳师范大学学报》（社会科学版），2010年第2期等。

明此物。如"狗是动物",即把个别归为一般的借他物来说明此物。因而,在一般的意义上,或者说是在经验层面的意义上,完全可以说语言是一种工具,是一种可以作为人类的沟通与交往的工具,但这却并不代表语言工具论就是对语言真正本质的科学的揭示与阐释。

首先,从语言工具论这种观点的典型表述方式——语言是工具——上看,"工具"不是对语言本质的揭示,不能将"工具"视为语言的本质。这是因为,说语言是工具,这原本是一个比喻的说法①,确切地说,这一说法属于是比喻类别中的"隐喻"或叫"暗喻"。而众所周知,比喻不过是打比方,即是在描摹事物或说明道理时,用与本体有相似点的别的事物或道理来打比方,是对本体到底是什么的一种相似性的揭示,而不是对本体到底是什么的一种具有内在联系与内在统一性的直接性的揭示。这样,喻体之所述当然也就不可能是本体的真切本质了。因为比喻的喻体必须要是跟本体是非同质同类的东西才能构成比喻,而非同质同类的喻体是不可能对本体构成具有内在联系与内在统一性的事物本质的真切揭示的。比如,我们说"男人是一座山",这就是一个比喻性的说法。它并不是说男人真的就是自然界中的山了,而是说男人在伟岸、宽厚这一点上跟山有相似之处,像山似的,而不意味着"男人"与"山"这两种不同质也不同类的事物之间有什么实质性的联系。"山"在这里更不能说是"男人"的真实本质了。同样,说"女孩是一朵花",这也是一个比喻性的说法。它也并不是说女孩真的就是自然界中的那样的花了,而是说女孩在靓丽、娇美这一点上跟花有相似之处,像花似的,而并不意味着"女孩"与"花"这两种不同质也不同类的事物之间有什么实质性的联系。"花"在这里也不能说它就是"女孩"的真实本质了。同理,说语言是工具,"工具"与"语言"也是不同质也不同类的两种东西,喻体"工具"也不是作为与本体"语言"具有内在联系与内在统一性的本质的。倘若我们从"语言是工具"这个判断出发,把"工具"当成是语言的真实本质,就如同我们从"男人是一座山"这个判断出发,而把"山"当成是男人的真实的本质一样荒谬可笑。这是其一。其二,退一步说,即使是不把"语言是工具"看成是一个比喻,而是就将其看成是一个没有比喻辞格的判断结构,"工具"一词也是自有其特定的内涵的:它一是指"进行生产劳动时所使用的器具,如锯、刨、犁、锄"等,二是指"比喻用以达

---

① 斯大林在《马克思主义和语言学问题》一书中,就曾直接以比喻的形式,论述了"语言和生产工具之间存在着某种相似之点"。参见中共中央马克思恩格斯列宁斯大林著作编译局编译《斯大林文集(1934—1952)》,人民出版社1985年版,第572—573页。

到目的的事物"，如"语言是人们交流思想的工具"[1]469。说语言是工具，显然是在"工具"的第二种意义——比喻义上来说的，意即语言是人类用以达到交际、思维、认知之目的的事物。但这种"事物"到底是什么，显然还没有被揭示出来。也就是说，"工具"之说显然还是没有把语言的真正本质是什么明确地揭示出来。

历史上，18世纪的英国讽刺小说家斯威夫特（Jonathan Swift，1667—1745）曾在其著名的小说《格列佛游记》（1726）中，在讽刺一些脱离实际的学问家的荒谬语言研究时，描绘了一个真的就把语言当成是和其他用具一样的工具，从而闹出一系列的笑话来：巴尔尼巴比的语言学校中的三位教授在改进本国语言计划时，认为语言既然是事物的名称，那么，就不如干脆将人交流思想所指涉的东西直接带在身边作为直接用以交谈的用具更简便。于是，在这种以物之用具来示意的新计划下，便出现了这样的不方便的情景："如果一个人要办的事情较多，范围也较广泛，他就不得不把一大捆东西背在背上。除非他能雇一两位健壮的仆人在旁帮助，他就不能便利行事。我常常看到两位学者被背上的重荷压得要倒下去，像我们的小贩一样。他们在街上相遇的时候，就会放下负担，打开背包，整整谈上一个钟头。谈完话以后，才把谈话工具收起，彼此帮忙把负荷背上，然后分手道别。"[2]166我们且不说语言到底是不是和现实世界中的其他用具一样的工具，单就直接用工具来进行交际会使交际表达范围极为受限与不便（如像表达山脉、河流、宇宙等大型事物或思想等抽象事物，如何能随身带这样一些用具）这一点上说，这种直接把语言真的当成了和他物一样的工具而直接用物质工具来交际的想法，最终招致以妇女和俗人、文盲等为代表的社会公众的联合反对的结果与命运，则不难让人从一个侧面体悟到：语言本不是和现实的其他用具一样的东西，不能把语言看成是跟这些现实的用具一样的事物。

其次，从语言工具论这种观点的又一典型表述方式——语言是交际工具——上看，"交际"也并不是对语言的特有本质的恰切的揭示与说明。在语言本质观的发展史上，由于语言常常被人们认为是一种能作"交际"来使用的工具，有人因此也认为"交际"是语言的本质。实际上，这种认识尽管在某种程度上已触及了语言本质问题的基础，但实际上却仍没有说到点子上，起码在表述上明显地带有不恰切的因素。这是因为，交际虽然是人类的一种极其重要的行为，却不好说一定是人类独有的行为。俗话说，"人有人言，兽有兽语"。世界上除了人类之外的其他多种群体动物中，都拥有一套属于自己的

"语言"形式系统，以用于系统内部，甚或是系统与系统间，作为"交际"工具来使用。只不过是不同于人类的"语言"形式系统罢了。因为"当动物进化到产生最简单的集体行动时，作为需求，交际系统就开始形成了"，"动物们为了交流信息，创造了各自的交际系统，即'语言'"[3]5。尽管"动物的交际系统也许过于简单了，要发展成人类语言那样复杂的符号体系恐怕尚需十几亿甚至上百亿年的艰苦努力。然而就其传达信息的职能而言，和我们人类的语言是一样的"[3]5，动物们需要凭借各种形式去表达意义，以"完成各种交际功能"[3]5。关于这一点，已为许多学者的观察研究所证实[3]1—104。比如，大哲学家罗素就曾在其《人类的知识——其范围与限度》一书中，谈到动物发出痛苦的尖叫与不会说话的婴孩用哭和笑来表达各种情感、守羊犬对羊群发出命令的手段与牧羊人对犬发出命令所运用的手段"几乎难以区别"，认为动物间的用于表达情感的交际方式及发出的声音，实际上跟人类的语言之间"并没有什么明显的界限"[4]69。波兰哲学家沙夫（Adam Schaff, 1913— ）也认为动物有"从一个个体向另一个个体传递关于感情状态的知识或提供关于某一个此时此地的情况的消息"的"一种特殊的交际"，一种属于感情的交际[5]126—127, vii。这样看来，"交际"其实并不为人类所独有，凡是群体性或"社会性"存在的动物，实际上都有交际的需要与需求，实际上也都存在着各自的、不同于人类的交际方式。如是，我们则不好说"交际"是人类语言特有的本质了。这是其一。其二，"交际"本有其特定的内涵，本是指"人与人之间往来接触"，也可指"社交"[1]680。退一步说，即使是不承认动物也有"交际"的存在，把本有特定含义的"交际"限定在"人与人之间往来接触"，而不含笼统意义上的"社交"，这也并不能笼统地说"交际"就是语言的本质，因为还存在着"人与人之间往来接触"这种"交际"外的、个体思维与认知中所运用的语言的存在，如构思、概念化、范畴化、自省、静思、冥想、自言自语等情形中的语言存在。这是事实。莱布尼茨早在《人类理智新论》一书中，就对人与人之间的社会交际中使用的语言与个体自身使用的语言情况做过区分性的说明："事实上若不是有使别人了解自己的愿望，我们是决不会形成语言的；但语言既经形成之后，它就还供人用来独自进行推理，一方面是利用语词给他的一种手段，用来记忆那些抽象的思想，另一方面也利用我们在推理中发现的那种运用符号标记以及无声的思想的好处。"[6]299我们不主张不作区别地就把本属于个体中存在的一些语言现象、存在于人的思维与认知中的一些语言现象一概都笼统地、不加区别地归属于本存在于"人与人之间"、且有着术语自身特定内涵的"交际"中。

（二）语言工具论之语言本质观是语言为人所创造、属于人而又外在于人的从属论，等于只突出强调人在支配语言，体现不出语言对人的能动作用。

按照传统的语言工具论之语言理念，语言是人类为满足共同劳动的需要而创造出来的一种既属于人、又外在于人的客观存在，是人与人之间不可或缺的一种交际工具。既然语言是为人所创造的一种为人服务的工具，它就必然地属于人，并从属于人，意味着人在语言面前具有至高无上的支配地位、掌控着语言，就像当代著名的英国科学哲学家波普尔（Karl Raimund Popper，1902—1994，亦译"波普"）所说的"我们拥有由我们自由支配的语言"[7]作者前言3，可以在人需要时把它拿来，不需要时弃之一旁。同时，语言作为一种工具，又很大程度上被理解为处于外在于主体的一个对象，一个客观存在，也只能是一种为人所用的工具，从而使其带有被动性的意味与特征。这种思维方式，显然明显地带有传统主体性形而上学对主客体关系认识的特征。而作为这种致思途径与思想方式的延伸，语言便就因此而自然地常常被看成是一种没有能动作用的、被动的工具性存在。

实际上，语言作为人的语言，它与人的关系是一种双向互动的关系：一方面，它可以被人用于思想情感的表达与交流，作为一种工具而为人所使用；另一方面，它又可以作用于人，尤其是作用于它的接收者，影响着人们的思想或行为，亦即对人又能产生能动的作用。如人们的以言行事等。同时，正如人是一种历史的存在一样，语言也是一种历史的存在。语言一经产生，它又在人类的历史长河中，可以作为一种人类文化的载体，而成为承载、贮存、积淀人类历史文化的"水库"，能够在某种意义上以自己所承载的历史文化内容或相应的意义内容去影响人（包括语言运用中的表达者与接收者）、"占有"人，对人产生能动的作用。也就是说，语言被人创造出来之后，它既可以是为人所使用的一种表现工具，又具有可以影响人的思想或行为的能动作用。它还可以在历史性上，成为发生于语言之后的人在认知世界上的先在结构，从而影响人，作用于人，扮演既是人用以去学习、掌握已有的与新的信息的工具，又能以其所承载的历史文化积淀去影响人、"占有"人的双重角色。

在人类有关语言本质问题认识的发展史上，相当长的一段时间以来，由于受到语言工具论的语言本质观的影响，许多人往往因此只注意到了语言为人所创造、能为人所支配的一面，只注意到了语言在交际中的表达功能的一面，而没有注意到语言本身作为一种历史文化的"水库"，能在某种程度上影响人、作用于人的思想和行为的能动性的一面。这不仅在一定程度上造成人们对语言的理解与认识的视域相对较窄，而且也在一定程度上造成了语言的能动作用因此被湮没与遮蔽，以致使我们不能更好地全面理解语言及语言的本质之弊端。当然，这并不是说人们至今对语言的这种能动作用仍了无意识。其实，历史上，已有不少学者早已自觉或不自觉地触及了这一问题。如培根早就注意到了语言对人类理解的作用力，他说："人们相信自己的理性管制着文字，但同样真实的是文字亦起反作用于理解力。"[8]30-31洪堡特也曾认为，语言作为一个民族的创造物，不是被动的，而是能动的，"语言具有一种能为我们觉察到，但本质上难以索解的独立性"[9]21，"语言绝不是产品（Werk［Ergon］），而是一种创造活动（Thätigkeit［Energeia］）"[9]56。罗素也曾针对语言的用途说过："语言可以用来表示感情，或者用来影响别人的行为。"[4]69 20世纪，以前期维特根斯坦等为代表的分析哲学家及以海德格尔、伽达默尔等为代表的现象学—解释学传统的哲学家们对语言本体意识的张扬，其实也正是看到了语言所具有的能动的一面。

（三）语言工具论之语言本质观对语言工具性的张扬，直接导致了对人的语言实践及人的存在的忽视。

语言是人之为人的重要标志。中国古代先哲早在战国时期的《春秋谷梁传》中，就认识到了"人之所以为人者，言也"①。亚里士多德曾认为"人是唯一具有语言的动物"[10]6，卡西尔也"把人定义为符号的动物（animal symbolicum）"[11]37。而在古印度的《唱赞奥义书》中，更是把语言看成是人的本质，认为"人之本质为语言"[12]162。作为一种会说话或者说是有语言的动物，人和语言的关系十分密切。在一定意义上，可以说二者是互相做成的。按照现有的一般的语言理论，语言现象可以分为语言和言语两部分。语言就是从言语中抽象概括出来的所有的词汇和语法规则的总和，言语则是对语言的具体运用。二者间也是互相依存、互为前提的关系。要想更好地把握语言的本质，并对语言的本质有一个相对完整的认识，就必须要从有联系的事物总体出发去认识问题。然而，在语言工具论之语言本质观下，由于只把语言视为为人所用的交际的工具，也就是言语的工具、语言实践的工具，而没有完全洞察并

---

① 《春秋谷梁传·僖公二十二年》。参阅［晋］范宁注、［唐］杨士勋疏、黄侃经文句读《春秋谷梁传注疏》，上海古籍出版社1990年版，第88页。

重视语言与人的生存间的关系，因而导致对语言的认识理念、实践理念，主要都在围绕着"工具"这一"本质"在转。这样，语音、词汇、语法等这些构成语言这种"工具"的构造原则与规律，自然便成了工具语言本质观下的重点关注的内容，似乎是只要掌握了构成语言这种"工具"的这些语言知识，人们就能成功地掌握这种交际工具并用之于交际活动了。而对这种工具的实践状况、到底如何在实践中应用以形成能力，以及语言与人的关系等，则被视为非本质的次要内容而注重不够，认识与把握得也不够，出现了所谓的体用二分（即语言体系知识与语言运用分离）、重体轻用问题。这种状况，一如著名语言学家吕叔湘先生曾经所感受的那样："语言是什么？说是'工具'。什么工具？说是'人们交流思想的工具'。可是打开任何一本讲语言的书来看，都只看见'工具'，'人们'没有了。语音啊，语法啊，词汇啊，条分缕析，讲得挺多，可都讲的是这种工具的部件和结构，没有讲人们怎么使唤这种工具。"[①]这不仅直接导致了人们的语言实践能力得不到应有的重视，而且也直接导致了语言本质研究中的重要本体性因素——人的因素、语言实践因素的缺失，进而影响到我们对相关问题的认识深度。语言工具知识与人如何在语言实践中去更好地把握与运用语言这种工具，是既有联系、又有区别的两种不同的概念与不同的状态。语言工具知识的把握，并不等于人的语言实践能力的把握。这正如一个优秀的语言理论家不见得一定是最会运用语言的语言运用艺术大师或语言辩论大师，一个优秀的足球理论专家或教练不见得一定是最能踢球的球星或最能把握住机会进球的球员，是一样的道理。更何况，语言的知识能力跟语言的应用能力本就是既有联系、又有区别的两种不同层面的语言能力，把握了前者并不等于同时就把握了后者，也不等于就可以忽略了对后者的学习掌握。而后者才是人们不可缺少的、最基本的语言能力[②]。而在语言工具论之语言本质观下的

---

① 吕叔湘《语言作为一种社会现象——陈原〈语言与社会生活〉读后》，《读书》1980年第4期，第91页。另见吕叔湘著《吕叔湘语文论集》，商务印书馆1983年版，第112—113页。需要说明的是，引文中的"条分缕析"，在《读书》1980年第4期吕叔湘的原文中及后来收录本文的《吕叔湘语文论集》中，都写为"条分缕悉"（分别参见《读书》1980年第4期，第91页，《吕叔湘语文论集》第113页，商务印书馆1983年版）。而在《吕叔湘全集》中，引文中的"条分缕悉"则已经改为"条分缕析"。本文引用时，以《吕叔湘全集》中所呈现出的最新状况为据。参见《吕叔湘全集》第七卷，辽宁教育出版社2002年版，第114页。
② 于根元认为，语言能力可以分为语言知识能力、语言交际能力、语言研究能力、语言创新能力等四种。其中，语言交际能力是最基本的语言能力。参阅：1. 于根元《应用语言学的基本理论》，《语言文字应用》2002年第1期，第12—17页；2. 于根元主编《应用语言学概论》，商务印书馆2003年版，第93页；3. 于根元著《应用语言学前沿问题》，中国经济出版社2006年版，第78页。

有关语言的认识理念与操作理念，势必会导致对人的语言实践能力及人的存在的忽视，进而遮蔽了语言的人性及实践性本质。因而，当叶尔姆斯列夫提出研究语言还要研究语言背后的人、时枝诚记（ときえだもとき）提出语言就是个人表达的行为和理解行为过程本身、奥斯汀提出语言本质上是人类行为等有关语言本质问题的认识时，便不啻是对语言工具论之语言本质观所导致的忽视语言实践、忽视语言中的人之偏颇的一种反拨与补充了。

通过上述剖析，我们可以看到，在语言工具论之语言本质观对语言本质的认识，是从语言的社会功能这一视角或层面出发，去观照语言、思索语言的，既没有语言本质的层次性意识，又在致思途径上往往还没有完全摆脱传统形而上学追求终极存在的单一性之思维方式，因而，难免会在语言本质的认识上，出现片面性的偏执与弊端。

参考文献：

［1］中国社会科学院语言研究所词典编辑室. 现代汉语词典［M］. 5版. 北京：商务印书馆，2005.

［2］斯威夫特. 格列佛游记［M］. 2版. 张健，译. 北京：人民文学出版社，2003.

［3］孙维张. 语言散论［M］. 长春：吉林教育出版社，1994.

［4］罗素. 人类的知识：其范围与限度［M］. 张金言，译. 北京：商务印书馆，2003.

［5］沙夫. 语义学引论［M］. 罗兰，周易，合译. 北京：商务印书馆，1979.

［6］莱布尼茨. 人类理智新论：下册［M］. 陈修斋，译. 北京：商务印书馆，2006.

［7］波普尔. 科学知识进化论：波普尔科学哲学选集［M］. 纪树立，编译. 北京：生活·读书·新知三联书店，1987.

［8］培根. 新工具［M］. 许宝骙，译. 北京：商务印书馆，1986.

［9］威廉·冯·洪堡特. 论人类语言结构的差异及其对人类精神发展的影响［M］. 姚小平，译. 北京：商务印书馆，2004.

［10］亚里士多德. 政治学［M］∥苗力田. 亚里士多德全集：第9卷. 颜一，秦典华，译. 北京：中国人民大学出版社，1994.

［11］恩斯特·卡西尔. 人论［M］. 甘阳，译. 上海：上海译文出版社，2004.

［12］吴学国. 境界与言诠：唯识的存有论向语言层面的转化［M］. 上海：上海人民出版社，2003.

语言本体论之语言本质观论析

摘要：语言本体论之语言本质观，自古印度哲学典籍《奥义书》开始，至今已有两千余年的发展历史。其内涵的核心，主要由人从属于语言，语言是人的一种生存方式，语言是思想的本体、是存在的家、是世界意义的寓所，不是人在说语言、是语言在说等几部分内容构成。这种语言本质观主要是从语言的存在意义或语言与存在的关系出发来认识、看待语言，对于我们拓宽对语言本质问题认识的视野，进一步加深我们对语言本质的理解与认识，具有积极的启发意义，但同时也不可避免地存在着一些值得研究的问题与偏颇。这些问题与偏颇，择要而言，主要反映在以下几个方面：（1）语言本体论之语言本质观是从语言的存在意义层次上，对语言本质的揭示与说明，并不是对包括言语交际过程在内的整体语言本质的整体性揭示与说明；（2）语言本体论之语言本质观对语言的存在意义的张扬，在一定程度上模糊了作为把握存在的手段的语言跟真实的存在的区别，不仅在某种程度上导致了对真实存在的遮蔽，而且也导致了对语言本质认识的偏执；（3）语言本体论之语言本质观片面地夸大了语言的能动作用，湮没了语言的其他性能，不仅导致人与世界关系中的实践之维的缺失，而且导致把语言变成了脱离于人及人的现实生活的神秘抽象之物。

关键词：语言本体论；语言本质观；语言游戏

一

语言本体论之语言本质观，初迹于古印度上古时期文献总集《吠陀》中的古印度哲学典籍《奥义书》（*Upanisád*，形成于公元前8世纪—公元前6世纪，不晚于古希腊的赫拉克利特对逻各斯的探讨）及古印度的"史波达说"

（sphotavada，形成于公元前7世纪左右），中经中世纪的古罗马基督教思想家奥古斯丁（Aurelius Augustinus，354—430）、中国南宋时期的哲学家朱熹（1130—1200）、20世纪初德国哲学家胡塞尔（Edmund Husserl，1859—1938）等，至当代德国著名语言哲学家海德格尔（Martin Heidegger，1889—1976）时，已基本成形。这一观点后又为德国著名语言哲学家伽达默尔（Hans-Georg Gadamer，1900—2002）等继承与阐发①。语言本体论之语言本质观发展至今，其内涵的核心，主要由以下几部分内容构成：

（1）人从属于语言。意思是说，虽然人创造了语言，但作为历史文化存在的人，是被作为承载历史文化、成为历史文化的"水库"的语言所"占有"的。人从属于历史，实际上也就是人从属于语言，受语言的支配。

（2）语言是人的一种生存方式。人所创造的语言不是一种工具，而是人的一种生存方式，是构成人的生活方式或存在方式的本身。语言构成了人的存在。

（3）语言是思想的本体，是存在的家，是世界意义的寓所。意思是说，语言就是思想本身；语言是存在的住所，存在在语言这个家中居停、显现；世界因语言而敞开，语言使世界成为有意义的世界，人以拥有语言的方式而拥有世界，没有语言便没有世界，世界也就失去了意义。

（4）不是人在说语言，是语言在说。意思是说，语言不是以往认为的是作为主体的人用以反映和再现客体的工具，而是先在于人的：不是人在说语言，而是语言在说人。人之言说不过是"应合"语言之言说[1]。

语言本体论之语言本质观，还常常被人们称为"语言是本体"或"语言本体说"等。

二

语言本体论之语言本质观主要是从语言的存在意义或语言与存在的关系出发来认识、看待语言的，目的本是要通过语言去研究相关的哲学问题。它把语言上升到本体论的高度，使语言以独立于主体与对象的形象出场，对于拓宽我

---

① 关于语言本体论之语言本质观的发展演进的历程，详情可参阅：1. 于全有《语言底蕴的哲学追索——从传统语言本质论到层次语言本质论》第 2 章，中国博士学位论文全文数据库，2008 年；2. 于全有《上古时期人类有关语言本质问题的探索历程》，《沈阳师范大学学报》（社会科学版）2009 年第 1 期；3. 于全有《中近古时期人类有关语言本质问题的探索历程》，《沈阳师范大学学报》（社会科学版）2010 年第 2 期等。

们对语言本质问题认识的视野，更进一步加深我们对语言本质的理解与认识，尤其对加深语言对超验的形上之域的反映之认识，具有积极的启发意义与启迪意义。但同时不可否认的是，语言本体论之语言本质观在有关语言本质问题的认识上，还不可避免地存在着一些值得研究的问题与偏颇。这些问题与偏颇，择要而言，主要反映在以下几个方面：

（一）语言本体论之语言本质观是从语言的存在意义层次上，对语言本质的揭示与说明，并不是对包括言语交际过程在内的整体语言本质的整体性揭示与说明。

语言的存在，实际上有"思想之域的语言"与"外现之域的语言"之别。所谓的思想之域的语言，即是人的精神领域中存在的语言，如反映在判断、推理等抽象思维活动中的语言，理解接受时的语言，也可以称之为内部语言（赖以存在的物质基础为人脑），它体现的是人在超验的精神领域中的思想意识状况。所谓的外现之域的语言，即是物质领域中存在的语言，主要指的是表达出来的语言，如日常生活中能够感受到的言语表达中的语言，也可以称为外部语言，它体现的是在人的经验内的、现实可感的语言运用状况①。这是两种不同境地的语言存在：思想之域的语言带有内在的特征，它以人的听觉中枢获得的"声音形象"作能指（即作为概念的形式）；外现之域的语言则带有外在的特征，它以人的确定的声音形式作能指。思想之域与外现之域的两种语言符号都具有相同的所指——意义，二者统一于人的语言实践或言语交际当中，并由于二者都具有共同的内容（所指）——意义，亦即有相同的信息量，而使二者的内外转换成为可能：形式（能指）的转换并不影响符号的相同价值[2]。

语言本体论之语言本质观，由于主要是从语言的存在意义出发去探究语言的，因而，它对语言本质问题的探讨，在很大程度上是侧重于对思想之域的语言之显现功能的探究，它所坚持的语言本体论之语言本质观，也很大程度上是侧重在思想之域的语言方面而做出的结论，而不是对整个语言的本质之整体性的揭示。尽管语言本体论者将其所得出的关于语言本质的结论，不加区分地推及了对整个语言的认识中。

在人类有关语言本质问题的认识史上，中国古代先哲其实很早就体悟到

---

① 这里关于"思想之域的语言"与"外现之域的语言"的划分，是笔者出于说明问题的需要而提出来的一种大体相对的说法。这种划分，不同于索绪尔在建立语言形式系统时，为了划分范围的需要而提出的语言的"内部要素"和"外部要素"的划分，其含义也并不相同。

了这两种不同状态、不同领域的语言在对事物的反映上的不同状况。从老子的"常道"与"可道"之道、"常名"与"可名"之名的区分，到荀子对"名以定实"与"名以喻道"之不同的强调，他们所看到的，其实在某种程度上，就已反映出了语言在思想之域与外现之域的不同的状况。可惜在几千年的有关语言本质的认识历程中，这一问题没有引起后人足够的重视与思考，反倒陷入在索绪尔的语言的"所在地就在我们脑子里"[3]37与一般所认为的"语言是一种客观的社会现象、存在于具体的言语中"这两种选择之间不能自拔。于是乎，看到了语言在外现之域"器"之性能者，自然多半会把语言的本质看成是工具；而看到了语言在思想之域"道"之性能者，自然又常常会把语言的本质归结为"本体"。两种不同的有关语言本质的认识，基本上一直处于彼此不相容的两立状态。这确实值得我们去做认真地思索与检讨。这种状况的出现，表象上看，固然可能与没有认识到语言有思想之域与外现之域之别有关，但深层上，更应与人们没有认识到语言本质中的"器"与"道"之二重性有很大关系。

语言与人的关系是一种双向的交互关系。一方面，人创造了语言，对语言有支配作用；另一方面，语言又能反过来在一定程度上以其所呈现出来的思想内容及自身的规则方式与理解方式，影响、制约人类的思想行为。这使语言体现出了既有"器"的性能的一面，又有"道"的性能的一面。首先，人在创造出语言之后，语言就把人与人、人与先于人而存在的物质世界联系了起来，充当起桥梁与纽带的作用。在这外现之域的语言运用当中，语言有两种功用：一方面，从语言的发出者或表达者的角度上看，语言充当着表达思想的工具的作用；另一方面，从语言的接收者或听读者的角度看，语言所呈现出的思想内容又反过来影响人的思想行为，即语言又有反作用。其次，语言又能帮助人们超越形下的物质世界，建构起形上的、人的精神世界——一个语言的世界，一个在精神上须臾不能脱离人而存在的语言的世界。在这思想之域的语言当中，语言也有两种功用：一方面，精神领域中的思维、认知等活动需要靠语言去承载，去运转，语言在此仍起工具性的作用；另一方面，由于语言一旦被约定、创造出来之后，它又具有强制性，人须得按约定的规则方式及理解方式去思、去想、去运用语言。这意味着，人一旦选择了一种语言系统，这种语言的话语方式与规则及这种语言中所蕴含的历史文化积淀，又在一定程度上会反过来影响着、制约着人的思想意识、思维与认知，它在一定程度上推进了思维与思想的发展、文化与社会发展的同时，也造成思想的自由实际上只能在话语系统之内，出现了一如海德格尔所说的那种"哲学家不只是在语言中思考，而且是沿着语言的方向思考"[4]41之情状。这又使语言在此种情况下又有了类似"本体"的功能与特征，即语言对人具有反作用。

这使我们看到，语言从本质上说，实际上它既有可以充当桥梁、纽带与载体的"器"的功用一面（也就是所谓的工具性的一面），又有反过来制约与影响人的思想行为的类似"道"的功用的一面（也就是类似所谓的"本体"的反作用的一面，主要由语言呈现的思想内容与语言的规则方式与理解方式等两方面构成了这种反作用），是"器"与"道"的统一。过去我们在有关语言问题的认识上，往往是承认语言"器"的功用的一面多，而对语言"道"的功用的一面的认识往往较为偏颇（要么不认可，要么过分张扬等），而缺少对二者关系的辩证认识。其实，承认语言对人的反作用（即"道"的一面），并不违反辩证唯物主义理论，恰恰倒是合乎辩证唯物主义的能动反映论。我们认为，在语言与人的双向互动关系中，过分地片面强调其中的任何一面，以致湮没了另外一面的做法，都是不可取的，也是违反辩证法的精神的。

卡西尔曾经指出："语言常常被看成是等同于理性的，甚或就等同于理性的源泉。但是很容易看出，这个定义并没有能包括全部领域。它乃是以偏概全［pars pro toto］；是以一个部分代替了全体。因为与概念语言并列的同时还有情感语言，与逻辑的或科学的语言并列的还有诗意想象①的语言。语言最初并不是表达思想或观念，而是表达情感和爱慕的。"[5]36他同时还提出："对于理解人类文化生活形式的丰富性和多样性来说，理性是个很不充分的名称。"[5]37对照语言本体论之语言本质观对源于语言的思想之域而来的语言本质的过分强调，卡西尔的话确实值得我们认真地思索与思考。

（二）语言本体论之语言本质观对语言的存在意义的张扬，在一定程度上模糊了作为把握存在的手段的语言跟真实的存在的区别，不仅在某种程度上导致了对真实存在的遮蔽，而且也导致了对语言本质认识的偏执。

首先，语言作为一种音义结合的符号，它的存在，具有特殊的二重性：一方面，语言的本身即是一种特定形态的存在；另一方面，语言又是一种能够达乎存在的方式，把握存在的手段。这一点，颇有点类似于语言之于文化：一方面，语言本身即是一种特殊形态的文化；另一方面，语言又是文化的载体，

---

① 此处的"象"字原译本为"像"字，这里按现在规范改为"象"字。

是开启人类文化之门的一把钥匙。也就是说，语言与存在本是既有联系，又有区别的一种关系，二者之间既不能画等号，又不能彼此代替，一如马克思在《〈黑格尔法哲学批判〉导言》中所说的"批判的武器当然不能代替武器的批判"[6]207一样不能僭越。根据现代认知学的成果，尽管客观世界对语言的形成有本原的作用，但语言与客观世界之间存在着一个由认知参与而形成的认知世界，作为二者沟通的纽带。语言作为客观世界知识的一种编码系统，是人类通过感觉器官和知觉器官对客观世界的信息进行接收与范畴化加工后所形成的认知成果——概念性知识——的编码化符号。如果用一个简图来表示语言世界对客观世界的反映过程的话，即：

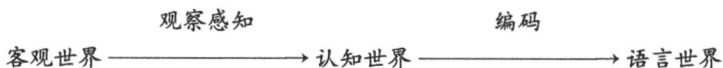

$$客观世界 \xrightarrow{\text{观察感知}} 认知世界 \xrightarrow{\text{编码}} 语言世界$$

这让我们明显地看到，语言与客观存在的事物本来是不相同的，语言作为反映事物的一种方式，它在反映客观事物时，中间层次预存的认知知识结构起了重要的中介作用①。因而，人在用语言去反映客观事物时，认识者与其说是"看到了"（to see）某事物，还不如说把某事物"看作"（to see as）是某事物[7]5。而当语言本体论之语言本质观把语言理解成为、规定成为存在的界限、存在的寓所时，甚或是世界的界限、世界意义的寓所时，则有可能会在一定程度上导致三种情况出现：第一种是模糊了作为达乎存在的方式（或形式、手段）的语言与真实存在的区别，并导致在一定程度上出现将语言视为或等同于真实的存在。这一点，从语言本体论者强调语言就是思想的本身、语言的界限就是世界的界限等情况看，无疑是存在的；第二种是由于过于强调语言所体现出来的存在规定，强调语言的解释功能，在一定程度上导致把语言这种存在形态不适当地看成终极的甚至是唯一的可以理解的存在；第三种是由于语言被规定为是存在的界限，语言之外的真实存在——主体显然也难以达到的界限外的存在，便会成为"自在之物"。而不管上述这几种情况中的哪一种，都会相应地导致对真实存在的遮蔽。

其次，语言本体论之语言本质观由于仅是从语言与存在的关系的角度来揭

---

① 这里的"客观世界—认知世界—语言世界"这种三个世界的划分，其实同当代著名科学哲学家波普所划分的三个世界——"物质世界—思维世界—观念世界"，以及人类对世界认识发展的三个阶段——"本体论—认识论—语言论"，基本上是相应的。这也大体上跟语言观念中的三种理论——"语言反映论—语言认知论—语言决定论"，基本上是相应的。

示语言的本质的，并且在过分强调语言的本体论意识下，排斥语言工具论等语言观，因而直接导致了对语言本质理论认识上的偏颇与偏执。在某种程度上，这也与语言本体论者的思维方式、对语言本质问题的认识层次与深度有关。

（三）语言本体论之语言本质观片面地夸大了语言的能动作用，湮没了语言的其他性能，不仅导致人与世界关系中的实践之维的缺失，而且导致把语言变成了脱离于人及人的现实生活的神秘抽象之物。

我们不否认，语言不仅仅是为人所使用的一种工具，而且自身对人还具有一定的能动的作用。语言的这种能动作用既不应被无端地忽视，也不应被不适切地放大，以致湮没了语言的真实本质。

历史上，赫拉克利特曾提出"不要听从我，而要听从语词—逻各斯"的主张，奥古斯丁又以上帝的"太初有言"作为化成万物的基础。胡塞尔曾经将语言表达看成是先验主体的纯粹意识活动的一种特殊的表现形态，从而造成语言与现实的人的言语行为的无关。他的"交互主体"的概念，实际上也并不是现实的生活世界中的主体交往活动，而是一个试图从孤立的先验之"我"出发，从逻辑上推论出来的"我们"。海德格尔虽然认为语言不仅仅是工具，但他也没有把语言看成是属于人的、属于人的内心思想的表达活动，而是把语言看成是存在之家。语言在他那儿不仅已不属于人、不是人在说话，而且更是语言在说人。所谓的人之言说，也成了人不过是为了"应合"语言之说。而语言之说的由来，则又被他归为那玄奥的、既不可以把它表象为一个事件，也不可以把它表象为一种发生，还不可能根据其他什么来说明的"大道"了[8]258—259。显然，语言在海德格尔那里，已被神化为被美国当代哲学家罗蒂（Richard Rorty，1931—　　）所批评的那种"像上帝一样的东西"了[9]21。伽达默尔则在某些方面比海德格尔走得更彻底，他不仅认为语言根本不是工具，而且认为"说'语言向我们诉说'（die Sprache uns spricht）比起说'我们讲语言'（Wir sie sprechen）在字面上更为正确"[10]625。他还通过语言游戏来解释说："游戏者的行为不能被理解为一种主观性的行为，因为游戏就是进行游戏的东西，它把游戏者纳入自身之中并从而使自己成为游戏活动的真正主体（Subjectum）。与此相应，我们在此并不说用语言进行的游戏或用向我们诉说的世界经验或传统的内容进行的游戏，相反，我们说的是语言游戏本身，这种游戏向我们诉说、建议、沉默、询问，并在回答中使自身得到完成。"[10]659—660显然，伽达默尔也把语言的言说归结为非人之物在向人说了。

孔狄亚克曾经说过："对一位哲学家来说，把一件事情说成是通过一些异乎寻常的途径而造成的，那是不行的。哲学家的责任，乃是在于说明事物是怎样通过合于自然规律的途径而造成的。"[11]135上述这些有关语言的抽象理念之张扬，不仅在相当程度上遮蔽并湮没了语言的其他性能，而且由于语言本体化往往以强调语言的解释世界的功能为前提，这又在一定程度上意味着人与世界关系中的实践之维——变革世界——的缺失①，亦即语言作为一个内在的环节来参与变革现实的实践之维的缺失，从而导致遮蔽了语言的实践功能。而更为重要的一个后果是，随着语言在本体化道路上的"说人"化的运思，语言实际上已不仅可以脱离现实、脱离现实的人而存在，而且更变成是凌驾于人、凌驾于人的现实生活之上的玄奥的大道之音，从而使语言彻底地沦为一种令人难以理解与把握的神秘抽象之物，一种新的形而上学的绝对，不啻为一种新的语言的神话、新的语言乌托邦。

通过对上述剖析，我们可以看到，语言本体论之语言本质观同语言工具论、语言符号论等比较典型的传统语言本质观一样，都存在着一个共同的缺陷：它们对语言本质的认识，都是站在各自的视角上，从语言的某一层面或某一角度出发，去观照语言、思索语言的，既在一定程度上存在着脱离现实的人、现实的人的社会交往实践之不足，也没有语言本质的层次性意识，又在致思途径上往往还没有完全摆脱传统形而上学追求终极存在的单一性之思维方式，因而，难免会在语言本质的认识上，出现某些片面性的偏执与弊端，从而导致不能系统、深入、恰切地揭示并反映出语言的真正本质来。

参考文献：

[1]于全有. 语言底蕴的哲学追索：从传统语言本质论到层次语言本质论[D]. 长春：吉林大学，2008.

[2]杨承兴. 管窥语言的存在方式[J]. 喀什师范学院学报（社会科学版），2001（2）：54—56.

[3]索绪尔. 普通语言学教程[M]. 高名凯，译. 北京：商务印书馆，2004.

[4]王岳川. 后现代主义文化研究[M]. 北京：北京大学出版社，1992.

[5]恩斯特·卡西尔. 人论[M]. 甘阳，译. 上海：上海译文出版社，2004.

[6]马克思. 《黑格尔法哲学批判》导言[M]// 中共中央马克思恩格斯列宁

---

① 马克思在《关于费尔巴哈的提纲》中说："哲学家们只是用不同的方式解释世界，问题在于改变世界。"参阅中共中央马克思恩格斯列宁斯大林著作编译局编译《马克思恩格斯选集》，第一卷，人民出版社1995年版，第57页。

斯大林著作编译局. 马克思恩格斯全集：第3卷. 2版. 北京：人民出版社，2002.

[7] 刘宇红. 认知语言学：理论与应用 [M]. 北京：中国社会科学出版社，2006.

[8] 海德格尔. 走向语言之途 [M] // 海德格尔. 在通向语言的途中. 孙周兴，译. 北京：商务印书馆，2004.

[9] 理查德·罗蒂. 偶然、反讽与团结 [M]. 徐文瑞，译. 北京：商务印书馆，2003.

[10] 伽达默尔. 真理与方法：哲学诠释学的基本特征（修订译本）[M]. 洪汉鼎，译. 北京：商务印书馆，2007.

[11] 孔狄亚克. 人类知识起源论 [M]. 洪洁求，洪丕柱，译. 北京：商务印书馆，1997.

（原刊《沈阳师范大学学报》社会科学版2012年第2期）

语言交际理论研究需要注意澄清的几个基本问题

摘要：语言交际理论作为一种与语言本质问题认识相关联的有关应用语言学的基本理论与基础探索，在其萌生、发展、理论的科学梳理与科学表述上，目前仍存在着一些尚需进一步探讨、澄清的基本问题。这些问题的进一步澄明与厘清，对我们进一步科学地揭示与认识语言交际理论、加深对语言本质问题的理解、推进语言学相关理论研究的发展与进步，无疑具有十分积极的启迪意义。

关键词：语言交际理论；语言工具论；语言本质；语言哲学

引　言

语言交际理论作为一种与语言本质问题认识相关联的应用语言学的基本理论与基础探索，其理论思想的核心，主要建立在源于语言是一种交际工具而来的"交际是语言的本质"之语言本质观的基础上。目前，在有关语言交际理论问题的建构上，尽管已经有了"语言是人类最重要的交际工具""交际是语言的本质""交际之外无语言""交际能力是最基本的语言能力""应该以交际值作为衡量语言规范的标准"等若干理论思想[1]89—96，[2]79—90，但围绕这一理论的建构，目前仍存在着一些尚需进一步探讨、澄清的基本问题。这些问题的进一步澄明与厘清，对我们进一步科学地揭示与认识语言交际理论、加深对语言本质问题的理解、推进语言学相关理论研究的发展与进步，无疑具有十分积极的启迪意义。

一、理论基础中需要注意澄清的基本问题

语言交际理论得以建立的重要基础与前提，是传统语言哲学中的语言工具性思想。目前学术界在阐释语言的工具性思想时，在人类语言哲学层面上的有关语言工具性思想的萌发问题上、在中国语言哲学层面上的有关语言工具性思想的萌发等问题上，以及对语言的工具性思想的科学理解与把握上，仍存在着一些不甚恰切的流行说法及不甚清晰的思想意识，尚需进一步澄明与厘清。

（一）关于人类语言哲学层面上的语言工具性思想的萌发问题

曾经在20世纪的很长一段时间里，一提到语言的工具性，人们往往想到的是列宁1914年在《论民族自决权》一文中提到的"语言是人类最重要的交际工具"[3]508及斯大林1904年在《社会民主党怎样理解民族问题？》一文中提到的"语言是发展和斗争的工具"[4]37等这样一些经典的论述。后来，国内有学者在1996年11月5日进行的"语言哲学对话"中提出：语言的工具性"早在18世纪中期"在狄德罗的《科学、艺术和手工艺百科全书》（1751年）中就已被提了出来[5]17。这种说法出现后流传较广，不断被其后的一些著作所引述。

实际上，关于语言的工具性问题，远在18世纪中期的狄德罗说之前，很早就已经被提出来了。根据笔者的考察，在人类语言哲学发展史上，语言的工具性思想意识萌生的早期源头，可以追溯到公元前四世纪左右柏拉图（Platon）的《克拉底鲁篇》中。柏拉图的《克拉底鲁篇》在讨论事物的名称与事物本身之间的关系到底是按照事物的本质形成的还是按照社会习惯或规范形成的时，讨论人苏格拉底和赫谟根尼两人都一致认为"名称是一个工具"：

> 苏格拉底　　……名称是一个工具吗？
> 赫谟根尼　　肯定是。
> ……
> 苏格拉底　　假定我现在就名称提一个相同的问题，你能回答我吗？把名称当作一样工具，当我们在给事物命名时，我们在做什么？
> 赫谟根尼　　我说不出来。

苏格拉底　　　我们不是在把信息相互传递，按照事物的性质区别它
们吗？

赫谟根尼　　　我们确实在这样做。

　　这里，柏拉图通过苏格拉底和赫谟根尼之口，把名称看作是一个工具，
并认为"当我们在给事物命名时，我们在做"的，就是"在把信息相互传
递"[6]56—133，[7]184—199。也就是说，具有信息传递性能的名称（名称本身属
于语言现象，是语言的一部分）"是一个工具"，具有工具性。这是迄今我
们在已有的相关文献中见到的、牵涉有关语言工具性思想意识萌生的最早源
头[8]，[9]29—30。

　　顺着这一路径纵向延伸，我们还会发现，早在18世纪中期的狄德罗说之
前，人们还有许多有关语言的工具性的论述。如16世纪初，英国思想家托马
斯·莫尔（Thomas More）在其于1516年出版的《乌托邦》一书中，在赞美乌
托邦人的语言语音悦耳、语汇丰富时，就明确表达了语言"是表达思想的准确
工具"[10]71；17世纪末，英国哲学家洛克（John Locke）在其于1690年出版
的《人类理解论》中，就认为语言不仅是"组织社会的最大工具"[11]413、是
人互相传递思想的工具，也是"知识的工具"[11]513；18世纪初，德国哲学家
莱布尼茨（Gottfried Wilhelm Leibniz）在其于1704年完成的、与洛克的《人
类理解论》相辩驳的《人类理智新论》（该书1765年正式出版）一书中认为，
语言是认识的手段，是社会的工具及逻辑分析的工具（参阅该书第三卷）；法
国哲学家孔狄亚克（Etienne Bonnot de Condillac）在其于1746年出版的《人类
知识起源论》一书中认为，包括语言符号在内的符号"就是心灵活动所使用的
工具"[12]90—267等。足以可见，在18世纪中期的狄德罗说之前，相关文献中早
已存在有关语言工具性思想之论述①。至于18世纪中期狄德罗说之后的有关语
言工具性思想之论述，则更是日见丰盈，不乏典例。如法国哲学家卢梭（Jean

---

① 关于语言工具性思想意识的早期源头问题，于根元先生曾在其著的《应用语言学前沿问题》
（中国经济出版社2006年版）一书中说："关于语言是交际工具的基本思想至少在18世
纪中期就提出来了。……我听于全有说，他找到更早一些的说法。"（见该书第68—69页。
此处较其前的相关表述增加了"至少"二字）同道中熟悉的友人，曾有以之问我所以者。
这里借此机会说明一下：于根元先生这里所说的听我说的"更早一些的说法"，当是2004
年秋笔者在北京和于根元先生交流相关学术问题时（时郝继东老师在座），我提到过柏拉
图著的《克拉底鲁篇》及托马斯·莫尔著的《乌托邦》、洛克著的《人类理解论》等早在
18世纪中期的狄德罗说之前的一些文献中已有的有关语言的工具性问题的一些论述。

Jacques Rousseau）1755年出版的《论人类不平等的起源和基础》和1777年问世的《语言起源论·交流思想的各种手段》及1782年问世的《论语言的起源——兼论旋律与音乐的摹仿》等著作中对语言的工具性的论述、德国哲学家哈曼（John Georg Hamann）对"语言是理智唯一的工具和标准"的相关论述、美国语言学家辉特尼（William Dwight Whitney）在其1867年问世的《语言和语言研究》一书中对"语言是人类表达思想的要具"的论述，以及斯大林1904年在其《社会民主党怎样理解民族问题？》及其后来于1950年问世的《马克思主义和语言学问题》中的相关论述、列宁1914年在其《论民族自决权》中的相关论述、索绪尔1916年出版的《普通语言学教程》一书中的相关论述、法国语言学家房德里耶斯（Joseph Vendryès）在其1921年问世的《语言论》一书中的相关论述、美国人类学家与语言学家的萨丕尔（Edward Sapir）在其1921年问世的《语言论——言语研究导论》一书中和在其1929年问世的《语言学作为一门科学的地位》一文中的相关论述以及他的学生沃尔夫（Benjamin Lee Whorf）在其《论元语言学论文选集》中的相关论述、中国语言学家黎锦熙在20世纪20年代的相关表述、俄国语言学家德雷仁（Emest K. Drezen）在20世纪20年代多次修订出版的《世界共通语史——三个世纪的探索》一书中的相关论述、美国著名物理学家爱因斯坦（Albert Einstein）在其1941年问世的《科学的共同语言》一文中的相关论述、丹麦语言学家叶姆斯列夫（Hjelmslev）在其1943年问世的《语言理论纲要》中的相关论述、英国哲学家罗素（Bertrand Russell）在其1948年问世的《人类的知识——其范围与限度》一书中的相关论述、中国语言学家叶圣陶1948年在其《关于语言文学分科的问题》一文中的相关论述、奥地利哲学家维特根斯坦（Ludwig Wittgenstein）1953年在其《哲学研究》一书中的相关论述、德国哲学家海德格尔（Martin Heidegger）1953年在其《形而上学导论》一书中的相关论述、英国哲学家奥斯汀（J.L. Austin）1956年在其《为辩解辩》一文中的相关论述、法国美学家罗兰·巴特（Roland Barthes）1957年在其《神话论》一书中的相关论述、法国语言学家马丁内（André Martinet）1962年在其《语言功能观》中的相关论述、美国语言学家莱考夫（George Lakoff）和约翰逊（Mark Johnson）于1980年出版的《我们赖以生存的隐喻》及其后的系列相关著述中对语言是认知工具等相关论述，以及20世纪80年代以来的以许国璋、王希杰、于根元等诸多学人为代表的中国学者的相关论述等[9]30—94。

概而言之，就总体上看，我们认为，语言的工具性思想萌生于公元前四世纪左右的柏拉图《克拉底鲁篇》中的苏格拉底与赫谟根尼的对话，中经包括托马斯·莫尔、洛克、莱布尼茨、孔狄亚克、卢梭、狄德罗、哈曼、辉特尼、斯大林、列宁、索绪尔、房德里耶斯、萨丕尔、沃尔夫、黎锦熙、德雷仁、爱因斯坦、罗素、叶圣陶等人的相关阐发，至20世纪50年代斯大林《马克思主义和语言学问题》一书问世时，基本成形。后又迭经包括维特根斯坦、海德格尔、奥斯汀、罗兰·巴特、马丁内、莱考夫、约翰逊及许国璋、王希杰、于根元等在内的诸多学者的梳理、阐发与探索，始成今日包括"语言是人类独有的、最重要的交际工具""语言是人类思维（主要是抽象思维）的工具""语言是人类认知的工具"等这样几大基本内涵在内的语言工具性思想系统。

（二）关于中国语言哲学层面上的有关语言工具性思想的萌发等问题

1.关于中国有关语言是交际工具思想的早期萌发问题

关于中国有关语言是交际工具思想的早期萌发问题，学术界有学者认为：中国东汉时期出现的、扬雄的《法言·问神》中的"故言，心声也"（通常简称为"言为心声"），是中国古代很早就提出来的关于语言是交际工具的一个很重要的定义[5]170, 173。

实际上，与其说扬雄的此说是一个有关语言与交际工具相关联的表述，毋宁说扬雄的此说在这里涉及的是一个中国古代关于语言与思想（心灵）关系的一种论述，更为适切。扬雄这句话出现的原语境中的上下文是这样的：

> 故言，心声也；书，心画也。声画形，君子小人见矣。

扬雄这段话所要表达的意思，无非是说：言语是人的思想（心灵）的反映，而文辞是人的思想（心灵）的表现；从一个人的言说、文辞（说的、写的）所反映出的思想映像中，能看出这个人是君子还是小人来①。

---

① 需要说明的是，从"故言，心声也"这句话出现的上下文语境看，将"故言，心声也"的意思直接就理解为说的是"语言是人的心灵的反映"（即将这句话中的"言"理解为是"语言"），严格说来，这是不甚准确的。因为这句话的原语境中还有与之相对举的另一句话"书，心画也"需要考虑进去。而若抛弃"故言，心声也"这句话脱胎的原始语境，仅孤立地就这句话的本身意思将其直接理解为所表达的意思是"语言是人的心灵的反映"，而将与之对应的下一句话"书，心画也"理解为所表述的意思是"书法是人的思想的表现"（即将这句话中的"书"理解为是"书法"），无论从语境与语义的关系上看，还是"言"与"书"的对举关系构成上看，也都是不甚适切的。

我们认为，扬雄的这段话主要反映的是他对语言与人的思想（心灵）间的关系的一种思考。这与上古时期，中国很多古代先哲都曾有过的对语言与人的思想（心灵）间关系的思考的时代思潮是一致的。如《论语·尧曰篇第二十》中就曾认为："不知言，无以知人也。"[13]211《周易·系辞传下》曰："将叛者其辞惭，中心疑者其辞枝，吉人之辞寡，躁人之辞多，诬善之人其辞游，失其守者其辞屈。"[14]604《礼记·乐记》中亦曰："凡音者，生人心者也。情动于中，故形于声。声成文，谓之音。"[15]245孟子在《孟子·公孙丑章句上》中则明确说：言辞"生于其心"，并自信能"诐辞知其所蔽，淫辞知其所陷，邪辞知其所离，遁辞知其所穷"[16]62。可见，西汉时期扬雄的上述对语言与人的思想（心灵）间的关系的思考与思索，无疑与上述中国古代先哲们的相关思考与思索，是一脉相连的。这些不逊于西方亚里士多德时期即已开启的"口语是心灵的经验的符号"之类的有关语言与思想（心灵）间的关系的思考与思索，无疑是中国古代先哲在语言与人的思想（心灵）间的关系的求索上，留下的一抹无愧于时代的、难能可贵的永恒的印迹[9]42—43。这使我们可以比较清楚地看到，历史语境下的扬雄"故言，心声也"之说所表达的主旨与意义，与语言是交际工具之义无疑相去较远，起码其表述难以确凿地称得上是中国古代关于语言是交际工具的一个表述相对明确并且发生也很早的说法。即使是从语言与思想（心灵）间的关系上看，它也算不上是中国古代有关本问题探索上的最早的一个，尽管它是本方面探索上很经典的一个。

严格说来，如果仅以语言的交际功能而论，根据笔者的考察，中国西汉时期的《淮南子·泰族训》中有言："夫言者，所以通己于人也。"[17]1087这是目前我们所见到的中国古代从语言的交际功能的角度来解说语言的一个较早的经典论述。如果想探寻中国古代早期从交际的角度来论述语言的定义的话，《淮南子·泰族训》中的上述论述，当比扬雄的《法言·问神》中的"故言，心声也"之论述，在学理上显得更为接近、更为适切。

2.关于中国语言工具性思想早期情况的若干表述问题

关于中国的语言工具性思想的发展历程，有学者提出大致经历过四个阶段。其中，第一个阶段是五四运动到新中国成立之前，并认为在这个阶段中的"20世纪20年代，我国现代第一代语言学家黎锦熙侧重从文字角度考察有关问题，涉及了语言，说：'夫文字，工具也，利器也。''要使文字和语言一致。文字以语言为背景，才是真正确切的符号，才能作普通实用的工具。'

（《新著国语教学法》，商务印书馆，1924）"①

这里，我们暂且不论中国历史上有关语言工具性思想的起始阶段到底如何阐释才更科学一些的问题，仅从黎锦熙这段话的原文所述上看，黎氏此文中的"文字"，应当主要是指记录语言的符号系统之义，而不应当主要是指"文字"的其他意义。如果说，黎锦熙的"夫文字，工具也，利器也"之说中的"文字"，除了主要是指记录语言的符号系统之义，或还可能含有一丝"文字"的其他意义的话，但在黎锦熙的"要使文字和语言一致。文字以语言为背景，才是真正确切的符号，才能作普通实用的工具"之表述中的"文字"，则是十分明确地就是指记录语言的符号系统之义。因为后面这段话中的"文字"，本是和下文中的"语言"是相对的说法，此处的"文字"很明显是不包括"语言"的，或者说是排除了"语言"在其内的，就是仅仅指狭义的文字——记录语言的符号系统；黎氏此文中明显地只是说了"文字是工具"（没说"语言是工具"）的意思。如是，若以此来作为语言是工具说的论据，显然有些难以为据。尽管我们平常在用"文字"时，它有时可以有语言的意思，或是有语言的一部分之义，但在这句话的上下文语境中，"文字"的意思显然主要是指狭义的文字。

同时，倘若真要以上述20世纪20年代的这种"文字是工具"说来说明语言是工具的话，上引黎锦熙1924年的这段论述，也不一定是本时期唯一存在的最典型的论述，同期尚有不逊于黎锦熙此说影响、比此处黎氏之说还早几年的、更适切的相应的说法。如1922年由钱玄同在国语统一筹备委员会提出，由陆基、黎锦熙、杨树达联署的一项《减省现行汉字的笔画案》中就说："文字本是一种工具，工具应该以适用与否为优劣之标准。"[18]77这段论述，比上引黎锦熙1924年的论述还要早几年。

既然上引黎锦熙说难以算得上是明确地有关语言是工具之说，那么，黎锦熙本人到底有没有比较明确的关于语言是工具之类的理念与说法呢？据笔者考

---

① 参阅于根元主编的《应用语言学概论》（商务印书馆 2003 年版）第 90 页。需要说明的是，这种说法最早见于 1996 年 11 月 5 日进行的"语言哲学对话"中（庄文中语，参阅于根元等著《语言哲学对话》，语文出版社 1999 年版，第 20 页）。但庄文中原表述中是这样引用的："'夫文字，工具也，利器也'（1924）。'要使文字和语言一致。文字以语言为背景，才是真正确切的符号，才能作普通实用的工具。'（《新著国语教学法》，商务印书馆，1924）"实际上，"夫文字，工具也，利器也"，应当是黎锦熙 1924 年在他的《致北京平民教育促进会书》中，在讲平民识字教育问题时提出的。黎锦熙原句是这样说的："夫文字，工具也，利器也；用之不善，亦足以助恶而杀人。文字教育，乃教育之手段，非教育之目的。"

察，历史上，黎锦熙确曾有过比较明确的语言是工具的基本思想与相关说法，不过不是出现在黎锦熙的《新著国语教学法》一书中，而是反映在20世纪20年代左右黎锦熙先生的相关语言教学中。黎锦熙早年曾在自己的相关语言教学中说道："语言文字不过是学问底一种工具，文法更不过是一种工具底工具。"关于这一点，黎锦熙本人在其名作《新著国语文法》的相关修订说明中，已有比较清楚的关于自己早年曾表述过语言是工具之思想的记述。黎锦熙在《新著国语文法》中的《订正新著国语文法新序（1933）》里，曾叙述了一个和黎锦熙先生"十年前曾经讨论过国语文法底标准问题"、后来又在黎锦熙先生的《新著国语文法》出版后（该书初版是1924年）"便欣然用作教本"的人，当年在学校学习时，曾听过黎锦熙先生对上述观点的阐述：

> 他日，乙友来了，劈头一句话："……你总还记得咱们十年前曾经讨论过国语文法底标准问题，不久你的《新著国语文法》出版，我便欣然用作教本，无论教初中、高中、乃至教大学，我总是用这本书的，因为在学校时听你讲过：'语言文字不过是学问底一种工具，文法更不过是一种工具底工具'，所以我反对那种搬弄名称、不切实用的文法教学；……"
> 我说："谢谢你！……"[19]11—12

从黎锦熙先生本人的这段记述情况看，黎锦熙先生对当年自己曾讲过有关语言文字是工具的这段话及思想是认可的。从时间上推算，黎锦熙先生讲述自己的语言工具性思想，起码也应当是在黎锦熙1924年《新著国语文法》一书出版之前，就已经有了。

（三）关于语言工具性思想的科学把握问题

目前，语言学界许多相关著述在提到语言工具性思想时，往往多侧重在对其内容、发展情况做拿来主义式的一般性的描述，鲜有对其作为一种传统的语言观念在内在逻辑上可能存在的优劣得失的清醒的、具有一定的语言哲学高度的分析把握，以及在此基础上的如何更科学、合理地发掘、运用传统语言工具性思想的理性自觉意识。这无疑是不利于我们进一步科学地吸收传统语言哲学的精华，以更好地推进相关语言思想的发展、进步的。

择要而言，我们认为，在对传统的语言工具性思想的内在逻辑的理解把握上，起码在以下几个方面，我们要有清醒的理性认识：

首先，从传统语言工具性思想的基本内涵来看，传统语言工具性思想是由"语言是人类独有的、最重要的交际工具""语言是人类思维（主要是抽象思维）的工具""语言是人类认知的工具"等这样几大基本内涵所构成的一个语言工具性思想系统。这一思想系统内蕴的"交际工具"与"思维工具""认知工具"所反映的问题与状况的层面是不同的。如果说这当中的"交际工具"反映的主要是对人与人之间的语言运用情况的认识的话，这当中的"思维工具"和"认知工具"则还可以反映对个体的人的语言运用情况的认识。

其次，从传统语言工具性思想所揭示的语言观念的层次与视角上看，它主要是从语言的社会属性出发来认识、看待语言的，在把语言看成是一种工具的同时，肯定了语言的交际功能、思维功能及认知功能等，并在表述上具有简明易懂、便于理解等便捷与长处。这是我们从正面理解的角度，对本问题起码应有的基本把握。

再次，从传统语言工具性思想在内在逻辑上可能潜存的问题与不足的角度上看，我们认为，传统语言工具性思想起码还存在着如下几方面的不足：一是传统语言工具性思想把语言看作是一种工具，这实际上只是对语言本质的一种隐喻式的归结，而并不是对语言本身内具的真正本质的直接揭示与说明；二是语言工具性之语言思想往往给人一种语言尽管为人所创造，但它与人的关系却是既属于人而又外在于人的从属关系，等于强调人在支配语言，体现不出来语言对人的能动作用的一面（如以言行事中的语言的功能）；三是语言工具性思想理念的张扬，一定程度上导致语言研究实践中对人的语言实践及人的存在的忽视，导致在理论上、实践上对语言的人性及实践性实质的忽视等[8]76—83，[9]94—103。

这是我们在科学地理解、认识、运用语言工具性思想时，须要注意把握的基本逻辑内涵，以免对问题的理解与把握流于表层或尺度失据，不利于相关认识的进一步推进与深入。

二、理论自身中需要注意澄清的基本问题

在语言交际理论的自身建设上，目前学术界已提出了不少不同层面的具体理念。如"交际是语言的本质""交际之外无语言""为交际而研究语言""交际能力是最基本的语言能力""应该以交际值作为衡量语言规范的标

准"等①。由于涉及的具体问题相对繁杂，难以备细，这里择要对其中的几个具体问题扼要作一剖析。

（一）关于"交际是语言的本质"问题

本来，源于传统的语言工具性思想而来的语言工具论之语言本质观，其核心，主要认为语言本质上不过是一个"工具"（涵盖"语言是人类独有的、最重要的交际工具""语言是人类思维的工具""语言是人类认知的工具"这样几种常见的有关语言工具性的认识）。而这种语言工具论之语言本质观，本是包含了"交际"在内的一种工具本质观。可能是由于受到列宁"语言是人类最重要的交际工具"及德国和奥地利语言学家舒哈特（Hugo Schuchardt）"语言的本质在于交际"之说的影响，国内有学者前些年提出"交际是语言的本质"，并认为"交际是语言的本质，这是交际理论的基本思想"[1] 92。

应该说，语言交际本质观和语言工具本质观，从其渊源及看问题的角度上看，二者是既有联系又有区别的两种不同的语言本质观。尽管语言交际本质观从一定的角度上看，也有它合理内核的一面，但从总体上看，此说也确有它的局限性的一面。我们认为，把"交际"作为语言的本质，严格说来，从学理上看，是不甚科学的，起码明显存在着不甚科学之处。这个问题的本身所触及的，也并不是一个简单的是否在抠字眼的问题，而是一个关系到是否合一定的学理的科学性的问题。

首先，本质作为存在于事物的质之中、使事物成为自身的一种根本的规定性，是一类事物区别于他类事物的重要特性。交际虽然是人类的一种极其重要的行为，但却不好说交际一定是人类语言所特有的本质。俗话说，"人有人言，兽有兽语"。人类之外的其他多种群体动物中，实际上都拥有自己的一套用来沟通信息的、属于自己的"语言"形式系统，主要用于系统内作为交际工具来使用，只不过是动物的"语言"形式系统不同于人类的语言形式系统罢了。已有研究表明：

> 当动物进化到产生最简单的集体行动时，作为需求，交际系统就开

---

① 参阅于根元主编的《应用语言学概论》（商务印书馆 2003 年版）、于根元著的《应用语言学前沿问题》（中国经济出版社 2006 年版）、于根元著的《应用语言学的历史及理论》（商务印书馆 2009 年版），以及于根元等著的《语言哲学对话》（语文出版社 1999 年版）、赵俐著的《语言宣言——我们关于语言的认识》（中国经济出版社 2003 年版）等相关章节。

始形成了。动物的交际系统也许过于简单了，要发展成人类语言那样复杂的符号体系恐怕尚需十几亿甚至上百亿年的艰苦努力。然而就其传达信息的职能而言，和我们人类的语言是一样的，以致我们可以说那也是一种"语言"。

我们——人和动物，都已进入了这样一个时代，一个充满着信息的时代。在这个共同生存的世界里，人和动物每时每刻都在为了生存而发现信息、为了生存而交流着各种各样的信息。

动物们为了交流信息，创造了各自的交际系统，即"语言"。和人一样，动物的"语言"也具有它的"形式"和"意义"。……动物们凭借各种形式表达着生活最必需的意义——完成各种交际功能[20] 5。

许多学者的观察研究，也证实了这一点[20] 1—104。如英国著名哲学家罗素就曾在他的《人类的知识——其范围与限度》这一著作中说：动物发出痛苦的尖叫与不会说话的婴孩用哭和笑来表达各种情感、牧羊犬对羊群发出命令的手段与牧羊人对犬发出命令所运用的手段"几乎难以区别"，认为动物间用于表达情感的交际方式及发出的声音，实际上跟人类的语言间"并没有什么明显的界限"[21] 69。波兰哲学家沙夫（Adam Schaff）也在自己的著作中认为：动物有"从一个个体向另一个个体传递关于感情状态的知识或提供关于某一个此时此地的情况的消息"的"一种特殊的交际"，一种属于感情的交际[22] 126—127。如是看来，尽管惯常的理解里，往往都是把"交际"理解是人类之间的行为，但交际行为却不好说一定只为人类所独有，一些群体性存在的动物实际上也都存在着自己的、不同于人类的交际方式。这样，我们则不好说"交际"是人类语言特有的本质了。至于认为大千世界"万事万物都在交际""万事万物都在跟别的交际之中出现、发展、变化""人是万事万物不停交际的产物""人际交际是人跟万物交际的一个方面""交际之外无语言""交际之外没有任何东西"等，则就更不好说"交际"只是语言才有的本质了①。

其次，将"交际"作为语言的本质，并作为语言交际理论的基本思想，

---

① 参阅于根元主编的《应用语言学概论》（商务印书馆 2003 年版）第 92 页、于根元著的《应用语言学前沿问题》（中国经济出版社 2006 年版）第 72 页、赵俐著的《语言宣言——我们关于语言的认识》（中国经济出版社 2003 年版）第 4 页及第 1 部分等。本部分另可参阅于全有著的《语言本质理论的哲学重建》（中国社会科学出版社 2011 年版）第 97—98 页中的相关论述。

其本身与语言交际理论建立的基础与前提——语言的工具性思想——所反映出的语言的性能内涵相龃龉。目前，语言交际理论的倡建者在构建语言交际理论时，通常都是将该理论建立在语言的工具性思想的基础之上。关于语言的工具性思想的基本内涵，前文已经说过，主要由"语言是人类独有的、最重要的交际工具""语言是人类思维（主要是抽象思维）的工具""语言是人类认知的工具"这样几大基本内涵组成。将"交际"作为语言的本质，主要反映的是语言的工具性思想内涵中的"交际工具"这一内涵（把"交际"作为语言的本质，往往也是由语言是"交际工具"这一内涵去作推导），而没有适切地反映出语言工具性思想内涵中的、原本与"交际工具"内涵并存的"思维工具"内涵与"认知工具"内涵。与重在反映对人与人之间的语言状况的认识的"交际工具"不同，思维工具、认知工具还能反映出对个体的人的语言运用情况的认识，它跟"交际工具"所反映的本是属于两种不同层面的语言存在状况的认识。对此，是否还可以像有的学者给出的解决此问题的建议那样——"也可以认为认知、思维是交际的一种方式"，从而去自圆这种语言交际本质说呢？我们认为，语言本身具有社会性，一些惯常使用的、有自己的特定内涵的术语与表述，尽管也不是一定不可以根据需要赋予其新的内涵，只是学术自有其自己的传统与规律，一个学界常用的、内涵已约定俗成的术语或惯用表述，如果没有合乎规律的特别需要，个人应该还是尽量不要为某种目的而轻易地去随意改变其约定俗成的内涵与用法为好。更何况，这种处理方式下的"交际"内涵的扩大，会直接导致对更能反映、体现对个体的人的语言运用状况的认识的忽视与抹杀。而真正的一种事物本质的确立与获得，是必须要建立在对其整体存在状况的综合分析考察的基础之上的。

再次，"交际"本有其约定俗成的内涵，通常多指"人与人之间往来接触；社交"等[23]649。退一步说，即使语言交际本质论者不承认群体性存在的动物中有交际的存在，把"交际"的内涵就限定在"人与人之间往来接触"，而不包括笼统意义上的"社交"，这也不便于笼统地说"交际"就是语言的本质。因为除"人与人之间往来接触"这种"交际"中的语言存在外，还存在着个体思维与认知中运用语言情况的存在，如个体的构思、概念化、范畴化、自省、静思、冥想、自言自语等情形中的语言存在。这是事实，尽管从语言发生学的角度上看，本产生于人类的社会实践活动的语言，与人类交际的需要息息相关。德国著名哲学家莱布尼茨早在其1704年完成的《人类理智新论》（1765年正式公开出版）一书中，就对人与人之间交际中使用的语言与个体的人使用的语言这两种语言存在状况进行过比较清晰的分析说明："事实上若不是有使别人了解自己的愿望，我们是决不会形成语言的；但语言既经形成之后，它就还供人用来独自进行推理，一方面是利用语词给他的一种手段，用来记忆那些抽象的思想，另一方面也利用我们在推理中发现的那种运用符号标记以及无声的思想的好处。"[24]299我们不主张不加区别地将本属于个体的人中存在的一些语言现象，笼统地归到本存在于人与人之间且有着术语自身的特定内涵的"交际"中。

可见，主张"交际"是语言的本质，确实存在着明显的不科学之处，缺乏充分的学理上的支持。

（二）关于"交际之外无语言"等问题

通过前文所述，我们可以看到，语言的存在不仅仅表现在人与人之间的存在（即"交际"中的存在），而且还表现在语言一经产生之后，它还可以供个体的人的语言使用，即语言还存在于个体的人的语言使用中。"交际之外无语言"的说法，无疑是忽视并抹杀了个体的人的语言使用状况的存在，也等于一定程度上忽视并抹杀了可以反映对个体的人的语言运用情况认识的语言的思维工具性能与语言的认知工具性能。我们认为，语言本是人类实践活动音义结合的表现符号，把"交际之外无语言"作为语言交际理论的具体理念之一，无疑既跟语言的实际存在状况不相和，又跟语言交际理论得以建立的基础与前提——语言的工具性思想——内涵中的"语言是人类思维的工具""语言是人类认知的工具"之思想相悖谬，显然是不甚科学的。至于"交际之外无任何东西"等提法，也同样存在着类似的科学性问题。限于篇幅，这里不再赘述。

参考文献：

[1] 于根元. 应用语言学概论 [M]. 北京：商务印书馆，2003.

[2] 于根元. 应用语言学的基本理论 [M] // 于根元. 应用语言学的历史及理论. 北京：商务印书馆，2009.

[3] 列宁. 论民族自决权 [M] // 中共中央马克思恩格斯列宁斯大林著作编译局. 列宁选集：第2卷. 2版. 北京：人民出版社，1972.

[4] 斯大林. 社会民主党怎样理解民族问题？[M] // 中共中央马克思恩格斯列宁斯大林著作编译局. 斯大林全集：第1卷. 北京：人民出版社，1953.

[5] 于根元，等. 语言哲学对话 [M]. 北京：语文出版社，1999.

[6] 柏拉图. 克拉底鲁篇 [M] // 柏拉图. 柏拉图全集：第2卷. 王晓朝，译. 北

京：人民出版社，2003.

　　［7］王宏文，宋洁人. 柏拉图研究：上卷［M］. 济南：山东人民出版社，1991.

　　［8］于全有. 语言底蕴的哲学追索：从传统语言本质论到层次语言本质论［D］. 长春：吉林大学，2008.

　　［9］于全有. 语言本质理论的哲学重建［M］. 北京：中国社会科学出版社，2011.

　　［10］托马斯·莫尔. 乌托邦［M］. 戴镏龄，译. 北京：商务印书馆，1977.

　　［11］洛克. 人类理解论：下册［M］. 关文运，译. 北京：商务印书馆，2009.

　　［12］孔狄亚克. 人类知识起源论［M］. 洪洁求，洪丕柱，译. 北京：商务印书馆，1997.

　　［13］杨伯峻. 论语译注［M］. 北京：中华书局，1980.

　　［14］金景芳，吕绍纲. 周易全解［M］. 上海：上海古籍出版社，2005.

　　［15］戴圣. 礼记［M］. 张博，编译. 沈阳：万卷出版公司，2019.

　　［16］杨伯峻. 孟子译注：上册［M］. 北京：中华书局，1984.

　　［17］赵宗乙. 淮南子译注：下［M］. 哈尔滨：黑龙江人民出版社，2003.

　　［18］杨润陆. 现代汉字学通论［M］. 北京：长城出版社，2000.

　　［19］黎锦熙. 新著国语文法［M］. 北京：商务印书馆，1998.

　　［20］孙维张. 语言散论［M］. 长春：吉林教育出版社，1994.

　　［21］罗素. 人类的知识：其范围与限度［M］. 张金言，译. 北京：商务印书馆，2003.

　　［22］沙夫. 语义学引论［M］. 罗兰，周易，译. 北京：商务印书馆，1979.

　　［23］中国社会科学院语言研究所词典编辑室. 现代汉语词典［M］. 7版. 北京：商务印书馆，2016.

　　［24］莱布尼茨. 人类理智新论：下册［M］. 陈修斋，译. 北京：商务印书馆，2006.

（原刊《沈阳师范大学学报》社会科学版2018年第5期）

语言钥匙论之语言观论析

摘要：语言钥匙论之语言观指的是以习近平近年在系列国际语言文化交流场合所提出的"掌握一种语言就是掌握了通往一国文化的钥匙""语言是了解一个国家最好的钥匙"等为代表的有关语言的功能、语言的本质认识的新理念概括而来的一种新的语言观念。语言钥匙论之语言观的理论基础主要是传统的语言工具论之语言观，它是在继承传统的、以语言工具论之语言观为代表的相关语言哲学思想的合理内核基础上的一次对语言的功能、语言本质认识的开新、深化与提升，不仅在理论上具有重要的语言哲学意义与价值，而且在实践上对于相关国际文化交流传播与合作、相关语言文化的学习教育等也具有重要的启发、指导意义与价值。

关键词：语言钥匙论；语言观；习近平；语言工具论；语言哲学

一、语言钥匙论之语言观的内涵及由来

所谓的语言钥匙论之语言观，指的是以习近平近年在系列国际语言文化交流场合所提出的"掌握一种语言就是掌握了通往一国文化的钥匙""语言是了解一个国家最好的钥匙"等为代表的有关语言的功能、语言的本质认识的新理念概括而来的一种新的语言观念。

2014年3月29日，习近平在柏林会见德国汉学家、孔子学院教师代表和学习汉语的学生代表，同他们就加强中德语言文化交流进行座谈时指出："人与人沟通很重要，国与国合作很必要。沟通交流的重要工具就是语言。一个国家文化的魅力、一个民族的凝聚力主要通过语言表达和传递。掌握一种语言就是掌握了通往一国文化的钥匙。学会不同语言，才能了解不同文化的差异性，进

而客观理性看待世界，包容友善相处。"[1]2015年10月22日，习近平在伦敦出席全英孔子学院和孔子课堂年会开幕式时强调指出："语言是了解一个国家最好的钥匙，孔子学院是世界认识中国的一个重要平台。作为中外语言文化交流的窗口和桥梁，孔子学院和孔子课堂为世界各国民众学习汉语和了解中华文化发挥了积极作用，也为推进中国同世界各国人文交流、促进多元多彩的世界文明发展作出了重要贡献。"[2]

正是在这上述系列讲话之中，习近平在学界已有的相关语言观念的基础上，主要从语言的功能与价值的层面与角度，明确地提出了一个不同于学界对语言的功能、语言的本质惯常认识的新理念——"语言是钥匙"这样一种"语言钥匙论"之语言观。这种语言钥匙论之语言观，从其相关阐述的内在意蕴上看，概要而言，其有关语言认识的基本理念，主要由以比较显性的形式出现的语言是通往一国文化的钥匙，语言是了解、掌握一国文化与一个国家状况的钥匙，以及以比较隐性的形式出现的语言是沟通交流的工具——钥匙（由上下文语境可知此处的"工具"——语言，即下文所喻的"钥匙"）等这样几部分理念构成。其传统的语言工具论中惯常使用的"工具"及其内涵，多由"钥匙"这一具体的工具及其相应的内涵所取代（详见下文）。这一有别于以往的以语言工具论、语言符号论、语言本体论等为代表的语言观念的出现，其本身不仅在理论上具有重要的语言哲学意义与价值，而且在实践上对于我们新时代的国际文化交流传播与合作、相关语言文化学习教育等，无疑也具有重要的启发、指导意义与价值。

二、语言钥匙论之语言观形成的理论基础

语言钥匙论之语言观的形成，是建立在一定的理论基础之上的。其理论基础，主要是传统的、以语言工具论之语言观为代表的相关语言理念。语言钥匙论之语言观不仅与传统的语言工具论之理念一脉相连，而且也是语言工具论之理念在新时代的开新、深化与发展。

（一）从"名称工具论"到"语言钥匙论"：语言工具论思想的演进脉络

关于语言工具论思想的发展演进问题，笔者曾在《语言本质理论的哲学重建》一书中对此有过一些散见形式的涉及与探讨[3]30-94。这里，笔者在前者的

基础上，扼要对语言工具论思想的萌生、形成、发展等演进历程的脉络做一概要的梳理，以便在人类的语言工具论思想的总体演进历程中，呈现"语言钥匙论"的历史位置与价值。

1.语言工具论思想意识的萌生

从目前我们能够见到的资料上看，早在公元前4世纪左右柏拉图（前427—前327）的《克拉底鲁篇》中，苏格拉底与赫谟根尼二人在讨论名称与事物间的关系到底是按照事物的本质形成的、还是按照社会习惯或规范形成的时，就出现了"名称是一个工具"这样一种"名称工具论"思想。同时，苏格拉底和赫谟根尼还意识到名称还具有"传递信息"的功能[4]56—133。名称本身属于语言现象，说"名称是一个工具"，蕴有语言是工具之相关因素或思想意识于其中。这是迄今我们在已有的相关文献中见到的、包括东西方在内的人类语言哲学层面上牵涉有关语言工具性思想意识萌生的早期源头。

中国古代有关语言是工具的思想意识到底有没有、若有又萌发于何处等，以往学界对此一直鲜有相对明确的阐述。就目前我们见到的资料看，起码早在庄子（约前369—前286）的《庄子》一书里的"言者所以在意"说中，中国古代有关语言是工具的思想意识即已萌生①。《庄子·杂篇·外物》中，有"筌者所以在鱼，得鱼而忘筌；蹄者所以在兔，得兔而忘蹄；言者所以在意，得意而忘言"这样一段论述[5]245。这段话的大意是说：筌是（一种）用来捕鱼的（工具），得到鱼就忘了筌；蹄是（一种）用来捕兔子的（工具），得到兔子就忘了蹄；言语是（一种）用来表达思想的（工具），得到思想就忘了言语②。从这段话中的"筌"与"鱼"、"蹄"与"兔"、"言"与"意"这三者的类比表述之语境上看，这里的"言者所以在意"说中，明显地含有言语是一种表达思想的工具这种意识于其中的。这是目前我们在已有的相关文献中见到的、中国古代有关语言工具性思想意识萌生的早期源头。

《庄子》一书一般认为成书于战国时期（前475—前221）的中后期。从时间上看，《庄子》里的"言者所以在意"说所透露出的语言是工具之思想意

---

① 这里所说的"语言是工具"思想意识的萌生，不等同于相对比较具体的"语言是交际工具"思想意识的萌生，二者是既有联系又有所不同的两个不同层次上的问题。关于中国有关"语言是交际工具"思想意识的萌生问题，可参阅于全有《语言交际理论研究需要注意澄清的几个基本问题》一文（刊《沈阳师范大学学报（社会科学版）》2018年第5期）。

② 参阅《庄子》，曹芳编译，万卷出版公司2018年版，第299—300页。需要说明的是，《庄子》里"筌者所以在鱼"中的"筌"字，在曹芳编译的《庄子》这本书中写为"荃"，通"筌"。

识，当略晚于柏拉图的《克拉底鲁篇》中的"名称是一个工具"说所透露出的语言是工具之思想意识。从二者在对这种工具具体是一种什么样或什么方面的工具的意识上看，《庄子》中所透露出的是表达思想的工具之意识，《克拉底鲁篇》中所透露出的是传递信息的工具之意识，在这一点上二者的意识比较接近，但《庄子》中的"言者所以在意"说针对语言问题而来的鲜明性，显然要强于《克拉底鲁篇》中的"名称是一个工具"说。

这里需要注意的一个问题是，中国学术界自20世纪90年代后期以来，曾在部分著述中流行一种说法，认为语言工具论思想出现在18世纪中期狄德罗的《科学、艺术和手工艺百科全书》一书中，给人以好像18世纪中期语言工具论思想才萌生似的感觉。其实，这种理解是不确切的。不仅语言工具论思想意识的萌生远早于18世纪中期的狄德罗的相关学说，而且从公元前4世纪至18世纪中期的狄德罗说之前，这期间也产生了不少触及语言工具性思想的相关学说[6]。

2.语言工具论思想的形成

自语言工具论思想意识萌生后，一直到20世纪50年代，语言工具论思想经历了一个比较漫长的历史形成过程。其中，包括但丁、托马斯·莫尔、洛克、莱布尼茨、孔狄亚克、狄德罗、卢梭、辉特尼、索绪尔、房德里耶斯、黎锦熙、德雷仁、萨丕尔、沃尔夫、高本汉、罗素及列宁、斯大林等在内的许多历史上的一些重要人物，都曾在这一历史时期中不同程度地触及了语言的工具性问题。

在这一时期，中国出现了不少与语言工具论思想有关的相关论述。如西汉时期刘安（前179—前122）的《淮南子·泰族训》中，有"夫言者，所以通己于人也"之论[7]1087。这是目前我们见到的中国古代有关"语言是交际工具"思想意识（有别于非强调是"交际"的工具之"语言是工具"思想意识）的重要早期源头。在略晚于《淮南子》的西汉时期扬雄（前53—18）的《法言·问神》中，也有"通诸人之咴咴者，莫如言"等相关联的一些思想意识[8]126。南朝刘勰《文心雕龙·书记第二十五》中，也出现了"辞者，舌端之文，通己于人"[9]221这种颇有些类似于《淮南子·泰族训》中的"夫言者，所以通己于人也"之述。这些论述，不同程度地触及了与语言工具论有关的一些具体思想内涵，特别是触及了有关语言是交际工具等方面的一些具体的思想内涵。同时，在这一时期，中国在语言工具论思想方面还出现了其他方面的一些认识与阐述。如20世纪20年代前后，中国现当代著名语言文字学家黎锦熙在其相关教学中就曾提出："语言文字不过是学问底一种工具，文法更不过是一种工具底工具。"[10]11-12等认识；中国现当代著名语文教育家叶圣陶1949年提出：语言"是表达内容的唯一工具"等[11]151。

在西方，这一时期也出现了不少与语言工具论思想有关的相关论述[3]30-86。如14世纪初，意大利诗人、欧洲文艺复兴时代的开拓者之一但丁在《论俗语》（1304年前后）一书中，认为"语言作为工具对我们的思想之必要正如骏马之于骑士"[12]。16世纪初，英国思想家托马斯·莫尔在《乌托邦》（1516年）一书中认为，语言"是表达思想的准确工具"[13]71。17世纪末，英国哲学家洛克在《人类理解论》（1690年）一书中认为，语言不仅是"组织社会的最大工具，公共纽带"[14]413"维系社会的大纽带"[14]537，是"把自己思想中所含的不可见的观念表示于他人"[14]416的工具，即是人互相传递思想的工具，同时也是"知识的工具"[14]513。18世纪初期，德国哲学家莱布尼茨在《人类理智新论》（1704年完成，1765年正式公开出版）一书中认为，语言是人与人之间增进了解的手段，是社会的工具及推理分析的工具[15]297-299。18世纪中期，法国哲学家孔狄亚克在《人类知识起源论》（1746年）一书中认为，包括语言符号（信号）在内的符号"就是心灵活动所使用的工具"[16]267；狄德罗在其《科学、艺术和手工艺百科全书》（1751年）一书中，也提出了语言是"使人们得以互相交流思想的工具"[17]；法国哲学家卢梭在《论人类不平等的起源和基础》（1755年）和《语言起源论·交流思想的各种手段》（1777年）及《论语言的起源——兼论旋律与音乐的摹仿》（1782年）等著作中，也对语言的工具性、语言是交际工具等进行了论述[3]54-55。德国哲学家哈曼在18世纪后期也曾在其著作中提出"语言是理智唯一的工具（Organon）和标准"等论述。与Organon这种"工具"内涵相应的是，德国文艺理论家赫尔德曾在自己的著述中提出语言是"理智的自然官能（Organ）"，普通语言学奠基人、德国语言学家威廉·冯·洪堡特也曾在其《论人类语言结构的差异及其对人类精神发展的影响》一书中提出"语言是构成思想的官能（das bildende Organ des Gedanken）"。这当中的Organ也可译为"工具"，不过是属于具有自主能动性的、人的内在的属物这样的"工具"[18]134。19世纪前叶，威廉·冯·洪堡特在其《论人类语言结构的差异及其对人类精神发展的影响》（1836年）一书中还提出："语言是一个民族从事任何一项人类活动的工具。"[19]5219世纪后叶，美国语言学家辉特尼在其《语言和语言研究》（1867年）一书中有"语言是人类表达思想的要具"[3]66,[6]等相关论述。20世纪初,斯大林在其《社会民主党怎样理解民族问题?》(1904年)一文中提出:"语言是发展和斗争的工具"[20]37;列宁1914年在其《论民族自决权》中提出"语言是人类最重要的交际工具"[21]508。列宁的这一论断后经斯大林在《马克思主义和语言学问题》(1950年)一书引用与阐发,成为20世纪关于语言的一个常见的、经典性的定义。现代语言学之父索绪尔在其《普通语言学教程》(1916年)一书中阐发其对语言问题的认识时认为,语言是"集体所创造和提供的工具"[22]18,声音"是思想的工具"[22]15;美国教育家约翰·杜威在其《教育与学校的几个关键问题(在南京高等师范学校的讲演)》(1920)中提出:"一切文字及数目皆为符号,皆是拿它来代表事物和思想的。把这种符号习熟以后,一就是得到了研究学问的工具,二就是得到了种族中历代所积聚下来之知识的钥匙,这真是一件重要的东西。""大概语言的作用可分为两种:第一是作为社会的工具的,第二是拿来发表心中的思想的。"[23]93-94法国语言学家房德里耶斯在其《语言论》(1921年)一书中也提到:"符号是指一切能作为人与人之间交际工具的记号"[24]200"语言是思维的工具和助手"[24]200-201;美国人类学家与语言学家萨丕尔在其《语言论——言语研究导论》(1921年)一书中也认为,语言是"表达意义的工具"[25]20。值得注意的是,萨丕尔在本书中在谈到语言与思维的关系时,开始有了符号是认识或了解概念的钥匙这样一种语言工具论思想意识。他说:"有了一个词,我们就像松了一口气,本能地觉得一个概念现在归我们使用了。没有符号,我们不会觉得已经掌握了直接认识或了解这个概念的钥匙。假如'自由'、'理想'这些词不在我们心里作响,我们会像现在这样准备为自由而死,为理想而奋斗吗?但是我们也知道词不只是钥匙,它也可以是桎梏。"[25]15-16俄国语言学家德雷仁在其于20世纪20年代出版的《世界共通语史——三个世纪的探索》一书中,也多次出现诸如"语言是人类互相联系、互相理解的工具"[26]4"是促进生产结果得以实现的工具"[26]4"语言是一种工具,一种联系工具"[26]7等论述。20世纪中叶,爱因斯坦在《科学的共同语言》(1941年)一文中认为,当人们开始频繁使用所谓的抽象概念时,"语言才成为真正意义上的推理工具"[27]106-107,即语言可以是抽象思维的工具;丹麦语言学家叶尔姆斯列夫在其《语言理论纲要》(1943年)中提出:"语言是人类形成思想、感情、情绪、志向、愿望和行为的工具,是影响他人和受他人影响的工具。"[28];瑞典汉学家高本汉在其《汉语的本质和历史》(1946)一书中谈道："作为思维最有效工具的语言"是可以解释中国人的思维方式的[29]16；罗素在《人类的知识——其范围与限度》（1948年）一书中强调：语言是由一些符号构成的工具，并认为"语言是把我们自己的经验加上外形并使之为大家共晓的一种工具"[30]72，语言是"一个有用甚至是不可缺少的工具，却也是一个危险的工具"[30]75。斯大林在其《马克思主义和语言学问题》（1950年）一书中引用列宁提出的"语言是人类最重要的交际工具"的观点，并同时又提出"语言是手段、工具，人们利用它来彼此交际，交流思想，达到互相了解。语言是同思维直接联系的"[31]561，"语言既是交际的工具，又是社会斗争和发展的工具"[31]562。

至此，以语言是交际的工具、思维的工具、知认的工具等这样几大具体的认识为基本内核的语言工具论思想的基本框架，已经形成。

3.语言工具论思想的发展

自20世纪50年代语言工具论思想的基本内核基本形成之后，语言工具论思想的演进开始进入到丰富、发展时期。这一时期，学术界在进一步肯定了语言的交际工具、思维工具性能的同时，进一步地明确了语言具有认知等功能，是认知的工具，并在一定程度上深化了对语言的工具性的认识，出现了以"语言钥匙论"等为代表的相对更为具体、深入的语言工具论思想认识。

在西方，这一时期出现了不少有关语言工具性方面的阐述。如20世纪后期，奥地利哲学家、分析哲学的主要代表性人物维特根斯坦在其后期思想的代表作《哲学研究》（1953年）一书中，多次阐述了对语言工具性的认识。如"发明一种语言可能意味着出于特定的目的在自然律的基础上（或者与自然律相一致）发明一种工具"[32]207，"想一想工具箱中的工具：有锤子、钳子、锯子、起子、尺子、熬胶的锅、胶、钉子和螺钉。——词的功能就像这些东西的功能一样，是多种多样的"[32]9等。显然，维特根斯坦对语言的工具性认识，已开始有了词的功能像锤子、钳子、锯子、起子、尺子、熬胶的锅、胶、钉子和螺钉等多种相对具体的工具一样（不是跟某一种具体工具一样）的意识。德国哲学家海德格尔在其《形而上学导论》（1953年）一书中，认为"语言就其一般而言，……就像一种公共交通工具，像任何人都可以出入上下的公共汽车一样"[33]51。英国哲学家奥斯汀在其《为辩解辩》（1956年）一文中，也认为"词是我们的工具"[34]21；法国著名的美学家与文艺理论家罗兰·巴尔特在其《神话论》（1957年）一书中，也认为"语言不仅仅可以用作人类的工具"[35]161，它还有"形成社会生活的实质性内容"[35]161等一面。法国语言学家马丁内在《语言功能观》（1962年）中谈道："语言是一种双重分节的交际工具。"[36]255 20世纪80年代后兴起的、以莱考夫和约翰逊等为代表的认知语言学派则认为，语言不仅仅是一种简单地表达交流思想的工具，更是一种认知的工具与手段，其本身也是认知的成果等[37]6-8。美国学者拉里·A·萨默瓦、理查德·E·波特在其《跨文化传播》（2004，第四版）一书中，在谈到语言和文化的关系时提出："语言是一把通向文化核心的钥匙。语言跟文化关系密切，它能够保持国家和民族的身份。"[38]168 这里，萨默瓦、波特从语言与文化关系的角度，提出了语言是"通向文化核心的钥匙"这样一种与惯常的"语言是文化的载体"等之认识有所不同的语言钥匙论说。

这一时期，中国学界也出现了不少有关语言工具性思想的思索成果。如在继1955年叶圣陶在《关于语言文学分科的问题》中按照马列主义语言的学说而来的"语言是'交际的工具'，是'社会斗争和发展的工具'"[39]，以及以吕叔湘、张志公等为代表的语言学者对语言是一种工具思想的阐述之后，许国璋在《语言的定义、功能、起源》（1984年）一文中认为，语言"当它作用于人和客观世界的关系的时候，它是认知事物的工具；当它作用于文化的时候，它是文化信息的载体和容器"[40]1。王希杰在其《修辞学通论》（1996年）一书中，也对"作为思维工具、交际工具、文化载体的语言"进行了阐发[41]67；21世纪初，于根元在其《应用语言学概论》（2003年）一书中认为："语言是人类最重要的认知、思维、交际的工具"[42]91，并认为"也可以认为认知、思维是交际的一种方式，而只说语言是人类最重要的交际工具"[42]91。中国台湾地区学者洪兰在美国学者史迪芬·平克的《语言本能——探索人类语言进化的奥秘》一书的中译本译者序（2004年）中谈道："语言是一把钥匙，是一把解开我们心智之谜的钥匙。"[43]13 这里，洪兰从语言与心智关系的角度，提出语言是"解开我们心智之谜的钥匙"这样一种语言钥匙论说。

正是在语言工具论思想的上述历史发展积淀的基础上①，习近平2014年3月在柏林会见德国汉学家、孔子学院教师代表和学习汉语的学生代表时提出了

---

① 这里需要说明的是，国内曾有学者在解读意大利哲学家维柯相关思想时，认为维柯在1725年出版的《新科学》一书中"把语言作为开启人类社会文化起源和发展的奥秘的钥匙"，并认为"在维柯看来，语言是人类科学的万能钥匙"。实际上，从维柯著的《新科学》原著看，维柯确实在书中从语言（特别是从一些词）出发去探讨过一些有关问题，也几处用"钥匙"来阐述过一些问题，却未曾在本书中表述过"把语言作为开启人类社会文化起源和发展的奥秘的钥匙""语言是人类科学的万能钥匙"这种语言钥匙说。这种说法，当是出自对维柯著的《新科学》一书的解读者自己的解读之言。

"沟通交流的重要工具就是语言。一个国家文化的魅力、一个民族的凝聚力主要通过语言表达和传递。掌握一种语言就是掌握了通往一国文化的钥匙。学会不同语言，才能了解不同文化的差异性，进而客观理性看待世界，包容友善相处。"[1]，2015年10月在伦敦出席全英孔子学院和孔子课堂年会开幕式时提出"语言是了解一个国家最好的钥匙"[2]这样一种新的"语言钥匙论"之语言观念。显然，习近平"语言钥匙论"之语言观是在传统的语言工具论思想基础上的一次从语言的功能、价值等角度对语言工具论思想的深化、提升与发展。

（二）语言钥匙论之语言观与传统的语言工具论之语言观的联系与区别

一般而言，传统的语言工具论之语言观的基本核心思想，主要是由语言是人类最重要的交际工具（包括是传情达意、传递信息、彼此沟通交流等工具的内涵）、思维工具、认知工具等这样几大方面构成。作为与传统的语言工具论之语言观一脉相连的产物，习近平语言钥匙论之语言观脱胎于传统的语言工具论之语言观，又与传统的语言工具论之语言观有所区别与不同。

二者之间的联系主要表现在：都是从语言功能的角度去认识语言、看待语言，都认为语言是工具，在语言工具论的基本核心思想上拥有共同的认识基础。

二者之间的区别主要表现在以下两个方面：（1）传统的语言工具论之语言观在对语言的工具性的认识与阐发上，主要是要么是笼统地、没有具体限定地只说语言是一种工具，要么是侧重在语言是人的哪一方面内容上的工具上（如是人的"交际"的工具、还是"思维"的工具、还是"认知"的工具上，或是"表达思想"的工具、还是"理智"的工具、还是"社会"的工具上，乃至"推理分析"的工具上等），而很少侧重在语言到底是一种什么样子的工具上（个中原因，除有对事物认识上的一般原因外，这也可能与一些传统语言工具论者对这当中的"工具"的内涵及用法的理解把握不无关联。目前常见的一些汉语工具书对"工具"的释义，基本上都可以概括为两个义项：一是指进行生产劳动时所使用的器具，如锯、刨、犁、锄；二是比喻用以达到目的的事物，如"语言是人们交流思想的工具"中的"工具"①。前者的意义明显指的

---

① 这在以中国社会科学院语言研究所词典编辑室编的《现代汉语词典》（第7版，商务印书馆2016年版，第448页）、李行健主编的《现代汉语规范词典》（第3版，外语教学与研究出版社、语文出版社2014年版，第450页）等为代表的工具书中，对"工具"一词都有大体相似的词义及用法的解释。

是有形的具体器具，后者的意义则可以是指无形的抽象事物。对"语言是工具"中的"工具"含义的这种可以是无形的抽象事物的理解，可能也在一定程度上影响了人们对这当中的"工具"到底是什么样子的想象与发挥）。即便是偶有"纽带""容器""钥匙"之类的比较具体的工具样子的涉及，也分别是在"纽带"的"联系""维系"的意义上、"容器"的"承载""容纳"的意义上及"钥匙"的在符号或词之于概念的意义上、语言与文化关系的意义上、语言与解开我们心智之谜的意义上而言的。习近平语言钥匙论之语言观在对语言工具性的认识与阐发上，则不仅主要侧重在语言到底是一种什么样的具体性的工具上，而且其所涉及的有关语言性能认识的层次与内涵等，也已然超越了传统语言工具论之语言观对相关问题认识的层次与内涵，而更具有走向一般的意义与价值（参阅下文）。（2）传统的语言工具论中的惯常使用的"工具"及其内涵，多由语言钥匙论中的"钥匙"这一具体的工具及其相应的内涵所取代。前文已经说过，传统的语言工具论中"工具"的内涵"比喻用以达到目的的事物"，通常可以是指无形的抽象事物。若在理解上再由"语言是工具"这一具体的表达结构上的隐喻的形式而向下延伸，这里的"工具"的含义往往也就还可以寓有"人所使用的"等相对有限的意蕴。而在习近平的语言钥匙论中，传统的语言工具论中的这种"工具"及其内涵多已被"钥匙"这一具体的工具及其相应的内涵所取代了。"钥匙"在汉语中通常有这样几个义项：一是指开锁的器具[①]；二是喻指赖以管理事务者；三是喻指打开门径的方法、手段[44]7112。依据"钥匙"的义项及其在理解上再由"语言是钥匙"这一具体的表达结构上的隐喻的形式而向下延伸，语言钥匙论中的"钥匙"的内涵还可以寓有"打开"或"开启"及"方法""手段""途径""关键""法宝""守望者""收管""常用的""属于人的""独具的"等相对丰富的意蕴。而"钥匙"的这些相对比较适合当今学界对语言的功能与价值理解认识实际的内蕴，通常都是"工具"的内蕴所不具备的或难以相对明晰地体现出来的。

三、语言钥匙论之语言观的理论价值与实践价值

习近平语言钥匙论之语言观的提出，具有重要的理论价值与实践价值。

[①] 中国社会科学院语言研究所词典编辑室编的《现代汉语词典》（第 7 版，商务印书馆 2016年版，第 1526 页）对"钥匙"的该义项的相应的解释是："开锁或上锁的用具。"

（一）理论价值

习近平的语言钥匙论之语言观是在继承传统的、以语言工具论思想为代表的相关语言哲学思想的合理内核基础上的一次对语言的功能、语言的价值认识的深化与提升，开启了新时代对语言本质认识的新境界，具有重要的语言哲学意义与价值。

首先，从习近平语言钥匙论之语言观的发生上看，语言钥匙论之语言观本是建立在对传统的、以语言工具论为代表的相关语言哲学思想合理内核的敏锐感知与合理把握的基础上的。

历史上，人类有关语言观念问题的思索已经走过了几千年的历程，曾出现了以语言工具论、语言符号论、语言世界观论、语言生物机体论、语言天赋论、语言本体论、语言社会现象论、语言行为论、语言认知能力论、语言声音论等为代表的诸多语言观。以工具这种隐喻的方式来相对比较形象地揭示语言面目的语言工具论之语言观，无疑是其中比较古老的人类揭示语言面目的基本方式之一，当然也是在历史发展的过程中相对最拥有一定的人类社会基础、相对比较容易为人们所理解把握接受的揭示语言面目的基本方式之一。传统的语言工具论之语言观在对语言本质的理解与认识上，尽管在某种程度上存在着以隐喻的方式而不是直接的方式来揭示语言的真实面目、较难体现语言的能动性作用等若干问题与不足，但其也有相对简明易懂等自己的优长[3]94-103。从这个意义上说，选择以工具的方式来阐发自己对语言的功能与价值的新认识，习近平的这种语言钥匙论之语言观的发生，自有其发生的合理内核与认知逻辑基础，自有其所脱胎的历史的、社会的、事物自身因素等发生的语境。而这一切，自然是要建立在对传统的、以语言工具论为代表的相关语言哲学思想合理内核的敏锐感知与合理把握的基础之上的。

其次，从习近平语言钥匙论之语言观对语言面目揭示的层次与内涵上看，语言钥匙论之语言观是一次从语言的整体层次上对语言的功能、语言的价值认识的深化与提升，开启了新时代对语言本质问题认识的新境界。

由于传统的语言工具论之语言观在对语言的工具性的认识与阐发上，往往囿于或是笼统地只说语言是一种工具，或是侧重于语言是人的哪一方面内容的工具上，鲜有整体层次上的、具有一般意义与价值的关于语言到底是一种什么样子的工具的具体定位与阐释，因而，这种传统的语言工具论之语言观尽管对语言作出了诸如是"一种工具""交际工具""思维工具""认知工具"等种种阐释，却往往在这种工具到底是一种什么样子的工具上不能给人以相对更为明晰、确定的理解与把握。即便是偶尔也有"纽带""容器""钥匙"之类的比较具体的工具样式的涉及，也基本上是在语言的某种层次或某种视角与内涵意义上的一种阐发，而尚未达至更具有一般意义与价值上的阐发。而习近平的语言钥匙论之语言观则是在继承了传统的、以语言工具论之语言观为代表的相关语言基本理念合理内核的基础上，从作为人与人之间、国与国之间沟通交流乃至合作的"重要工具"——语言这一整体层面出发，从语言的功能与价值的角度，提出了主要由以比较隐含的形式出现的"语言是沟通交流的钥匙"以及由比较显性形式出现的"语言是通往一国文化的钥匙""语言是了解、掌握一国文化与一个国家状况的钥匙"等这样几部分理念组成的"语言是钥匙"的这样一种更具有一般意义与价值的语言钥匙论之语言观。而传统的语言工具论中惯常使用的"工具"及其内涵，也多由语言钥匙论中的"钥匙"这一具体的工具及其相应的"打开"或"开启"及"方法""手段""途径""关键""法宝""守望者""收管""常用的""属于人的""独具的"等意蕴所取代。这些不同于传统的语言工具论之语言观的致思途径与方式所带来的对语言认识的新的变化，无疑既是对传统的、以语言工具论思想为代表的相关语言哲学思想的合理内核的合理吸纳与继承，又是新时代对语言的功能、语言的价值等有关语言本质认识的一次开新、深化与提升，不仅开启了新时代对语言本质问题认识的新境界，而且也为未来相关理念的更进一步发展，留下了发挥的空间（如随着习近平语言钥匙论的提出，社会上出现"语言是一把钥匙，可以打开文化、宗教、历史、哲学、思维方式等好几把锁""语言是打开世界之门的钥匙""语言是打开未来之门的钥匙"等声音①），具有重要的语言哲学意义与价值。

（二）实践价值

习近平语言钥匙论之语言观对于新时代的国际文化传播交流与合作的健康发展，对于相应的语言文化学习教育实践等，具有重要的实践指导意义与价值。

首先，习近平语言钥匙论之语言观对于新时代的国际文化交流传播与合作的健康发展，具有重要的实践指导意义与价值。

---

① 可参阅郭林《记忆中国难忘母校：以留学经历见证发展的中国——"记忆中国难忘母校"座谈会侧记》（中国教育部留学服务中心网站，2014—08—16）、姚喜双《语言是打开未来之门的钥匙》（《人民日报》2015 年 9 月 15 日第 5 版）等相关文章。

文化作为一种社会历史现象，是一个国家、一个民族的根脉与灵魂。对于一个国家、一个民族来说，文化作为一种精神力量，对于国家、民族以及社会的发展具有深刻的影响作用。在全球联系不断加强的大背景下，国与国之间的文化交流传播与合作，不仅有益于国与国之间、人民与人民之间的相互了解与理解，增强互信与认同，而且对于文化本身的发展、国家软实力的提升，乃至文化强国的建设等，具有重要的推进作用。而语言作为文化的载体、守望者，既是通往一国文化的钥匙，也是了解、掌握一国文化与一个国家状况的钥匙，还是沟通交流的钥匙，语言在国与国之间的文化交流传播与合作中，无疑可以作为抓手、作为达至目的的方法与手段、途径，而起到开启、打开国与国之间文化交流传播与合作的关键作用，起到先行者与使者的作用。并且，语言所能起到的这种独具的作用，通常是其他手段所不可替代的。而语言钥匙论之语言观无疑已为这种实践路径提供了必要的理论依据与支撑。

其次，习近平语言钥匙论之语言观对于新时代的语言文化学习教育实践等，同样也具有重要的实践指导意义与价值。

语言学习教育的一个重要基础，是先要认识、理解语言是什么。以相对比较古老的、拥有一定的人类社会基础、也相对比较容易为人们所理解把握接受的传统语言工具论之语言观为例，这当中的"工具"的含义通常是指"比喻用以达到目的的事物"。显然，这种也可以是指无形的抽象事物的"工具"之内涵，对于人们对这当中的"工具"到底是什么样子的理解、把握，自然不一定能像语言钥匙论中的"钥匙"来得具象而又形象。而在人对事物的认知、把握过程中，具象的、形象的要比非具象的、抽象的要好认知、好把握。语言钥匙论之语言观顺应了人对事物的认知、把握规律，为人们在相应的语言文化学习教育中更好地认识、理解语言，带来了实际便利。同时，要想运用语言，让它起到它应该起到的作用，必须要先学习、掌握语言，学会、掌握不同的语言，需要相关方面努力加强相关内容的学习教育，以达到学习、掌握语言的目的。而语言钥匙论之语言观同样也为这种语言文化学习教育实践的实施与开展，提供了必要的理论依据与支撑。

参考文献：

[1]杜尚泽，郑红. 习近平同德国汉学家、孔子学院教师代表和学习汉语的学生代表座谈：强调掌握一种语言就是掌握了通往一国文化的钥匙［N］. 人民日报，2014－03－30（1）.

［2］杜尚泽，李应齐. 习近平出席全英孔子学院和孔子课堂年会开幕式［N］. 人民日报，2015－10－23（1）.

［3］于全有. 语言本质理论的哲学重建［M］. 北京：中国社会科学出版社，2011.

［4］柏拉图. 克拉底鲁篇［M］//柏拉图. 柏拉图全集：第2卷. 王晓朝，译. 北京：人民出版社，2003.

［5］王夫之. 庄子解［M］. 王孝鱼，点校. 北京：中华书局，1964.

［6］于全有. 语言交际理论研究需要注意澄清的几个基本问题［J］. 沈阳师范大学学报（社会科学版），2018（5）：72—78.

［7］赵宗乙. 淮南子译注：下［M］. 哈尔滨：黑龙江人民出版社，2003.

［8］扬雄. 法言［M］. 韩敬，译注. 北京：中华书局，2012.

［9］刘勰. 文心雕龙［M］. 戚良德，注说. 开封：河南大学出版社，2008.

［10］黎锦熙. 新著国语文法［M］. 北京：商务印书馆，1998.

［11］叶圣陶. 中学语文科课程标准［M］//中国教育科学研究院. 叶圣陶语文教育论集. 北京：教育科学出版社，2021.

［12］但丁. 论俗语［J］. 柳辉，译. 文艺理论译丛，1958（3）：1—13.

［13］托马斯·莫尔. 乌托邦［M］. 戴镏龄，译. 北京：商务印书馆，1997.

［14］洛克. 人类理解论：下册［M］. 关文运，译. 北京：商务印书馆，2009.

［15］莱布尼茨. 人类理智新论：下册［M］. 陈修斋，译. 北京：商务印书馆，2006.

［16］孔狄亚克. 人类知识起源论［M］. 洪洁求，洪丕柱，译. 北京：商务印书馆，1997.

［17］А.Н.Слюсорева. 法国语言学家论语言的社会本质［J］. 丁一夫，译. 国外语言学，1984（4）：35—42，63.

［18］姚小平. 洪堡特：人文研究和语言研究［M］. 北京：外语教学与研究出版社，1995.

［19］威廉·冯·洪堡特. 论人类语言结构的差异及其对人类精神发展的影响［M］. 姚小平，译. 北京：商务印书馆，2004.

［20］斯大林. 社会民主党怎样理解民族问题？［M］//中共中央马克思恩格斯列宁斯大林著作编译局. 斯大林全集：第1卷. 北京：人民出版社，1953.

［21］列宁. 论民族自决权［M］//中共中央马克思恩格斯列宁斯大林著作编译局. 列宁选集：第2卷. 2版. 北京：人民出版社，1972.

［22］索绪尔. 普通语言学教程［M］. 高名凯，译. 北京：商务印书馆，2017.

［23］单中惠，王凤玉. 杜威在华教育讲演［M］. 上海：华东师范大学出版社，2016.

［24］胡明扬. 西方语言学名著选读［M］. 2版. 北京：中国人民大学出版社，

1999.

［25］爱德华·萨丕尔. 语言论：言语研究导论［M］. 陆卓元，译. 北京：商务印书馆，2009.

［26］E. 德雷仁. 世界共通语史：三个世纪的探索［M］. 徐沫，译. 北京：商务印书馆，1999.

［27］阿尔伯特·爱因斯坦. 爱因斯坦晚年文集［M］. 方在庆，韩文博，何维国，译. 海口：海南出版社，2000.

［28］潘文国. 语言的定义［J］. 华东师范大学学报（哲学社会科学版），2001（1）：97—108，128.

［29］高本汉. 汉语的本质和历史［M］. 聂鸿飞，译. 北京：商务印书馆，2019.

［30］罗素. 人类的知识：其范围与限度［M］. 张金言，译. 北京：商务印书馆，2003.

［31］斯大林. 马克思主义和语言学问题［M］//中共中央马克思恩格斯列宁斯大林著作编译局. 斯大林文集：1934—1952. 北京：人民出版社，1985.

［32］维特根斯坦. 哲学研究［M］. 李步楼，译. 北京：商务印书馆，2002.

［33］海德格尔. 形而上学导论［M］. 熊伟，王庆节，译. 北京：商务印书馆，2005.

［34］杨玉成. 奥斯汀：语言现象学与哲学［M］. 北京：商务印书馆，2002.

［35］裴文. 索绪尔：本真状态及其张力［M］. 北京：商务印书馆，2003.

［36］赵世开. 国外语言学概述：流派和代表人物［M］. 北京：北京语言学院出版社，1990.

［37］赵艳芳. 认知语言学概论［M］. 上海：上海外语教育出版社，2001.

［38］拉里·A·萨默瓦，理查德·E·波特. 跨文化传播［M］. 闵惠泉，王纬，徐培喜，等，译. 北京：中国人民大学出版社，2004.

［39］叶圣陶. 关于语言文学分科的问题［J］. 人民教育，1955（8）：27—33.

［40］许国璋. 论语言和语言学［M］. 北京：商务印书馆，2001.

［41］王希杰. 修辞学通论［M］. 南京：南京大学出版社，1996.

［42］于根元. 应用语言学概论［M］. 北京：商务印书馆，2003.

［43］史迪芬·平克. 语言本能：探索人类语言进化的奥秘［M］. 洪兰，译. 汕头：汕头大学出版社，2004.

［44］汉语大词典编辑委员会，汉语大词典编纂处. 汉语大词典：下卷［M］. 缩印本. 上海：汉语大词典出版社，1997.

（原刊《沈阳师范大学学报》社会科学版2022年第5期）

现代语言观理性重建的逻辑基础 *

摘要：以往的现代语言观某种程度上存在着脱离现实的人、现实的人的社会交往实践的抽象化的误区。这主要表现在以索绪尔、乔姆斯基等为代表的一批语言哲学家排斥个人的、现实的言语行为和应用研究，把语言学的研究局限于抽象的语言结构或语言能力上，以及以胡塞尔、海德格尔、伽达默尔等为代表的一批语言哲学家将语言置于本体论的位置，把语言看成是可以凌驾于人的现实生活之上的抽象的存在物上。事实上，人类的任何语言现象与语言活动都建立在人类的社会交往实践的基础上。马克思主义的语言观是一种实践唯物主义的语言观，它对存在着抽象化误区的现代语言观的理性重建，具有十分重要的基础地位与指导意义。它与坚持语言本质与语言现象的统一、语言形式与语言内容的统一等原则一道，成为现代语言观理性重建的重要逻辑基础。

关键词：语言观；语言哲学；交往实践；逻辑基础

语言观是人对语言的根本看法。语言观的实质，其实就是怎样看待"语言是什么"问题。它对于人们科学地认识语言、把握语言、应用语言，乃至认识世界，具有十分重要的意义。

自20世纪现代语言学诞生及西方哲学发生"语言转向"（Linguistic turn）以来，有关语言观问题的探讨，不仅吸引了语言学界一大批学者的密切关注，而且也引起了语言哲学界的一大批学者的关注，先后出现了不少风靡一时、颇具影响却又很值得做进一步深入探讨的语言观。对这些语言观中存在的某些问题的进一步探讨与廓清，对于适应现代语言学、现代西方语言哲学发展需求

* 本文原刊《通化师范学院学报》2011年第5期，收入本书时依原底稿做了补充。

的、新的现代语言观的催生与重建，对于深化人们对语言的认识，推动语言哲学的深入与进步，无疑是很有必要的。

一、现代语言观的误区

在现有的某些颇具影响的、重要的现代语言观中，不同程度上存在着脱离现实的人、现实的人的社会交往实践的抽象化的误区。这主要表现在以索绪尔、乔姆斯基等为代表的一批语言哲学家在其相关研究中排斥对人的、现实的言语行为与语言应用研究，把语言学的研究局限于抽象的语言结构或语言能力上，以及以胡塞尔、海德格尔、伽达默尔等为代表的一批语言哲学家将语言置于本体论的位置，把语言看成是可以凌驾于人的现实生活之上的抽象的存在物上。

（一）现代语言学之父索绪尔在其传世名著《普通语言学教程》中，对"语言"（langue）和"言语"（parole）做了严格的区分。索绪尔认为，语言是"言语活动的其他一切表现的准则"[1]30，是"言语活动的社会部分"[1]36，是个人的言语行为之外而存在的"社会制度"，是一种"表达观念的符号系统"[1]37；言语则是个人的说话行动，"是人们所说的话的总和"，它的表现是"个人的和暂时的"[1]42。换言之，索绪尔所说的语言，其实就是从言语中抽象概括出来的所有的词汇和语法规则的总和；索绪尔所说的言语，其实就是对语言的具体运用，是个人说（写）的行为和结果。具体说来，语言和言语的区别在于：语言是社会的，言语是个人的；语言是一般的，言语是个别的；语言是潜性的，言语是显性的；语言是规则性的，言语是事实性的；语言是系统性的，言语是过程性的；语言是形式性的，言语是实质性的；语言是齐一性的，言语是多样性的；语言是意志性的，言语是受制性的；语言是静态性的，言语是动态性的。尽管索绪尔已经认识到语言和言语是两个"互相对立"的方面，"其中的一个要有另外一个才能有它的价值"[1]28，"语言和言语是互相依存的；语言既是言语的工具，又是言语的产物"，但却认为"这一切并不妨碍它们是两种绝对不同的东西"[1]41。索绪尔在其《普通语言学教程》的最后一句话中强调："语言学的唯一的、真正的对象是就语言和为语言而研究的语言"[1]323，从而将言语排除在他的这种语言学研究的大门之外。因为索绪尔认为，"语言科学不仅可以没有言语活动的其他要素，而且正要没有这些要素掺①

---

① 此处的"掺"原文为"搀"，这里按现在规范改为"掺"。

杂在里面，才能够建立起来"[1]36。也就是说，索绪尔从自己的认识观出发，把本来是"其中的一个要有另外一个才能有它的价值"的、具有"相互依存"关系的语言和言语在抽象的领域中加以剥离，而仅将脱离言语后的、抽象的语言作为语言学的研究对象。事实上，在我们的语言世界中，作为具有社会性、一般性、潜性、规则性、系统性、形式性、意志性、齐一性、静态性的语言，人们虽然不能直接地观察到，但它却投影于、体现于、存在于具有个人性、个别性、显性、事实性、过程性、实质性、受制性、多样性、动态性的言语之中。在语言实际发生的过程中，"语言都是作为显性和潜性即语言和言语的整体而存在的，它们中间的任何一个都不单独构成一种特殊的社会现象，从这一点而言，区分语言和言语只是一种理论模式，一个方法论原则，一个科学的假说"[2]。因此，语言不能离开言语而独立存在，语言的形式和规则系统不能离开个人的、具体的言语活动而存在。它随着具体的言语活动而产生，并随着言语实践的发展而发展。不能离开具体的言语实践去研究语言，去寻求语言的抽象本质。

转换生成语言学的创始人乔姆斯基在其《句法理论的若干问题》等著述中，也提出了一对颇似"语言"和"言语"之分别的概念："语言能力"（linguistic competence）和"语言运用"（linguistic performance）。语言能力指的是人能说出合语法的句子的先天的潜在能力，亦称"语言知识"（指一种先天的潜能，非后天习得的），每个人都具有这种语言能力；语言运用指的是具体的言语行为，是语言能力的实际运用，又可以叫作"语法"。由于语言能力无非是能说出合乎语法的句子的能力，而这种语法先天地存在于人脑中，因而，语言学的对象是语法（语言能力），而不是语言运用。语法（语言能力）是独立于语言运用的，这就是所谓"语法自治"原则。乔姆斯基在这里不仅是在表明一种语言学研究的角度和方法，而且是在阐述一种带有先验论色彩的、抽象的、片面的语言哲学观。

事实上，如同"语言"不能离开"言语"而独立存在一样，"语言能力"也只能依赖"语言运用"而存在。当然，这并不是说，人只有在说话的时候才有说话能力，不说话的时候就没有这种能力了。会说话的人在不说话时也有说话能力。但是，人的语言能力归根到底来自语言实践。假定人先天具有说出合乎语法的句子的能力，但由于合乎语法的句子是无限多的，如果没有运用语言的实践经验，人又怎么知道在什么场合、对什么人说什么话呢？

乔姆斯基本人曾提到他的"语言能力"和"语言运用"概念，与索绪尔的

"语言"和"言语"概念的联系和区别："我们把语言能力和语言行为从根本上区别开来，前者指说话人－听话人所具有的关于他的语言的知识，后者指具体环境中对语言的实际使用。……我在这里特别提到这种差别跟索绪尔（F.de Saussure）的语言－言语（langue-parole）之间的差别是有关系的；但是必须抛弃索绪尔关于语言的概念，他把语言仅仅看作是各个（语言）项目（items）的系统累积。准确些说，我们应回复到洪堡特的看法上去，他把基本能力看作是（语言）生成过程的一个系统。"[3]2而洪堡特是既强调语言对个人的社会约束性，又强调个体语言活动的创造性。他把这种个体的创造性归结为每个人都具有的"语言能力"。他说："儿童并非机械地学习语言，而是发展起语言能力……语言的能力依靠任何特定个人都可以得到发展。所以，语言能力同样是从个人内部发展起来的。"[4]44—45索绪尔的"语言"理念强调语言的社会约束性，而乔姆斯基的"语言能力"概念则强调了个人的创造性，这就是他们的根本区别。只是乔姆斯基比洪堡特走得更远，他认为这种语言能力不是后天发展起来的，而是心灵中先天具有的一种"装置"。很显然，乔姆斯基的"语言能力"概念完全不具有社会文化背景的因素。这既不同于索绪尔，却又是索绪尔开创的"内在的语言学"和形式主义倾向的必然结果。

乔姆斯基和索绪尔的一个共同错误，就是试图把语言与现实的言语交往活动分离开来，从而构造出一个脱离社会交往实践的、纯粹抽象的"语言"或者"语法"。如果说，抽象的语言结构或语言能力可以独立于具体的语言行为，那么，它们又是从何而来的呢？索绪尔认为这是社会文化习俗的产物，乔姆斯基则认为是先天的遗传。然而，人们的社会文化习俗本身，正是无数个体之间现实的交往（包括言语交往行为）的产物。离开了社会生活的社会制度是无法存在的。人的先天的语言潜能（假定存在这种潜能）离开了语言的应用又如何得到发展呢？没有得到发展的"语言能力"又如何生成呢？狼孩之类的事实一再表明：先天的语言潜能只有依赖后天的言语实践才能发展出现实的语言能力。索绪尔和乔姆斯基分别区分"语言"和"言语"、"语言能力"和"语言运用"的做法，对语言学的发展所起的积极作用是不可否认的，但因此而形成的某些片面性影响，同样也是显而易见的。

（二）离开了人的实践活动去理解语言的以往的各派哲学的一些相关认识，尽管在某种意义上对于我们更好地理解语言也做出了某些贡献，但却往往由于仅仅是各自从语言的某一方面性能或某一特质出发，去理解语言、认识语言，因而造成很难能对语言的本质做出合乎逻辑的、全面完整的阐释。由这些离开了人的实践活动去理解语言的认识所形成的语言观，势必会导致在相应的有关语言的认识理解上，走入抽象、僵化的误区。当胡塞尔将语言表达看成是先验主体的纯粹意识活动的一种特殊的表现形态，认为语言跟现实的主体的言语行为无关时[5]152—153，当海德格尔将语言置于本体的位置，认为不是人在说语言而是语言在说人，人只是由于他"应合于"（即倾听）语言才说时[6]981—1004，当伽达默尔提出"说'语言向我们诉说'（die Sprache uns spricht）比起说'我们讲语言'（Wir sie sprechen）在字面上更为正确"时[7]625，这时的语言还是活生生存在的、人的语言吗？还是我们可以赖以生存的现实的语言吗？这时的语言，在某种程度上，和神、上帝一类的神秘抽象之物还有多大的区别吗？准此而论，类似的一些把语言置于本体位置上的语言本体论之语言观，不过是一种脱离了人、脱离了人的社会实践活动的语言神话，一种新的语言乌托邦罢了。

以索绪尔、乔姆斯基和以胡塞尔、海德格尔、伽达默尔等为代表的现代语言观的一个共同的缺陷，是脱离现实的人的社会交往实践，抽象地、片面地去论说语言、研究语言，而未能从实践出发，从现实的人的社会交往实践出发去认识语言、研究语言，必然在某种程度上使现代语言观陷入抽象化与片面化的困境，陷入不能更好地切合、反映现实的人的语言实际的困境。现代语言学的健康发展，现代语言哲学的健康发展，正迫切呼唤着切合语言实际的、新的现代语言观。

二、现代语言观重建的逻辑基础

任何理性规律的认识与把握，其实本都有其内在的、基本的逻辑规则与理路。对语言本质问题的探究与探索，也是如此。探讨语言本质问题的逻辑起点，尽管从理论上说，可以是既有世界观的，又有认识论的、方法论的，涉及人类认识事物方方面面的理念，如果面面俱到地细究起来，确乎有些难以备细，但择要而言，起码还是有不少基本的要旨，是我们在探索本问题时必须要注意牢牢把握的。

（一）马克思主义语言观的基础地位

1. 马克思主义语言观及其实践本质

马克思主义的语言观，是一种立足于马克思主义实践观基础上的实践唯物主义的语言观。在马克思主义看来，语言是一种实践的、现实的社会意识，它首先是一种具有物质属性的社会交往实践活动，是社会关系、交往形式的产物。从根植于交往实践基础上的现实的人的语言交往活动出发去理解、认识语言问题，是马克思主义语言观的出发点与立足点。由于马克思主义语言观涉及语言与自然界、人类历史、精神活动，以及语言与社会、意识、感觉、思维等方方面面，这里，仅就与语言观问题较为密切的方面，扼要对马克思主义语言观的要义做一简明的阐释。

首先，马克思主义语言观认为，语言是人类实践活动的产物，又是为人类实践活动服务的，它本身是一种实践活动。这是马克思主义关于语言问题的一个基本的观点。马克思、恩格斯曾在《德意志意识形态》中指出："语言也和意识一样，只是由于需要，由于和他人交往的迫切需要才产生的。"[8]81恩格斯还在《劳动在从猿到人的转变中的作用》中说："语言是从劳动中并和劳动一起产生出来的，这个解释是唯一正确的。"[9]376—377正是由于人的生产劳动实践中产生出来的人与人之间沟通交往的需要，导致了产生语言的需要，又由于这种生产劳动实践促进了人的发音器官的改进与人类思维的产生，使原始人能够具备产生语言所必需的声音材料及意义的基础，这才使语言的产生成为可能。也就是说，按照马克思主义的语言观点，不仅是人的生产实践活动中的交往实践的需要，导致了产生语言的现实的需要，而且也正是由于人的生产实践活动的存在，才使产生语言的主客观条件得以形成，从而使语言的产生成为可能。这样，从人类的生产实践到交往实践，再到语言的产生与使用，便构成了一个统一的人类生存发展链条①。

同时，作为人类实践活动产物的语言，又是为人类的社会实践服务的，为人类的交往实践服务的，并在这种实践活动中发展自己，获得更为丰富的内容。列宁曾经提出"语言是人类最重要的交际工具"[10]508，斯大林也曾提出"语言是手段、工具，人们利用它来彼此交际，交流思想，达到互相了解"[11]561，"语言的存在和语言的创造就是要作为人们交际的工具为整个社会服务，就是要它对社会成员是共同的，对社会是统一的，同样地为社会全体成员服

---

① 马克思主义的交往理论与哈贝马斯（Jürgen Habermas，1929—　）的交往理论虽然都注重实践问题，但二者的出发基点并不相同：马克思基于物质生产活动建立起自己的交往理论，哈贝马斯则基于以语言为本来建立起自己的交往理论。参阅：1. 王振林《评析哈贝马斯的交往行动理论》，《辽宁师范大学学报》（社会科学版）2001 年第 4 期，第 5—9 页；2. 欧力同《交往的理论：马克思与哈贝马斯》，《上海社会科学院学术季刊》1993 年第 4 期，第 109—117 页。

务"[11]550。斯大林还强调指出:"语言属于在社会存在的时间内始终起作用的社会现象之列。它随着社会的产生和发展而产生和发展,随着社会的死亡而死亡。"[11]561这些论述的一个共同的特点,都强调说明了源于人类实践活动的语言,又是服务于人类的实践活动的,并随着人类的社会实践的发展而发展。这又使语言本身也成为实践活动中不可缺少的因素,从而使语言也成为一种实践活动。

其次,马克思主义语言观认为,语言是一种实践的、具有社会现实性与物质性的事物,是一种过程中的集合体。马克思、恩格斯在《德意志意识形态》中在论及语言与意识的关系时指出:"语言是一种实践的、既为别人存在因而也为我自身而存在的、现实的意识。"[8]81在这段有关语言问题的经典论述中,马克思、恩格斯从语言与意识的关系的角度,通过"实践的""既为别人存在因而也为我自身而存在的""现实的"三个修饰成分,言简意赅地阐明了他们关于语言有别于意识的特性的认识:

第一,提出语言是一种"实践的"意识,强调了语言的实践性特征,也就是说,语言是人的社会实践的产物,它不是脱离人的社会实践活动的抽象存在物。

第二,提出语言是一种"既为别人存在因而也为我自身而存在的"意识,强调了语言的社会性特征。也就是说,语言作为人类社会交往的媒介,它的产生与发展都是为了适应人类社会实践中的交往活动的需要。而语言又跟一般的意识不同的是,"它首先是为别人而存在,并与此同时也是为了自己而存在的。语言不但使人们在意识中区分开别人和我,从而使人形成'我和非我'的抽象,并能意识到我和非我的关系。由此大大丰富了意识的内容,形成人所特有的自我意识"[12]210。实际上,关于语言的社会性问题,马克思主义经典作家在许多著述中都曾有过不同的阐述。比如,马克思还曾在语言的社会性问题上指出:"语言……是人们的社会产物。"[13]91马克思还曾指出:"语言本身是某一集体的产物。"[14]6斯大林也曾在语言的社会性问题上指出:"语言作为一种社会现象,是具有一切社会现象(包括基础和上层建筑)所固有的那种共同特点的,这就是说,它为社会服务,正如其他一切社会现象(包括基础和上层建筑)为社会服务一样。"[11]572

第三,提出语言是一种"现实的"意识,强调了语言的现实性特征。也就是说,语言不但是意识的体现,而且语言是活生生的、现实的社会存在物,是能把人的意识变成物质性的存在的一种现实的存在物。

同时，马克思、恩格斯在此还曾指出："'精神'从一开始就很倒霉，受到物质的'纠缠'，物质在这里表现为振动着的空气层、声音，简言之，即语言。"[8]81这里，马克思、恩格斯又强调了语言的物质性特征——振动着的空气层、声音。

马克思主义语言观还主张语言是一种过程中的集合体。本来，恩格斯在《路德维希·费尔巴哈和德国古典哲学的终结》中，在论及德国哲学的经验时，用到了世界是"过程的集合体"说的。但他在运用此说的同时，就把它扩及对语言的认识上。恩格斯是这样说的："一个伟大的基本思想，即认为世界不是既成事物的集合体，而是过程的集合体，其中各个似乎稳定的事物同它们在我们头脑中的思想映象即概念一样都处在生成和灭亡的不断变化中……"[15]244显然，恩格斯已把"过程的集合体"说用到了对语言的认识上了。实际上，关于语言是一种过程中的集合体的认识，马克思主义的不少经典作家都曾不同程度地说到了此种认识。比如，关于语言是一个过程，马克思在《摩尔根〈古代社会〉一书摘要》中就透露出语言是一个过程的意思，他说："随着时间的推移就会导致语言差别的出现。"[16]426斯大林在《马克思主义和语言学问题》中其实也认为语言是一个过程，他认为语言"随着社会的产生和发展而产生和发展，随着社会的死亡而死亡"，并提出"要了解语言及其发展的规律，就必须把语言同社会的历史，同创造这种语言、使用这种语言的人民的历史密切联系起来研究"的主张[11]561。又如，关于语言是一种过程中的集合体，恩格斯在《自然辩证法·札记和片断》中就曾部分地表达出这个意思，他说："在有机化学中，一个物体的意义以及它的名称，不再仅仅由它的构成来决定，而更多地是由它在它所隶属的系列中的位置来决定。"[17]638斯大林在《马克思主义和语言学问题》中，则明确地表达了语言是一种过程中的集合体的认识，他说："语言……它是若干时代的产物，在这些时代中，它形成起来、丰富起来、发展起来、精炼起来。"[11]550

再次，在语言、思维与实践的关系上，马克思主义语言观认为，"实践决定了语言和思维，语言和思维在实践的基础上相互依赖，又相互制约"[18]263。语言和思维本是具有紧密依存关系的一种现实的并存体。上文提到的马克思、恩格斯关于精神与语言的"纠缠"说，以及马克思的"观念不能离开语言而存在"说[19]109，就已部分地透露出其语言与思维密不可分的思想。斯大林对此曾指出："语言是同思维直接联系的，它把人的思维活动的结果、认识活动的成果用词和句中词的组合记载下来，巩固起来，这样就使人类社会中的思想交流成为可能了。"[11]561—562斯大林还在批评马尔把思维与语言割裂开来、批评有人认为思想可以先于语言而以赤裸形态产生时，提出"没有语言材料、没有语言的'自然物质'的赤裸裸的思想，是不存在的"，并认为"只有唯心主义者才能谈到同语言的'自然物质'不相联系的思维，才能谈到没有语言的思维"①。按照马克思主义的观点，语言与思维不但密切联系着，而且是并存体，其并存的关键点在于语言还是"思维本身的要素，思想的生命表现的要素"[20]308。但从马克思、恩格斯精神与语言的"纠缠"说中，我们还是可以看到语言体现为物质、思维体现为精神的这种区别。并且，本是因思维的出现而出现的产物的语言，其一经产生并形成体系后，又会反作用于思维，而在语言和思维之间起联结作用的，则在于意义[12]223—226。因为按照马克思、恩格斯在《德意志意识形态》中的观点，"凡是能唤起我思维的一切东西都是'有意义的'，凡是我所思维的一切东西都是'有意义的'"[21]328。而对人们十分重要的有意义的东西的符号化，又是人的需求。

语言和思维的这种关系是建立在实践的基础上的。马克思、恩格斯在《德意志意识形态》中指出："思想、观念、意识的生产最初是直接与人们的物质活动，与人们的物质交往，与现实生活的语言交织在一起的。人们的想象、思维、精神交往在这里还是人们物质行动的直接产物。表现在某一民族的政治、法律、道德、宗教、形而上学等的语言中的精神生产也是这样。"[8]72换句话说，语言和思维都是与人的物质生活、物质交往、现实生活相联系的，是人的这种物质实践活动下的物质活动关系的产物，而用语言表现出来的各种精神生产也是如此。很明显，这里突出了物质实践活动的基础地位。马克思、恩格斯在同书中还指出："无论思想或语言都不能独自组成特殊的王国，它们只是现实生活的表现。"[21]525显然，马克思、恩格斯在这里又强调了"现实生活"即实践对语言与思维的根本作用与决定性作用。斯大林在其《马克思主义和语言学问题》中，也同样表达了类似的意思："语言……它是同人的生产活动直接联系的，不仅同生产活动，而且同人的工作的一切领域（从生产到基础、从基础到上层建筑）中的任何其他活动都有直接联系。"[11]552这意味着，离开

---

① 斯大林著《马克思主义和语言学问题》，见中共中央马克思恩格斯列宁斯大林著作编译局编译《斯大林文集（1934—1952）》，人民出版社1985年版，第575页。需要说明的是，根据目前语言与思维关系的已有研究成果，语言和抽象思维的联系十分紧密，是抽象思维的工具。而此外的其他思维（如直观动作思维等），可以不以语言为工具。参阅伍铁平著的《语言与思维关系新探》（增订本，上海教育出版社1990年版）等。

实践去抽象地谈论语言与思维的关系，包括谈论语言的本质规律，都是毫无意义的。

由上我们可以看到，马克思主义语言观与其他语言观的根本不同，在于它特别强调语言的实践性特征，并注重从根植于交往实践基础上的、现实的人的语言交往活动出发去理解、认识语言问题。而像以后期维特根斯坦及奥斯汀、塞尔等日常语言学派中的一些认同意义即用法的哲学家们，他们的实践观及对语言实践性的理解，则与马克思主义者的认识尚有差距。他们所谓的实践，主要指的是使用语言的具体活动，他们所认为的语言实践性，也不过相当于语言的操作性[22]230。而马克思主义语言观的这种实践性特质，与其所立足的马克思主义哲学的实践观是一脉相连的。

实践的观点是马克思主义哲学的基本观点，实践思维方式是马克思主义哲学不同于以往旧哲学的根本所在。马克思对人类思想发展的重大贡献，在于他把实践作为理解、认识、解决一切哲学问题的出发点与立足点，从而彻底地改变了传统的思维方式，建立起了崭新的实践思维方式。以往传统的本体思维方式，通常是一种从预先设定的"本体"出发，去理解存在、把握现实的理解方式。这种思维方式的路径是：先是把现实的事物归结为它的初始本原，或者本真状态、绝对本性，然后再以它为根据去认识、理解现实事物，即是一种看重先定的抽象原则、从第一原理出发去推论现实的方法。这种思维方式把抽象的原则看得比生活更真实，比现实更重要，在原则与生活、真实发生矛盾时，常以唯一不二的原则去修正生活的情况。而在对事物的认识理解上，又采取将对象裂二归一的方式（即把事物分裂为本体界与现象界，再归结为单一本质的存在），追求抽象同一的本质与抽象同一的原则，把丰富多样、复杂矛盾的事物归结为单一性和绝对化的本质，而很难容忍两重化、对立性、矛盾关系的本质存在。即或承认这些情况的存在，也只肯定于现象界而不允许其进入最高的本体界。显然，按照这种传统的本体思维方式，如果认为抽象同一的世界（本体世界）与抽象同一的生活（本体生活）是实在的世界与真实的生活，则充满矛盾的世界（现实世界）与充满冲突的生活（现实生活）便必然成为虚幻的世界与虚假的生活了[23]256-257，这必然会造成属人世界与自然世界难以消弭的矛盾对立，以及理论脱离现实、脱离真实的生活实际等弊端。而马克思的实践思维方式，则从人的活动出发，从人的历史和现实的真实本质出发，去认识、理解世界。它"既不是单纯从脱离人的自然出发，也不是单纯从脱离自然的人出发，既不是单纯以本原存在为依据，也不是单纯以超越形态为依据，而是从人和自然、主体和客体、主观性和客观性在现实活动中的相互作用关系出发，以本原存在和超越形态在现实活动中的统一关系为依据，去观察各种事物、理解现实世界、回答两重化矛盾的思维方式"[24]135。显然，实践思维方式是一种完全不同于传统的本体思维方式的崭新的认识、理解事物的方式。在这种实践思维方式下，传统的思维方式不能解决自然世界与属人世界对立而不能统一问题得到了根本的解决，这就是人的实践活动是把属人世界与自然世界、主观世界与客观世界统一起来的现实基础。这样，以往笼罩在哲学世界中的种种诸如物质与精神、思维与存在、主观与客观、实体与现象等矛盾分歧问题，都将在实践的基础上得到合理的化解与消弭，达到深层次的统一。

马克思主义哲学作为一种不同于以往旧哲学的新的世界观、认识论与方法论，彻底摒弃了旧唯物主义从客体、直观的形式去理解、认识世界的理念，代之以实践这一人的存在方式为中介的哲学视角，从人的现实的、感性的生活出发，把世界与存在看成是不断生成和显现的过程，从而实现了现代哲学的伟大变革，完成了哲学中的"实践转向"[22]219—220。按照马克思主义的观点，社会生活在本质上是实践的。这意味着，作为社会性存在的人，其活动在本质上也应该都是实践的。也就是说，实践不仅应该包括人类改造客观世界的外在活动，而且也应该包括人类改造自己主观世界的内在活动；不仅既可以指向作为主体的人所从事的有目的地改变客体的活动，而且也可以指向人类改造自我、完善自我的创造性活动[22]222—223。实践本身具有对象性与交往性的二重特征。一方面，实践是作为主体的人的能动地作用于客体的对象性活动（主要是以能动地改造外在对象为目的的一种实践活动，即物质资料生产活动），另一方面，由作为类存在的人之社会本质所决定的人类实践活动的社会性，又孕育着实践主体与主体之间的关系性与交往性，从而使实践又是一种主体与主体间的交往活动（主要是指变革主体际关系的实践活动）。这两种活动可以互为中介，统一于实践之中。凡实践，均同时具有对象性与交往性的特征，二者的区分是相对的。按照马克思主义的物质生产实践活动是人类其他活动基础的思想，对象性活动在二者关系中起最终的决定作用。

人类语言的产生与运用，正是与人类的实践活动这种特性是分不开的。一方面，与人类实践的交往性紧密相联的人类交往活动，导致了语言运用的需要，也就是恩格斯在《劳动在从猿到人的转变中的作用》中所说的"这些正在生成的人，已经达到彼此间不得不说些什么的地步了"[9]376，另一方面，与人类实践的对象性紧密相联的人类对象化活动（物质资料生产活动），又给语言的产生提供了可能性的基础，即它使原始人具备了足够的构成语言所需要的声音材料和意义要素。而实践是一个历史的过程，语言也是一个历史的过程。在语言产生之后，人类交往活动中的语言存在，通常主要外显为与人们的交际活动相联的外现之域的语言，而人类实践中的对象性活动中的语言存在，通常主要内在为与人们的思维活动相联系的思想之域的语言。这两种不同形式的语言存在，又都统一于人的实践中，并为人类的实践所决定。这就是人类语言与人类的实践间的内在的逻辑联系。马克思主义的语言观显然已在实践思维方式的哲学基础上，洞悉到了人类语言与人类实践间的这种内在的逻辑联系与逻辑统一，并以实践的思维方式对之进行了科学的阐发。

2. 马克思主义语言观在现代语言观建构中的基础地位

真正切合实际的现代语言观不应该是抽象的。列宁曾赞同性地引证黑格尔的思想说："辩证逻辑教导说，'没有抽象的真理，真理总是具体的'。"[25]453马克思主义的语言观是一种建立在人类实践基础之上的实践唯物主义的语言观，它反对脱离实际地、抽象地空论语言，反对将语言作为一种抽象的符号王国来看待。马克思曾针对当时出现的哲学因误解语言与生活的关系而发生的"精神狂想症"，明确地指出："哲学家们只要把自己的语言还原为它从中抽象出来的普通语言，就可以认清他们的语言是被歪曲了的现实世界的语言，就可以懂得，无论思想或语言都不能独自组成特殊的王国，它们只是现实生活的表现。"[21]525正因为马克思从生活实践出发去理解语言和思想，它对真正的切合语言实际的现代语言观的重建，无疑具有十分重要的指导意义，是现代语言观理性重建的重要逻辑基础。

马克思主义语言观确立的基石——马克思主义实践观，已被无数历史实践证明是迄今为止人类历史上最具生命活力与先进性的理论观，建立在马克思主义实践观基础上的马克思主义语言观，也同样具有其他许多形态的语言观所不可比拟的理论活力与思想穿透力。马克思主义语言观以其崭新的内涵，为我们的语言观重构提供了一种新的思考问题的立场、观点与方法。研究语言观问题，必须要把这种具有理论活力与思想穿透力的马克思主义的语言观尽收眼底，作为我们思考、认识、理解有关语言问题的出发点与立足点。

首先，我们在有关语言观问题的认识与理解中，必须要坚持马克思主义语言观的基本观点，即坚持从现实的、人的言语交往实践出发去理解、认识语言，坚持语言的实践性、社会性与物质性，坚持马克思主义语言观的实践本质，并注重从实践的观点出发，或者说是坚持从语言的实践性出发去分析问题，思考问题。尤其要注意的是，一定要注意理解马克思主义语言观与其他一般的传统语言观的根本区别。一般的传统语言观往往对语言的考察、理解，立足在通过语言自身的形式去考察、理解语言，这种考察、理解所得到的，无疑是一个中性的"意思"（meaning），一个无论在什么时代、什么人那里都不变的中性的意思。而马克思主义的语言观是把语言根植于现实的、人的语言交往实践中，并从此出发去考察、理解人的语言。显然，这种考察、理解所得到的，无疑是带有人的主体特征及理解的生长性特点的"意义"（significance），一种与人的实践活动一同增长着的、活的、与人们的交往行为呈现出双向互动关系的语言之"意义"[26]。

语言观的核心问题是对语言本质的认识问题。从这个意义上说，语言本质这个问题也许是所有的语言问题中，意义最重大的一个。在有关语言本质问题认识发展史上，曾出现了种种脱离人的现实的语言交往活动去抽象地谈论语言或论说抽象的语言之现象。无论是以海德格尔、伽达默尔为代表的语言本体论之语言本质观，还是以乔姆斯基为代表的语言天赋论之语言本质观，乃至以索绪尔为代表的语言符号系统论之语言本质观，它们在一定程度上都存在着脱离现实的人的语言交往实践去抽象地谈论语言或论说抽象的语言问题。当海德格尔把言说归结为非人的、抽象玄奥的大道之言时，当伽达默尔提出"语言向我们诉说"比起"我们讲语言"在字面上更为正确时，当乔姆斯基宣称人脑先天地存在一种语言能力时，当索绪尔把语言和言语在抽象的领域中加以分离，并把言语排除在语言学研究大门之外，而只是在就语言而研究语言时，这种抛开人的具体的言语实践而去抽象地谈论语言或谈论抽象的语言的做法，所得出的结论不可避免地会在某种程度上带有一定的片面性，其语言观也不可避免地会在某种程度上陷入脱离了语言实践或语言实际的抽象性或神秘性的旋涡。

不理解实践活动及其意义，是以费尔巴哈为代表的旧唯物主义和以黑格尔为代表的唯心主义的根本缺陷。马克思主义哲学同旧唯物主义与唯心主义的根本区别，也正在于此。马克思在《关于费尔巴哈的提纲》中曾指出："从前的一切唯物主义（包括费尔巴哈的唯物主义）的主要缺点是：对对象、现实、感性，只是从客体的或者直观的形式去理解，而不是把它们当作感性的人的活动，当作实践去理解，不是从主体方面去理解。因此，和唯物主义相反，能动的方面却被唯心主义抽象地发展了，当然，唯心主义是不知道现实的、感性的活动本身的。"[27]54由于以费尔巴哈为代表的旧唯物主义无视人的实践，没有给人以切实的立足之地，等于漠视了人的主体能动性与创造性，又由于它离开了人的实践去理解人，不理解实践是人的生存方式，因而，即使是给人再加上"现实的"字眼，也只能是抽象的人，生物学意义上的人，所以便造成了旧唯物主义在理解世界上的缺陷。而以黑格尔为代表的唯心主义虽然肯定了主体意识的能动性，但却由于无视人的意识的能动性的唯物主义前提，也离开实践去理解人及其意识的能动性，使意识脱离了它赖以存在的客观基础，被抽象地放大了它的能动性，所以也造成了唯心主义在理解世界上的缺陷。同样，离开了现实的人的言语交往实践活动去理解、认识语言本质，这种情况下得出的语言本质，也只能是脱离语言实际的抽象的本质。而如果能坚持马克思主义的语言观，坚持从现实的、人的言语交往实践出发去理解、认识语言，坚持语言的实践性、社会性，就可以在一定程度上较好地避免脱离语言实践的、抽象的语言观出现。同时，坚持马克思主义语言观中关于语言的物质性认识，也会在某种程度上较好地澄清与防范将语言神秘化的倾向。我们并不是笼统地反对对抽象的语言的研究，也不是主张语言没有抽象与现实之别，我们只是主张在语言观上，在对语言的整体性能的理解、认识上，要防止片面化的倾向，防止以抽象的语言研究来代替对现实的语言的理解、认识。实际上，语言既有现实的一面，又有抽象的一面，但归根结底，抽象的、逻辑先在的"语言"，是存在于现实的、时间先在的"言语"之中的。言语是根，语言必须依靠言语才能存在，而不是相反。语言的本质存在于言语之中，我们只能从具体的言语实践出发而不是从抽象的语言出发，去寻求语言的本质。又如，传统语言本质观中，有人把社会性、人文性、认知能力等作为语言本质去理解。这些认识虽然在较大程度上有正确地反映了语言的实际状况的一面，但在这些说法对语言本质的切近度上、与其他有关事物本质的区别度上，仍某种程度上存在着不甚准确的一面，并且，不少相关方面的研究者出于某种研究角度的需要，有时往往又将其所认为的某一本质，不适切地做了全局性的放大，乃至遮蔽了语言的其他层次上的本质。这一切，如果真正用马克思主义的语言观去检验，用实践的观点及其实践思维方式去辨察，就会发现它们在语言本质问题的理解上（包括思维方式上）及其对问题的解释力上，与马克思主义语言观的差距。

其次，我们在有关语言观问题的认识与理解中，必须要注意吸收并坚持贯穿于马克思主义语言观中的实践思维方式。思维方式本是人们在思维活动中用以理解、认识、把握与评价客观对象的基本模式与依据。对于马克思主义语言观所内蕴着的马克思主义实践的观点，我们不应该仅仅只将其看成是用以回答我们关于语言认识的基础、源流等认识论问题的一种原理，而应该把它看作是一种有别于以往其他哲学观与语言观的新的思维方式，一种可以用以理解、说明包括语言本质问题在内的诸问题的一种新的思维方式。用这种实践思维方式去看传统语言本质论，就会发现，不少传统语言本质论之所以会在某种程度上出现某些偏颇与失误，除一般的理论基础等因素外，很大程度上还与其相应的思维方式有很大关系。比如说，语言符号本质论的代表人物索绪尔，从他对语言与言语、共时与历时的一系列二元对立的划分及在他的语言学研究中排除言语、历时等语言因素上看，他的这种不允许在其语言研究中对立、矛盾的存在之探究、分析问题的思维方式，显然仍还没有摆脱传统的本体论哲学思维方式。这必然会造成语言研究中的语言与言语、共时与历时等被不甚协调地分割处理。而语言本体论与语言工具论等语言本质观，从其对语言本质的单一性诉求上看，其思维方式仍都有传统思维方式的影子存在。这使得这些传统的语言本质论很难达至对语言本质更为辩证、更为深邃的认识。只有转变传统的思维方式，从马克思主义的实践思维方式出发，从统一着并沟通着语言、思维与存在的现实的人的语言交往实践等视角出发，才有可能找到摆脱传统的理解、认识语言本质方式之弊端的真正适切的切入点，才有可能真正地从现实的人的言语实践出发，更为科学地说明、阐释语言本质等问题①。这正如马克思在《关于费尔巴哈的提纲》中所说的那样："全部社会生活在本质上是实践的。凡是把理论引向神秘主义的神秘东西，都能在人的实践中以及对这个实践的理解中得到合理的解决。"[27] 56

（二）坚持语言本质与语言现象的统一、语言形式与语言内容的统一

语言观的形成，与对语言本质的认识息息相关。而在有关这一问题的认识上，坚持语言本质与语言现象的统一、语言形式与语言内容的统一等基本原则，对相应的语言观的科学形成与确立，是很有必要的。

1. 坚持语言本质与语言现象的统一

（1）语言本质与语言现象的关系

谈语言本质与语言现象的关系，首先不能不涉及本质与现象的关系。

按照马克思主义哲学的基本原理，本质和现象本是揭示事物内部联系和外部表现的相互关系的一对范畴。本质是存在于事物之中的、使事物成为自身

---

① 在涉及如何认识马克思主义语言观与索绪尔等语言学家的一些语言观念的区别等问题上，学界曾存在着一些不同的理解，需要进一步探讨与澄清。可参阅于全有《关于索绪尔语言观探讨中几个问题的再认识》等文章。

的内在规定性，或者说是构成事物的基本要素的内在联系，现象则是事物外部的表现形态，是事物的外部联系。本质和现象二者间是对立统一的关系：本质与现象的对立，表现在本质是深藏于事物内部、只能通过抽象思维才能把握的事物一般性的、共性的、具有相对稳定性的东西，而现象是外显于事物表面的、通过感官可以直接感知的事物个别的、局部的、具有变化性的东西；本质与现象的统一，表现在二者的相互联系与相互依存：本质是现象的本质，它要通过现象表现出来，而不能脱离现象而存在，没有赤裸裸的本质；现象是本质的现象，它总反映着一定的本质，没有不表现本质的现象，不存在脱离本质而存在的纯粹现象，一如列宁所说的"外观的东西是本质的一个规定，本质的一个方面，本质的一个环节"[28]110。本质与现象的这种互相依存的关系，也一如《论语·颜渊篇第十二》中的"文犹质也，质犹文也"所阐发的"文"与"质"的关系，是一样的道理。

根据本质与现象的关系之原理，语言本质与语言现象的关系，无疑也是揭示语言的内部联系和外部表现之相互关系的一对具体的范畴。语言本质是存在于人的语言之中的、使语言成为语言的内在规定性，语言现象则是人的语言的外部表现形态。这二者之间的关系也是对立统一的关系：语言本质与语言现象的对立表现在语言本质是深藏于语言之中，需要通过人的抽象思维去把握的关于语言的一般性的、共性的、具有相对稳定性的东西，语言现象则是在语言的表象的、通过人的感官即可以直接感知、把握的个别的、局部的、具有变化性的东西；语言本质与语言现象的统一表现在二者的相互联系与相互依存：语言本质无疑是语言现象的本质，它通过语言现象表现出来，不能脱离语言现象而存在；语言现象是反映着语言本质的现象，它总是反映着一定的语言本质的，不存在不表现语言本质的现象。

正因为语言本质是与语言现象密切相联的，并内蕴于语言现象之中，可以通过语言现象表现出来，所以，我们在对语言本质的探究中，必须要注意坚持语言本质与语言现象的辩证统一关系，注意从人的现实的语言现象出发去分析问题，而不能脱离属人的语言现象凭空去抽象地寻求语言本质。

哲学史上，有关事物本质到底是如何存在、如何去认识与探究上，人们的看法并不一致，曾出现过三种不同的说法。一种是本质与现象二元说，认为本质与现象是相分离的，本质是一种可以脱离现象而独立的实体性存在，人类的认识要想达至事物的本质，必须要摆脱现象的影响与纠缠。这种思想自古希腊哲学家探求事物的"始基"始已露端倪，次经柏拉图的构成世界永恒的"原型"（即所谓的"理念"）说，中世纪经院哲学的神秘化、实体化的"隐秘的质"说等，至康德的本质存在于理性认识达不到的"物自体"说时，基本成形。第二种是本质与现象一元说，认为本质与现象是统一的，可以通过现象把握事物的本质。亚里士多德时就曾提出事物的本质就在事物之中的认识，反对柏拉图在事物之外寻求事物的本质。黑格尔认为，本质与现象是辩证统一的，人的认识过程就是在现象中把握本质的过程。不过，黑格尔是通过由抽象的本质到具体再回到抽象的本质来把握本质的。马克思主义哲学坚持本质与现象是辩证统一的，不可分离的，认为人的认识的过程就是透过现象把握本质的过程，可以透过现象去把握本质。而这种把握又不同于黑格尔对本质的把握方式，是由具体到抽象本质再回到具体来把握本质，体现的是辩证唯物主义的哲学理念，并且认为对本质的把握是一个不断深化的过程，不是一次完成的。第三种是本质自由"生成"、自由选择说，认为本质首先是基于人的存在而自由"生成"与自由选择的。如在萨特的存在主义哲学中，就曾提出"人类的自由先于人的本质，并且使人的本质成为可能"，认为人的任何存在状态都是人的自由选择，存在的过程即是自由选择的过程[29]。

从本质与现象二元说上看，如果认为本质与现象是二元的，即本质与现象是分离的，那么，这势必会导致出现认识客观本质的不可能性，等于是对科学认识之客观性的否认，同时也可能出现将理想层面的本质实体化，以之来代替或否认本质的现实存在，从而又造成对本质、对认识的过程与结果的神秘化、非科学化。从本质是自由"生成"、自由选择说上看，如果认为本质是自由"生成"、自由选择的，那么，这又将导致片面强调人的主体性，在一定程度上忽视或抹杀现实的客观性及其在人的认识活动中的基础地位，致使无法更科学、合理地揭示事物的本质。唯有马克思主义的本质与现象的辩证统一说，才科学地揭示了本质与现象的关系，科学地揭示了认识本质的过程——透过现象把握本质的过程。因而，我们在对语言本质探究中，必然把坚持语言本质与语言现象相统一，作为认识、探究语言本质问题的主要逻辑起点之一。

坚持语言本质与语言现象相统一，意味着既不能混淆或割裂语言本质与语言现象的关系，又不能撇开语言现象谈语言本质，或从局部语言现象出发去谈语言的本质，也不能对语言本质的考察仅停留在表象层面，甚或以之充代对语言本质的深入考察。当然，坚持语言本质与语言现象的统一，并不意味着认识了语言现象后，就会一蹴而就地、自然而然地认识了本质。从语言现象到语言本质的认识还有一个过程，还需要在这一过程中，既要注意通过语言现象的分析达到对事物本质的认识——概念的认识，又要注意还要对这一概念认识的普遍性意义进行必要的分析与思索，注意本质的层次性，以经得起事实的检验。

（2）语言本质研究中的本质与现象背离问题

就语言本质与语言现象的辩证统一关系上看，科学的语言本质问题的认识与探究应该是从现实的语言现象出发，从属于人的现实的语言现象出发，去进行由表及里的认识与探究。然而，回顾人类有关语言本质问题探索史，我们不难会发现，有不少语言本质观之所以会存在这样或那样的偏颇与不足，其中一个很主要的原因，往往与没有正确地把握并处理好语言本质与语言现象的辩证关系，没有坚持从人的现实的语言现象出发去认识与探究语言的本质有关。

就拿目前影响比较大的语言符号论之语言本质观来说，语言符号论之语言本质观的代表人物索绪尔，他在建立语言符号学说伊始，就在有关语言本质观的认识上，留下了两大缺憾与不足：一是他把他的语言学说建立在排除了语言现象中的活生生存在的言语后而剩下来的抽象的语言的基础上，认为"语言学的唯一的、真正的对象是就语言和为语言而研究的语言"[1] 323；二是他的学说忽视了人的存在，忽视了与语言息息相关的、现实的人的存在。这种脱离人、脱离现实的活生生的语言现象或语言实践的语言，自然是抽象的语言，其所得出的语言本质，很大程度上是从抽象的语言而来的本质，自然不是涵盖整个语言现象的语言本质之揭示，其结论也自然会不可避免地带有一定的片面性。但这一切，本来"我们只要转过头来观察一般言语，就能够不走这段弯路了"[30] 24。而以海德格尔等为代表的语言本体论之语言本质观，也同样在有关语言本质与语言现象问题的认识上，留下了两大缺憾与不足：一是出于其探讨语言的存在意义之目的，语言本体论之语言本质观对语言的探讨，主要着眼于带有一定的抽象性特征的思想之域的语言；二是语言本体论之语言本质观所探讨的语言，根本不是人言之言，而是带有玄奥特征的道说之言，是"语言在说人"的语言，亦即是一种成了神秘抽象之物的语言。因而，语言本体论者所揭示的语言本质，必然也是不可避免地会带有一定的片面性的语言之本质。其他诸如语言世界观说、语言天赋说等有关语言本质问题的认识，也都在一定程度上存在着因整体与局部的错位等所造成的片面性之弊端。

这使我们看到，真正科学的语言本质的揭示，必须要注意克服对语言本质的认识、探讨与人的现实的语言现象相背离的问题。否则的话，我们对语言本质问题的认识与探讨，势必也不可避免地会在某种程度上陷入片面性与非科学性的泥淖与误区。

2. 坚持语言形式与语言意义的统一

（1）语言形式与语言意义的关系

语言是语言形式和语言意义的统一体。所谓的语言形式，指的是语言的外在表现形式，是反映语言意义的结构及表现方式。如语音形式、语法结构形式等。所谓的语言意义，即是语言形式所反映出来的语言内容。如语言的自然意义、功能意义及语用实践中获得的相关意义等。语言形式与语言意义二者间的关系，实际上也就是语言形式与语言内容的关系。

按照马克思主义哲学的基本原理，形式与内容是揭示事物的结合方式和事物的内在要素所构成的统一体之内在关系的一对范畴。内容通常是指构成事物的一切要素的总和，也就是构成事物的各种内在矛盾，以及由这些内在的矛盾所规定的事物的特性、成分、运动过程和发展趋势等总和，形式通常是指事物内容的诸要素统一起来的结构或表现内容的方式。这二者间的关系是对立统一的关系：形式与内容的对立，表现在二者分别是事物的结构方式与事物的内在要素这样两个不同的侧面；形式与内容的统一，既表现在二者的相互依存与相互联系——没有没有形式的内容、也没有没有内容的形式，又表现在二者的相互过渡与相互转化——在某一关系中的形式在另一关系中可能成为内容，反之亦然，还表现在二者的相互影响与相互作用——内容决定形式、形式对内容有一定的反作用。

根据形式与内容辩证关系之原理，语言形式与语言意义间的关系，自然也是揭示语言形式与语言内容之相互关系的一对具体的范畴，二者间是一种既有区别又有联系的约定关系。语言形式与语言意义的区别，表现在语言形式是关于语言的外在表现形式，语言意义是关于语言的内在的内容，二者是语言的两个不同的侧面；语言形式与语言意义的联系，表现在二者作为语言的两个侧面，是既互相联系、互相依存，又相互影响、相互作用，还可以在一定的条件下相互过渡与转化的约定性关系：语言形式都是具有一定的语言意义的形式，没有脱离一定的语言意义的语言形式；语言意义也都是具有一定的语言形式的意义，没有脱离一定的语言形式而独自存在的语言意义；一种关系中的语言形式，在另一种关系中可能会成为作为内容的语言意义；一种关系中的语言意义在另一种关系中可能会成为语言形式；语言意义决定语言形式，语言形式对语言意义有一定的反作用，二者间通常是约定性的关系，统一于具体的语言之中。

语言形式与语言意义的辩证统一关系启示我们，在进行语言本质问题探究的过程中，我们如果要想获得对语言本质的完整的认识，必须坚持语言形式与语言意义的有机统一，既不能不加区别地将二者混为一谈，又不能割裂二者的辩证关系，从其中的某一侧面出发去寻求整体意义上的语言本质。无论是从生成程序或编码角度上着眼的意义到形式，还是从发现程序或解码角度上着眼的形式到意义，坚持语言形式与语言意义的辩证统一，应该是我们认识、探索语言本质所需要遵循的重要逻辑起点之一。

（2）语言本质研究中的形式与意义背离问题

从语言形式与语言意义二者间的关系上看，全面的、科学的语言本质认识的获得，本应立足于语言形式与语言意义辩证统一的基础上。然而，回顾人类有关语言本质问题探索史，我们又不难发现，历史上已出现的有些语言本质观之所以会在一定程度上存在这样或那样的偏颇与不足，其中的一个很主要的原因，常常与没有正确地把握并处理好语言形式与语言意义间的辩证统一关系相联。

以语言声音本质论为例，该说法显然从语言的形式出发来看问题的。因为语言是以语音为外在形式、以语义为内容的一种符号。把声音看作是语言的本质，无疑是从语言的形式出发来看问题的。而语言的语音形式与语义内容二者本来就是既有区别又有密切联系的不可分割的一个整体，并且，语言的语义内容比语言的语音形式在理论上更具有基础意义与决定意义，因此，脱离语言形式与语言意义的辩证统一关系而单独将语言形式作为语言的本质，这种认识在理论上显然是带有片面性的，是难以站住脚的。同时，从语言的一般表现形式上看，语言的一般表现形式通常有口语和书面语两种基本形式。其中，作为具有第一性性质的口语就是有声语言的形式。换句话说，说声音是语言的本质，也只是反映了口语形式的语言情状，而没有涵盖书面语形式的语言情状。因而，这种探寻语言本质的方式，显然也是不科学的，带有片面性的。其他诸如语言人文性本质说中的把语言本质归为"人文精神的音声化"等认识，也都在一定程度上存在着语言形式与语言意义相背离的不足与弊端。而反过来，如果撇开形式，仅仅单纯地从意义出发去追寻语言的本质，这同样也会因偏离语言形式与语言意义相统一原则，而在一定程度陷入片面性的误区。

由于语言形式与语言意义具有一定的相对性，语言本质研究中的语言形式与语言意义背离问题，除典型地反映在语音上与语义上的这种形式与意义的背离外，在某种层次上，还可以反映在广义上的语言结构形式相对于语言深层状态的背离上。像索绪尔开创的结构主义语言学对语言本质的符号性归结，在一定程度上，就是从语言的结构形式上做出的。这种语言本质的归结，带有一定的片面性，则自然是难以避免了。

参考文献：

［1］索绪尔. 普通语言学教程［M］. 高名凯，译. 北京：商务印书馆，2004.

［2］王希杰. 语言本质的再认识［J］. 云梦学刊，1994（4）：60—67；王希杰. 语言本质的再认识［J］. 语言文字学，1995（4）：4—11.

［3］乔姆斯基. 句法理论的若干问题［M］. 黄长著，林书武，沈家煊，译. 北京：中国社会科学出版社，1986.

［4］胡明扬. 西方语言学名著选读［M］. 北京：中国人民大学出版社，1988.

［5］倪梁康. 现象学及其效应：胡塞尔与当代德国哲学［M］. 北京：生活·读书·新知三联书店，1994.

［6］海德格尔. 海德格尔选集：下［M］. 孙周兴，选编. 上海：生活·读书·新知上海三联书店，1996.

［7］伽达默尔. 真理与方法：哲学诠释学的基本特征（修订译本）［M］. 洪汉鼎，译. 北京：商务印书馆，2007.

［8］马克思，恩格斯. 德意志意识形态［M］∥中共中央马克思恩格斯列宁斯大林著作编译局. 马克思恩格斯选集：第1卷. 2版. 北京：人民出版社，1995.

［9］恩格斯. 劳动在从猿到人的转变中的作用［M］∥中共中央马克思恩格斯列宁斯大林著作编译局. 马克思恩格斯选集：第4卷. 2版. 北京：人民出版社，1995.

［10］列宁. 论民族自决权［M］∥中共中央马克思恩格斯列宁斯大林著作编译局. 列宁选集：第2卷. 2版. 北京：人民出版社，1972.

［11］斯大林. 马克思主义和语言学问题［M］∥中共中央马克思恩格斯列宁斯大林著作编译局. 斯大林文集：1934—1952. 北京：人民出版社，1985.

［12］宋振华. 马克思恩格斯和语言学［M］. 长春：吉林人民出版社，2002.

［13］马克思. 资本论：第1卷［M］∥中共中央马克思恩格斯列宁斯大林著作编译局. 马克思恩格斯全集：第44卷. 2版. 北京：人民出版社，2001.

［14］北京外国语学院俄语系语言学教研组. 马克思主义经典作家论语言［M］. 北京：商务印书馆，1959.

［15］恩格斯. 路德维希·费尔巴哈和德国古典哲学的终结［M］∥中共中央马克思恩格斯列宁斯大林著作编译局. 马克思恩格斯选集：第4卷. 2版. 北京：人民出版社，1995.

［16］马克思. 路易斯·亨·摩尔根《古代社会》一书摘要［M］∥中共中央马克思恩格斯列宁斯大林著作编译局. 马克思恩格斯全集：第45卷. 北京：人民出版社，1985.

［17］恩格斯. 自然辩证法·札记和片断［M］∥中共中央马克思恩格斯列宁斯大林著作编译局. 马克思恩格斯全集：第20卷. 北京：人民出版社，1971.

［18］钱伟量. 语言与实践：实践唯物主义的语言哲学导论［M］. 北京：社会科学文献出版社，2003.

［19］马克思.政治经济学批判［M］//中共中央马克思恩格斯列宁斯大林著作编译局.马克思恩格斯全集：第46卷：上册.北京：人民出版社，1979.

［20］马克思.1844年经济学哲学手稿［M］//中共中央马克思恩格斯列宁斯大林著作编译局.马克思恩格斯全集：第3卷.2版.北京：人民出版社，2002.

［21］马克思，恩格斯.德意志意识形态［M］//中共中央马克思恩格斯列宁斯大林著作编译局.马克思恩格斯全集：第3卷.北京：人民出版社，1960.

［22］刘龙根.意义底蕴的哲学追问［M］.长春：吉林大学出版社，2004.

［23］高清海.哲学的憧憬：《形而上学》的沉思［M］.长春：吉林大学出版社，1996.

［24］高清海.再论实践观点的思维方式本质［M］//高清海.高清海哲学文存1：哲学的创新.长春：吉林人民出版社，1997.

［25］列宁.再论工会、目前局势及托洛茨基和布哈林的错误［M］//中共中央马克思恩格斯列宁斯大林著作编译局.列宁选集：第4卷.2版.北京：人民出版社，1972.

［26］潘德荣.语言的社会功能：批判诠释学之语言观述评［J］.安徽师大学报（哲学社会科学版），1995（2）：145—151.

［27］马克思.关于费尔巴哈的提纲［M］//中共中央马克思恩格斯列宁斯大林著作编译局.马克思恩格斯选集：第1卷.2版.北京：人民出版社，1995.

［28］列宁.哲学笔记·黑格尔《逻辑学》一书摘要［M］//中共中央马克思恩格斯列宁斯大林著作编译局.列宁全集：第55卷.2版.北京：人民出版社，1990.

［29］贾澜.论本质之现实存在和理想存在［J］.求索.2002（6）：139—140.

［30］布龙菲尔德.语言论［M］.袁家骅，赵世开，甘世福，译.钱晋华，校.北京：商务印书馆，1980.

（原刊《通化师范学院学报》2011年第5期）

重新探索语言本质问题的
理论价值与实践价值

摘要：语言本质问题是语言哲学研究中的一个核心问题，也是包括哲学、语言学、人类学、符号学等众学科在内的不同领域的学者们所普遍关心的一个问题。由于本问题研究的艰深性、艰涩性与复杂性等影响，目前学术界对本问题的认识并不一致，出现了以语言工具论、语言符号论、语言本体论等为代表的诸多不同的认识与看法。对本问题的重新探讨与廓清，不独对推进语言哲学的研究与发展具有十分重要的意义，而且对于我们澄清在语言本质观问题上的一些混乱认识，树立正确的马克思主义的语言观以指导语言实践，都具有十分重要的理论意义与实践指导意义。

关键词：语言本质；理论价值；实践价值

一、语言本质问题研究现状概说

语言本质问题是语言哲学研究的一个核心问题，也是一个包括哲学、语言学、社会学、人类学、文化学、生物学、心理学、符号学等学科在内的不同领域的学者们所共同关注的问题。从学术界对本问题研究的实际情况看，到目前为止，人们有关语言本质问题的认识，比较有代表性的看法主要有以下这样几种：（1）语言交际工具论（简称"语言工具论"），（2）语言符号系统论（简称"语言符号论"），（3）语言世界观论，（4）语言生物机体论，（5）语言天赋论，（6）语言本体论，（7）语言社会现象论，（8）语言行为论，（9）语言认知能力论，（10）语言声音论等。其中，目前在学术界最有影响的，主要是以强调语言的社会属性为特征的语言工具论、以强调语言的自然属性为特征的语言符号论、以强调语言的存在属性为特征的语言本体论这三种。目前，语言工具论与语言符号论之语言本质观仍然在学术界占据着十分重要的地位，尤其在目前的语言学界，这两种观点很大程度上仍处于主流的地位；而语言本体论之语言本质观的影响则主要还在语言哲学界及文学艺术学界，在语言学界的影响还远没有达到传统的语言工具论与语言符号论的影响程度。

从总体上看，目前学术界对语言本质问题的研究，主要呈现出以下这样几个特点：

第一，从语言自身的某种功能或某种结构形式方面来研究、探讨语言本质的多，真正地能从语言之为语言的底蕴层次上来多维度地研究、探讨语言本质的少；

第二，对学术界已有的主要语言本质观进行描述、解释、阐发性质的研究的多，真正地有自己的独创性或原创性的研究的少；

第三，科际间（尤其是语言学与哲学间）各自探讨各自相关的语言本质问题、各自说各自的话的多，真正地能够沟通起来、会通开新、做综合性整体性的探究的少。

二、重新探索语言本质问题的理论价值与实践价值

重新探索语言本质问题，具有十分重大的理论价值与实践价值。

20世纪以来，随着语言哲学的兴起，语言本质问题已越来越引起不同领域、不同学科的学者们的关注。许多学者从各自的专业角度出发，对语言本质及其相关问题进行了不同层面的研究与探讨，也提出了一些不乏创见的新的认识。然而，这个千百年来困惑了无数学人及思想家的老大难问题，至今我们还不能说已经有了一个大家都相对公认的科学的结论。不同领域、不同学科的学者，往往仍在各自的领域与各自的角度上，各自说着各自的话。这给人们正确地理解、认识、把握语言，造成了一定程度上的混乱与迷惘。

比方说，古今中外有许多不同领域的学者都探讨过语言的本质到底是什么的问题，而当代分析哲学的重要代表性人物维特根斯坦则认为语言无本质。那么，维特根斯坦到底是在什么背景和意义上说这个意思的？对语言到底可不可以谈本质？如若认为可以谈语言的本质的话，面对纷繁复杂的各种语言现象及各种有关语言本质的理论，我们到底应该怎样去追寻语言的本质？探讨问题的逻辑起点在哪里？为什么？又如，在有关语言本质问题的认识上，从苏格拉底

（Sokrates，公元前469—公元前399）到洛克（John Locke，1632—1704）、卢梭（Jean Jacques Rousseau，1712—1778）以及列宁等都曾认为语言是工具，索绪尔等认为是符号系统，而海德格尔（Martin Heidegger，1889—1976）、伽达默尔（Hans-Georg Gadamer，1900—2002）等则认为是本体，还有人认为是声音、是世界观、是人文性等。那么，语言的本质到底是什么？是工具？是符号？是本体？抑或还是其他什么？工具、符号、本体等彼此间又有没有关系？如果有，又是什么关系？再比如，萨丕尔（Edward Sapir，1884—1939）说语言不是人的本能，是后天习得的，乔姆斯基（Noam Chomsky，1928—   ）则强调语言是天赋的、本能的。那么，语言到底是天赋的、本能的，还是非本能的、习得的？语言、思想、实践又是什么关系？

这些林林总总的艰涩的问题，不但迫使不少一般的学人对语言的本质这一重大问题的研究——当然极可能是吃力却并不一定讨好的研究——敬而远之，视为畏途，而且即使是像索绪尔这样水准的学术大师，也早就对探究语言的本质这个问题深感过困扰与苦恼。索绪尔曾早在1894年的一封信中，谈到了他关于本问题研究的困扰与苦恼："我对这一切都厌倦了。关于语言学的问题，甚至正正经经写上十行也感到困难。……为了改进术语，为了说明语言是什么，使我对语文学的兴趣越来越小，尽管我非常希望不要让我去概括语言的本质。"[1]6—7曾在这个号称"当今多数语言学家唯①恐避之而不及的语言本质问题"[2]23上进行过不懈探讨与思索的当代大哲学家海德格尔，他在探讨"语言的本质"这个问题时，也不过是"意在把我们带向一种可能性，让我们在语言上取得一种运思经验"，而并不是"要宣布出一个关于语言之本质的可靠信息"，并特别强调："大可注意的是我们说一种可能性。"[3]164这种状况的出现，固然与研究者对这个问题的认识能力、探讨的角度与力度及水准有关，但在相当程度上，恐怕是更与这个问题自身的艰深性、艰涩性与复杂性有很大的关系。海德格尔当年在思索语言的本质问题时，就曾说过这样一句话："'语言的本质'这个标题就其内容而言是相当狂妄的。"[3]164海德格尔的这种说法，一方面道出了这个"相当狂妄的"问题内容之艰、之难的深涩性，另一方面也反映出了这个"相当狂妄的"问题本身的重要性与重大性。

中国学术界对语言本质的认识，由于受到旧有的传统观念的影响，长期以来一直是以列宁、斯大林（Иосиф Виссарионович Сталин，Джугашвили，

---

① 此处的"唯"原文为"惟"，这里按现在规范改为"唯"。

1879—1953）加索绪尔为主，即以列宁、斯大林为代表的语言工具论与以索绪尔为代表的语言符号论占据主流位置。对近年来语言哲学界在本问题上颇具影响的、以海德格尔与伽达默尔为代表的语言本体论之语言观，也往往是哲学界关注、研讨的多，而在同样也十分注意语言本质问题研究的语言学界，对此关注、研讨的则不但相对甚少，甚至部分地存在着简单地把语言学界之外的一些对本问题的思考与探讨视为荒诞不经的异端而予以拒斥或不屑一顾的状况。不同领域对语言本质问题的不同探讨，明显地缺乏科际间的沟联与融通。这不仅影响到我们对本问题认识的视野、维度与深度，而且也使我们很难从更为广阔、更为丰厚、更为深远的背景与意义上，认清本问题的本真状态及其真谛。

然而，语言本质问题不仅是语言哲学的核心问题，而且也是我们在对语言的理解认识上以及与之相关的语言哲学问题的探究上所无法回避的一个重大的前提性问题。由于"无论对于语言学家来说，还是对于哲学家来说，语言的本质问题实际上在深层次上涉及到的并不是一个纯语言学的问题，而是一个关于语言的哲学问题。就语言哲学的研究来说，语言的本质问题也是一个首先必须予以研究和回答的问题"[4]1，所以，对本问题探讨的进一步深入与廓清，不独对推进语言哲学的研究与发展具有十分重要的意义，而且对于我们澄清在语言本质观问题上的一些混乱认识，树立正确的马克思主义的语言观以指导语言实践，都具有非常重要的理论意义。

同时，语言本质问题又是语言观的基石与底座。语言本质问题的廓清，不独具有重要的理论意义，而且也具有十分重要的实践指导意义。因为不同的语言本质观下的对语言问题的思索，必然会导致出现与之相应的不同的语言理念，不同的研究、分析、处理问题的途径与方法。以目前在学术界有较大影响的语言工具论与语言符号论之语言本质观为例，语言交际工具本质观下的有关语言认识的理论是语言交际工具理论，其所追求的目标是要描写语言这种工具的情况。这种语言本质观下的这种语言理论、目标追求，又自然会导致其在实现目标的途径与方法上，采用语言调查分析的形式，用归纳、统计的方法去解决问题，并注意语言的外部功能及语言与社会民族文化关系的探讨。而语言符号系统本质观下的有关语言认识的理论则是结构主义理论，其所追求的目标是要建立起语言的结构体系。语言符号论之语言本质观的这种本质观念、理论目标，又导致其在实现目标的途径与方法上，采用了通过语言调查分析的形式，用分布分析法去解决问题，并特别注重对语言内部句子以下的语言现象的描写研究。这也注定了语言符号本质论下的有关语言本质问题的探讨，不可能会跟语言工具本质论下的有关语言问题探讨的致思途径、方式方法是完全一样的。不同的语言本质观，必然会导致认识问题与研究问题实践上的不同的致思途径与不同的操作方法。从这个意义上说，对于语言本质观的探讨与廓清，无疑还具有十分重要的实践指导意义。

柏拉图（Platon，公元前427—公元前347）曾经说过："语言这个题目也许是所有题目中最重大的一个。"[5]2如果这里也可以套用一下柏拉图的这句话的话，我们似乎完全有理由说："语言本质这个题目也许是所有的语言题目中最重大的一个。"

参考文献：

［1］赵蓉晖. 索绪尔和中国的索绪尔研究［M］//赵蓉晖. 索绪尔研究在中国. 北京：商务印书馆，2005.

［2］裴文. 索绪尔：本真状态及其张力［M］. 北京：商务印书馆，2003.

［3］海德格尔. 语言的本质［M］//海德格尔. 在通向语言的途中. 北京：商务印书馆，2004.

［4］王健平. 语言哲学［M］. 北京：中共中央党校出版社，2003.

［5］陈嘉映. 语言哲学［M］. 北京：北京大学出版社，2003.

（原刊《语言文学论丛》六，2012）

语言本质观的层次性重建

摘要：传统种种语言本质观，不同程度地存在着在看问题的视角上往往从语言的某一层面或某一性能出发，在分析问题的致思途径上往往还没有完全摆脱传统形而上学追求终极存在的单一性之思维方式，因而，难免会在有关语言本质问题的认识上，存在着一些诸如不能系统、深入、恰切地反映语言的真正本质等不尽如人意的地方。依据笔者对本质的层次性及语言的实际状态的研究考察，语言本质应该是一个由语言的底层本质（基础层次）、一般本质（核心层次）、特殊本质（表象层次）等诸层次构成的具有一定的内在的逻辑联系的整体。语言的底层本质是人的实践活动（简称"实践"），这可以从语言的产生、发展、习得、应用等多层次与角度反映出来；语言的一般本质是表现（"表"为"表述""表达"，"现"为"显现""呈现"），这可以从语言表达与接收的过程及不同语域的语言存在之不同方式上反映出来；语言的特殊本质是符号，这可以从语言的音义结合等特性上及与一般符号特点的比较上反映出来。

关键词：语言本质观；底层本质；一般本质；特殊本质

引　言

人类有关语言本质问题的探索，已经走过了几千年的漫长的探索历程。在这几千年的人类有关语言本质问题探索的历程中，人们对有关语言本质问题的认识，比较有代表性的，主要有以下这样几种：（1）以列宁、斯大林等为代表的"语言交际工具论"（简称"语言工具论"），（2）以索绪尔等为代表的"语言符号系统论"（简称"语言符号论"），（3）以洪堡特等为代表的"语言世界观论"，（4）以施莱歇尔等为代表的"语言生物机体论"，（5）以乔姆斯基等为代表的"语言天赋论"，（6）以海德格尔、伽达默尔等为代表的"语言本体论"，（7）以斯大林等为代表的"语言社会现象论"，（8）以奥斯汀等为代表的"语言行为论"，（9）以莱考夫、约翰逊等为代表的"语言认知能力论"，（10）以帕默尔等为代表的"语言声音论"等。其中，相比较而言，目前在中国学术界影响较大的，主要是以强调语言的社会属性为特征的语言工具论、以强调语言的自然属性为特征的语言符号论、以强调语言的存在属性为特征的语言本体论这三种。

上述这几种比较典型的传统语言本质观中，存在着一个共同的特点，就是它们对语言本质的认识，都是站在各自的视角上，从语言的某一层面出发，去观照语言、思索语言的，既没有语言本质的层次性意识，又在致思途径上往往还没有完全摆脱传统形而上学追求终极存在的单一性之思维方式，因而，难免会在语言本质的认识上，出现片面性的偏执与弊端①。

根据笔者对本质的层次性及语言的实际状态的研究考察②，从整体上说，语言本质也是一个有层次性的结构统一体，可以从底层本质（基础层次）、一般本质（核心层次）、特殊本质（表象层次）等层面上，对其进行有层次的整体观照与探讨。

一、语言的底层本质

所谓的语言的底层本质，即是语言的底层所蕴含的本质，是语言最高的属或类，亦即语言的形式本质。这种本质，是作为整体的语言系统的底层本质，也就是跳出语言来看支撑语言的底层之本质。因而，语言的底层本质虽被称为语言的本质，却不是语言系统内部的本质，用胡塞尔的话说，即"是一种完全'空的'本质"，并"由于其空形式的方式而适合于一切可能的本质"[1] 62。

语言作为人类不可或缺的一种生存方式，深深地打上了人的印迹，具有人文的特征，是人区别于其他一般动物的重要标志之一。这一点，无论是从中国古代先哲的"人之所以为人者，言也"，还是从古希腊的亚里士多德把人定

---

① 详情可参阅于全有《语言底蕴的哲学追索——从传统语言本质论到层次语言本质论》第2章，中国博士学位论文全文数据库，2008年。

② 详情可参阅于全有《语言底蕴的哲学追索——从传统语言本质论到层次语言本质论》第1章、第4章，中国博士学位论文全文数据库，2008年。

义为"人是唯一具有语言的动物",乃至近人卡西尔也"把人定义为符号的动物（animal symbolicum）"等许多经典的论述中，都可以看到[①]。也就是说，语言的人类性已是古今中外的人们关于语言性质的一种共识。从这个意义上说，语言无疑是属于人的，人即可以是语言最高的属。然而，人之成为人本是一个历史的过程。在人的历史发展进程中，人有个体性存在的、生物学意义上的人与群体性存在的、社会性意义上的人之分别。而只有社会性意义上存在的人们，才有了建立在人类自身的存在方式——实践——这种改造物质世界的对象化活动基础上的彼此间交往的实际需要，从而导致了语言的产生与应用。而这种原本发生于人类实践中的交往实践活动里的语言，又随着人类思维活动的进程，被推及了整个人类实践活动中。语言无论就其发生、发展，还是就其习得，乃至应用等方面看，无一不与人的实践活动息息相关。因此，语言比较具体地属于人类的实践活动，人类实践活动才是更贴近人类语言的、比较具体的最高的属。从这个意义上说，我们认为，语言真正的底层本质是人类的实践活动。简言之，实践是语言的底层本质。

实践作为语言的底层本质，可以从语言的产生、语言的发展、语言的习得、语言的应用等多层次、多角度地表现出来，并为其所证明。

（一）语言的产生与实践

关于语言的产生问题，历史上很早就引起了人们的注意，并出现了摹声说、感叹说、契约说、手势说、神授说、人本说等各种各样的有关方面的学说。

摹声说认为，语言产生于人们对自然界的事物所发出的声音的模仿，事物的名称就是事物发出的声音。通常认为，摹声说源于古希腊的斯多葛（Stoics）学派，柏拉图、奥古斯丁、莱布尼茨、赫尔德、施坦塔尔、保罗以及中国的近代语言文字学家章太炎（1869—1936）、刘师培（1884—1920）等，在语言产生问题上，先后都曾不同程度地阐发过此说[2]52-54，[3]13-14。摹声说虽然部分地看到了语言的某些自然规定性，但从总体上看，这种关于语言起源的认识却是错误的。因为一是摹声词在任何语言中所占的比例都很小，涵盖不了语言中的多数状态，况且有些本身不发音的事物（如太阳、山脉等）根本就无法去摹声；二是倘若语言源于摹声，世界上同一种事物应该有相同音的摹声词，而实

---

① 详请可参阅于全有《语言底蕴的哲学追索——从传统语言本质论到层次语言本质论》第2章，中国博士学位论文全文数据库，2008年。

际情况是，同一事物的名称在不同的语言中是千差万别的，并不一定都用相同的摹声词来表示。

感叹说认为，语言产生于原始人由于喜怒哀乐、恐惧或受其他外界的刺激而随着激情发出的呼喊之声，人类语言就是在这些首先出现的叹词的基础上形成的。通常认为，感叹说源于古希腊哲学家伊壁鸠鲁，孔狄亚克、达尔文及中国宋代思想家王安石（1021—1086）、中国近代语言文学家刘师培等在语言产生问题上，先后都曾不同程度地阐发过此说[3]2-4。叶斯柏森还曾阐发过与此相关的语言起于歌唱说，英国哲学家与历史学家科林伍德还曾阐发过与此相关的语言源于舞蹈说[4]268。感叹说尽管在一定程度上部分地看到了激情呼喊之声对某些语言产生的影响，但这种关于语言起源之说的错误却在于：一是不理解语言是一种社会现象，作为个体的言说者不可能发明创造出社会性的人们所使用的语言；二是同摹声说中的摹声词一样，感叹词在任何一种语言中所占的比例都很有限，它既不能直接作为表示情感的名称，又不可能是众多语言都是源于感叹而来。

契约说认为，语言是原始人们经过约定而产生的，是社会契约的产物。也就是说，名称和事物间本没有必然的联系，是社会成员集体约定俗成的。通常认为，契约说源于法国思想家卢梭，法国数学家、天文学家莫白迪（Pierre Louis Moreau de Maupertuis，1698—1759）及英国经济学家、道德哲学家亚当·斯密（Adam Smith，1723—1790）也持此说。契约说虽然看到了语言的社会约定性、集体创造性，但这种说法的不足之处在于：一是社会契约本是理性主义的产物，作为一种理性活动，社会契约在语言还没有产生时怎么去协商制定社会契约？二是如果是社会契约导致语言产生，那么，还没有语言时的这种约定，则无疑等于是思想可以脱离语言而赤裸存在。这又无疑等于是割裂了语言与思维的关系。

手势说认为，原始人首先是用手势、姿态做语言去交际、交流的，声音只能起与之相伴随的辅助作用。语言即是在这些手势、姿态的基础上，才逐渐发展起来的。通常认为，手势说的代表人物是德国生理与心理学家、哲学家冯特（Wilhelm Wundt，1832—1920）及前苏联语言学家马尔。手势说尽管有部分地看到了手势语作用的一面，但这种学说所存在的缺陷与不足则是显而易见的：一方面，手势语不仅跟有声语言相比，表现力比较有限，而且在使用上要受到一定的时空条件的限制；另一方面，语言中的有声语言是第一性的，手势语是第二性的，要使手势语能使人明白其所表达的意义，在语言还没产生前，人怎么去约定手势语的意义？

神授说认为，语言原本是由无所不能的神或上帝（包括上帝创造的带有神性的非同一般的人或具有某种神秘力量的神奇之物）所赋予人类的。这在许多民族的神话传说中都有所体现①。柏拉图及神授说的重要代表人物苏斯米希（J.P. Sussmileh，1708—1767），曾分别提出过上帝创造万物之名、上帝创制语言等认识。神授说虽然在一定程度上显示了语言的任意性及某种同源性等特征，但却明显地存在着脱离现实的人、把语言的产生神秘化等弊端。

人本说认为，语言源于人类的心智，即使没有社会，人也会由心智发明语言，没有必要一定要从社会环境中去寻找语言的起源。通常认为，人本说的代表人物是赫尔德。他把语言能力看作是一种天赋的认识倾向，一种自然的秉性，一种天生的能力，一种与语言互为依存、互为条件的悟性。他的理论的核心思想是，语言结构是人类本性的真实影像。尽管人本说透露出语言是人类的自然发明创造之意，但却显然存在着脱离了人类的社会实践活动去理解语言及语言能力形成之不足[3]11—12。

上述种种关于语言产生的假说，尽管也在局部上部分地反映出了语言的一些特征，但每一种假说，都不同程度地存在着相应的缺陷与弊端，存在着背离语言的社会性等种种不足，以致"到目前为止，还没有一种假说没有受到严肃的抨击和深刻的批判"的[3]1。

实际上，语言的产生与人类的实践活动紧密相联，实践是语言产生的基础与前提，语言产生于实践。

按照马克思主义关于语言起源的基本观点，语言是人类实践活动的产物。恩格斯的"劳动创造语言"的观点所体现出的，正是这样一种思想。

首先，人类的劳动产生了人与人之间进行沟通交往的需要，导致了人们产生语言的需要。人类的祖先本是高度发展的类人猿。在自然条件十分艰苦、生存条件也非常艰辛的时代，它们为了生存，为了抵御自然灾害，获取必需的生活资料，很早便开始结成"社会性"的动物群体，逐渐地由用自然的棍棒石具等进行的素朴的劳动，走向以能制造工具为特征的真正意义上的劳动。这种生产劳动，是人类的祖先所进行的有目的的改造客观世界的活动，同时也是人与动物相区别、人之所以成为人的根本所在。这正如马克思、恩格斯在《德意志意识形态》中所说的那样："一当人开始生产自己的生活资料的时候，这一步是由他们的肉体组织所决定的，人本身就开始把自己和动物区别开来"了[5]67。

---

① 详情可参阅于全有《语言底蕴的哲学追索——从传统语言本质论到层次语言本质论》第2章，中国博士学位论文全文数据库，2008年。

因为"动物仅仅利用外部自然界，简单地通过自身的存在在自然界中引起变化；而人则通过他所作出的改变来使自然界为自己的目的服务，来支配自然界。这便是人同其他动物的最终的本质的差别，而造成这一差别的又是劳动"[6]383。可见，这种生产劳动实践是人类所特有的一种改造物质世界的对象化活动，是人的一种存在方式。而进行对象化实践活动的同时，就孕育着交往实践活动。由于这种社会性的劳动的不断发展，人类视域的不断扩大，人们渐渐地感到了彼此间需要交流一些对事物的看法、交换一些有关生产劳动实践中的意见与建议，以便更好地相互协作。也就是说，"劳动的发展必然促使社会成员更紧密地互相结合起来，因为它使互相支持和共同协作的场合增多了，并且使每个人都清楚地意识到这种共同协作的好处"[7]376。于是，"这些正在生成的人，已经达到彼此间不得不说些什么的地步了"[7]376。而正是这种和他人交往的迫切需要，最终导致了语言的产生。这也就是马克思、恩格斯所说的"语言也和意识一样，只是由于需要，由于和他人交往的迫切需要才产生的"[5]81。而这种和他人交往的需要，原本就是产生于生产劳动实践过程中的。

其次，人类的劳动促使语言具备了产生的主客观条件，使语言的产生成为可能。语言交往应该是一种有意识的交往，意识的产生是人类语言产生的必要的主观条件。按照马克思、恩格斯的观点，意识和语言一样，都是由于人的交往实践的需要而产生的。人要想运用语言进行思想情感的交流，必须得在意识中首先超越自我，达至对事物客观的认识：能客观地反思我与非我，客观地反映、对待我与外部世界的关系。而实践为人的这种客观认识的获得提供了基础，使人的对事物的客观认识也只能来自实践。这是因为，人和动物的生命活动是不同的，人的生命活动是有意识的生命活动。按照马克思的说法，"动物和自己的生命活动是直接同一的。动物不把自己同自己的生命活动区别开来"[8]273，而人却不同，"人则使自己的生命活动本身变成自己意志的和自己意识的对象。他具有有意识的生命活动"[8]273。而"劳动的对象是人的类生活的对象化：人不仅像在意识中那样在精神上使自己二重化，而且能动地、现实地使自己二重化，从而在他所创造的世界中直观自身"[8]274。也就是说，一方面，人在对象化实践中，能理智地复现自己以及自身与对象的关系，从而为运用语言去指称客观对象提供了可能性，另一方面，人也在与对象化实践相交织的交往实践中，同样理智地复现自己以及自己与他人的关系，从而又为人们运用语言进行交往并达到相互间的理解提供了可能性[4]275—276。

同时，人类的劳动也创造了语言产生的客观条件。人类的社会性劳动不仅促使人们需要语言来交流思想，进行思维，而且又使语言具有了可能产生的形式与意义条件，从而使语言的产生成为可能。生产劳动实践不仅让原始人的发音器官系统得到了锻炼与发展，具备了产生语言所必须具备的声音条件，而且在这一过程中，由于视野的扩大，手跟世界多样事物的接触等，人体的各反应系统及人的认知事物的能力也得到了锻炼与提高，人脑也在人的生活资料的获得越来越走向相对充足的情况下，得到了更好的营养与发展，并且在这种劳动实践中逐步提高了对事物的反应能力与认识能力。这又为语言的产生，创造了必需的意义要素条件。

再次，语言中的语言形式表示什么样的意义内容，也是在实践中形成的。人类的生产劳动实践在形成了产生语言的基础条件后，还有一个语言符号的物质形式通过什么途径跟什么样的意义内容结合起来以最后形成语言符号问题。从人的语言发展过程上看，将一定的语言形式与一定的语言意义内容结合起来的，也是实践。如人在掌握语言的早期，通常要经过一个词句不分的阶段。比如在儿童语言发展的独词句阶段（一岁半左右），当一个儿童对着大人说"奶"时，其所表示的，可能是一个词的意义，也可能是一个句子的意思（如"给我奶吃""我要喝奶"等），大人需要根据儿童说此话时神态、动作及前后语境来推测儿童所说的话的意思。这种状况恰好说明：早期语言形成时的一种语言形式表示什么样的具体的意义内容，实际上是以实践为基础与依据的。而要理解这种具体的语言形式表示的是什么样的具体的意义内容，也同样要以实践为基础，要通过具体的语言实际状况及其语境情况来具体地判定。

这使我们看到，人类的语言是在人类的生产劳动实践中产生的。是人类的生产劳动实践促使了人类彼此间交往、交流的实际需要，从而导致产生语言的需要，又是人类的生产劳动实践使语言具备了可以产生的音义条件，从而使语言的产生成为可能。正因为如此，恩格斯才提出"语言是从劳动中并和劳动一起产生出来的"[7]376。而真正意义上的人类的原始语言，一开始就应该是有声的语言，即是人们用以彼此交谈、交流、进行思维的有声语言，具有与现代语言相同的基本结构和基本职能的有声语言，而不可能是手势语等其他的什么非真正意义上的语言。

（二）语言的发展与实践

实践不仅是语言产生的基础，亦即语言生命的基础，实践也是语言发展的动力，或者说是语言生长的活力。语言的发展与实践的发展息息相关。

一般认为，语言的发展主要源于两大因素：一是社会发展是语言发展的基本条件，二是语言结构要素之间的矛盾引起语言的发展。

首先，按照马克思主义语言观的基本理念，语言是一种社会现象，语言随着社会的产生、发展而产生、发展，随着社会的消亡而消亡，社会的发展是语言发展的基本条件。通常来说，社会对语言发展的影响，主要反映在以下几个方面：一是社会的进步会推动语言向前发展，如随着社会生产力的发展、生产关系的改变及社会生活的变化而导致出现的反映新事物、新概念的新词语，随着社会的进步及人类思维发展的不断细密化而导致出现语言词汇的日益丰富与表义上的日益精密化等；二是社会的分化与统一也会推动语言向前发展，如随着社会的分化所出现的地域方言与社会方言，乃至亲属语言，随着社会的统一所出现的方言差异弱减、共同语的催生等；三是民族之间的交流、接触也会推动语言向前发展，如外来语的使用或借词的涌生、双语或多语现象的出现等。

其次，语言系统内部的语音、词汇、语法各要素之间，本来是处于一种相对平衡的状态。如果其中的某一要素或成分随着社会的发展变化而发生了相应的变化，那么，语言系统内的其他有关构成要素或成分也会相应地发生一定的变化，以维护语言内部要素或成分的平衡。比如说，汉语中的"红"与"白"，本来一般在表示婚丧（如"红白喜事"）等方面，大体上可以构成相对反义词①。在"红"后来又发展出"象征革命或政治觉悟高"意义时[9]563，"白"也因此发展出"象征反动"的意义来[9]23，并在此基础上又构成了新的意义上的相对反义词（如"红军"与"白军""红区"与"白区"中的"红"与"白"）。这反映了由一种词义的发展而带来的词义系统中的相关词义的相应的变化。又如，汉语中的"很"后面通常跟谓词性的词语组合成"很大""很有钱"等一类结构。随着20世纪80年代后期开始逐渐出现的"很中国""很女人"一类语言现象的勃兴，汉语中又出现了逐步为多数人所接受的"很"与名词性词语组合的、"副+名"式的语法结构②。这又反映了由词语组

---

① 在以邢公畹主编的《语言学概论》（语文出版社 1995 年版）为代表的几本相关的语言学理论著作中，均曾出现有人认为"汉语的'红'和'白'在词义上虽有一定的联系（如'红白喜事'中的'红'和'白'），但并非相反或相对"之认识（邢公畹主编的《语言学概论》中的此说见该书第 207 页）。我们认为，这种说法是不甚准确的。

② 参阅 1. 于全有《一种非常值得注意研究的"非常"语言现象》，《语言文字应用》2000年第 1 期，第 88—92 页。另见于全有著《语言理论与应用研究》，中国社会出版社 2001年版，第 291—301 页。2. 杨亦鸣、徐以中《"副＋名"现象研究之研究》，《语言文字应用》2003 年第 2 期，第 43—51 页。另见杨亦鸣著《语言的神经机制与语言理论研究》，学林出版社 2003 年版，第 200—211 页。

合形式的发展变化而带来的语法结构的发展变化。

透过上述推动语言发展的两大因素及语言的具体发展的实际状况，我们可以看到，语言的发展固然可以归为社会发展因素和语言系统要素在发展中的矛盾因素，但却仍还未挖掘至能将这两大因素统一起来的更为本质、更为深刻之处。我们认为，归根结底，这两大因素其实都是源于人的实践的，源于实践的发展的。

这是因为，社会本来就是人类实践生活的展开形式。"全部社会生活在本质上是实践的"[10]56，这是马克思主义哲学的一个基本的观点。一方面，实践具有客观现实性、自觉能动性与社会历史性，社会既是人类在实践活动中创造出来的，又是实践活动的展开形态；另一方面，人类的实践又既是社会的存在方式、活动方式，也是社会的动态活动过程，人类社会就是在实践这一社会存在方式与活动过程中存在、发展的。并且，实践贯穿于人类社会生活的一切领域，它与社会存在、对象世界与人类世界在本质上是同一的。这样，实践无疑是社会的根基。说社会发展是语言发展的基本条件，无疑也就是说实践发展是语言发展的基本条件。无论是语言中的新词语的涌现也好，词汇表义的更细密化也好，还是社会方言的产生也好，语言中借词出现也好，无一不是人类实践（对象化实践、交往实践）发展的结果。比方说，没有人类实践中涌现出来的新现象、新情况及对其相关内涵的认识与了解，就不可能有新词语的产生；没有对某一事物更为深刻的实践感受与把握，就不可能有更为细密化的词汇出现。同样，没有民族间的实际接触与交往实践，也不可能会有语言中的借词的出现。这一切，都反映出人的实践对语言发展的重要作用。同时，语言系统要素的矛盾所导致的语言发展，从根本上说，也是源于人类实践发展所导致的系列结果。因为从底层上说，语言发展的最根本的动因与基础，不应该在语言系统的内部，而应该在能够支撑起整个语言系统发展的外部。单纯的语言系统某一要素的本身是不会自己发展的，它之所以会发展，并由发展所引起的矛盾又导致了其他要素的联动发展，归根到底，还是源于社会实践的发展变化而引起的语言系统要素的系列变化。如上文提到的"红"与"白"意义的发展，其分别象征革命与象征反动之义项的出现，不过是人们对当时社会现实存在的实践认识与反映。

（三）语言的习得与实践

语言的习得与人类的实践活动息息相关，实践是语言习得的基础。

　　语言习得问题本是认知科学及心理语言学中的一个十分重要的，同时也是论说不一的问题。关于人类是如何习得语言的，历史上曾出现过行为主义论、心灵主义的内在论、交互作用论等三种不同的主张。以布龙菲尔德等为代表的行为主义论者认为，要观察语言行为，需要找出话语与其产生的环境间的规律性。解释言语行为的最合适的模式是刺激—反应论，或叫强化论，特别是工具型的条件反射论。儿童学习说话，无非就是儿童对环境或是成人的话语做出合适的反应。如果儿童的反应是正确的，成人就会通过对其给予物质的或口头的鼓励，而使之得到强化，并形成语言习惯。这也被称为一种行为塑造。儿童在某一环境中说出的话，如果得到强化，儿童就会在相同的环境里，做出同样的反应。由于"强化"论本来就是用于解释动物行为的条件反射论，用于解释包括语言习得在内的语言行为有不少漏洞，因此，它又进一步被修正为"传递"论，在刺激和反应中间增加了传递性反应与传递性刺激这样内在的环节。以乔姆斯基等为代表的心灵主义的内在论（或天生论）者，认为人一生下来就具有一种先天而来的、存在于"语言习得机制"里面的知识。由于内在论者看到儿童能在出生后的几年里就掌握了本族语，因而认为这种情况说明儿童有一种先天而来的语言遗传机制。以皮亚杰（Jean Piaget，1896—1980，亦译"皮阿热"）等为代表的交互作用论者，在看到前面两种意见各执一端的基础上，提出儿童语言的发展是天生能力与客观经验相互作用的结果。他们认为，有许多认知的、社会的、语言的、生物的等因素影响儿童的语言发展，这些因素相互依赖、相互作用。认知的、社会的因素影响语言习得，语言习得也能反过来对前者产生一定的作用与影响。这种相互作用与相互影响的认识，就是所谓的交互作用论。交互作用论还可以具体地区分为发展认知论、信息处理模型、社会交互作用模型等几种情况[11] 173—200。

　　上述这几种语言习得理论，尽管有的还不同程度地存在着这样或那样的有待深入探讨的问题（如对行为主义论而言，是否一定要有强化才能习得语言？传递论是否一定都能成为内在刺激而引起的反应？"天生论"假设的可能性、交互作用论需细节具体化等），但它们在语言习得问题上，有一点是共同的：都重视或没忽视实践环境条件对语言习得的重要性。行为主义论者把语言的习得看成是由环境中的语言刺激所引起的反应过程，重视环境中的语言刺激经验对语言习得的决定性作用，把语言行为看成是一些习惯的总和；内在论者尽管主张人脑先天具备能够学会语言的语言习得机制，但并未否认语言习得中的实践因素的作用，倒是强调儿童要习得语言，必须得把语言规则"内在化"，认为语言的理解与产生是分不开的，并认为环境是促进语言习得机制的先决条件；交互作用论者也特别重视认知的、社会的因素对语言习得的影响及语言习得反过来对前者的影响。也就是说，上述这几种语言习得理论都重视或没忽视语言习得的实践环境条件，亦即等于把实践看成是语言习得的重要基础条件。

实际上，从语言习得的具体情况看，无论是母语（第一语言）的习得，还是外语（第二语言）的习得，尽管二者的习得过程可能在某种角度上有所不同（就目前状况而言，母语的习得往往是儿童在非专业教育条件下主动获得母语的过程，更多地带有自然学习特征的自然学得，外语的习得大多往往是有意识地通过一定的教育环境而自觉地学得），但从理论上说，要想具备一定层次的语言能力，二者的习得则都要经过一个习得（acquisition）与学得（learning）的过程（母语的习得可以是一个"习得+学得"的过程，外语的习得可以是一个"学得+习得"的过程）①。也就是说，二者都要经过一个实践获得的过程。没有具体的言语实践过程，或者说是脱离了社会，脱离了人的具体的言语实践过程，人不会在既无相应的语言社会文化背景，又无专业教育的条件下，能潜移默化地自然地习得语言，理解语言，并学会运用语言。关于这一点，脱离了社会、脱离了人的具体的言语实践环境的狼孩不会说人类的语言，其实就是最好的证明。同理，没有较为专门系统的语言学习与训练实践，也不会有儿童或成人的语言能力的系统性的提升与提高。如像学校语言教育中创造语言习得情景、增加学生表达的机会、训练学生的口头表达与书面语表达等，包括外语教学中的模拟情景教学、增加学生与外教或留学生等交流机会、观摩外文影视作品、阅读外文报刊及派遣学生出国学习交流等，无不是在创造语言实践的机会与条件，并通过具体的语言实践，来有目的、有计划地提高学生的语言能力。即使人具有乔姆斯基所说的天生的能掌握运用语言的能力，具有洪堡特时即已主张的语言是人的天赋属物、只能在心灵中唤醒的性质，人对语言的掌握与运用也仍离不开实践。因为第一，这种所谓的先天能力与天赋属物，并不直接就是现实的语用能力。而要想使之化为现实的语用能力，仍需要经过一个实践的转化的过程，也就是所谓的唤醒的过程。这仍需要通过具体的、有规律的言语实践的导引，使人们能将这种"先天"的语言能力或天赋属物，真正化为自己的实际本领或实践能力，或者是把其从沉睡状态中给唤醒过来，化为自己的实

---

① 20世纪80年代初，美国语言学家Krashen首次提出要区别"语言习得"与"语言学得"这两个概念。实际上，这二者间的区别应该是相对的，不能将其完全割裂开来对待。参阅赵爱国、姜雅明著《应用语言文化学概论》，上海外语教育出版社2003年版，第298页。

际本领或实践能力。第二，人具有先天的语言能力也好，还是语言是人的天赋属物也好，说的都是与先天有关的语言情况。而后天的社会语言的不断发展，新语言现象的层出不穷，又在要求社会生活中的人们在语言的掌握上，要不断地与时俱进，充实自己，不断地在言语实践中提高自己的语用能力。这也就是说，人的语言实际运用的能力，不是也不可能是一次性就能获得并完成的，它的形成与提高，是一个不断发展、不断积淀的历史的过程，需要在不断发展着的、多样化的语言实践中不断地提高。这也再一次说明，真正的语言实际能力意义上的语言的习得，离不开具体的语言实践。实践是语言习得的基础。

（四）语言的应用与实践

语言的应用，是现实的、具体的应用。语言的得体的应用，离不开实践基础上的对所应用之对象的理解、体悟与把握，离不开语言实践对语言应用的效度及水平的检验。实践是语言应用状况的基础、依据与准绳。

首先，语言的应用追求的是得体性，即追求所使用的语言对语境的适切度。得体性原则是语言运用的总原则，也是判断修辞效果如何的最高原则。而语言的应用要想得体，以达至预期的效果，就必须要注意适合语境，既要注意适合语言应用的上下文语境，又要注意适合语言应用的社会文化语境（包括文化语言环境、心理语言环境、物理语言环境等）。而这一切，都要在具体的语言运用实践中去实现。

这是因为，第一，要想使其具体的语言应用适合一定的表达宗旨、表达对象及表达环境，必须要对所要表达的事物有一个切合实际的理解、体悟与把握，还要对语言应用的基本规律与技巧及其实际效能，有一定的理解、体悟与把握。而这是需要建立在一定的具体实践经验与体会的基础上的，是要靠多样化的实践去积累、积淀的。第二，语言应用的得体性本身具有一定的民族性、时代性、地域性等特点，即不同的民族、不同的时代、不同的地域等对得体性的要求及对得体性的内涵的理解，都是不尽相同的。人们在具体的语言应用上，必须得依据具体的交往实践情况，去决定如何应用语言。第三，语言应用虽然也有一些大的基本原则，但到什么山到底唱什么具体的歌，见什么人到底说什么具体的话，说什么事到底用什么具体的语言，却既是有区别的、具体的，又是没有什么具体的、一成不变地完全适合这一切具体对象与场合的现成的话语成品，可供我们拿来就可以用到一切语用场合去的。没有放到任何场合都绝对好的、绝对合适的语言形式，也没有放到任何场合都绝对不好的、绝对不合适的语言形式，关键在于适不适合一定的语境与表达需要，得体不得体。而这种得体不得体，就得看具体的言语交往实践状况是什么样的了。或者说，就看你在具体的交往实践中要变革的是什么样的主体际关系了。比方说，有人说，凡是有顾客来往的业务部门，顾客在走时，服务人员都要跟人家道别，说声"欢迎您惠顾，欢迎您再来！"。表层上看，这种说法大概其说说也未尝不可，但倘若细究起来，这种不分具体的交往实践状况、笼统地一概而论的说法，自然难免会造成不合乎语言应用实际的状况出现。如一个大病初愈的患者在离开医院时，医务部门的人员如果如此向患者道别，则很有可能招致患者的反感。更极端的场合是火葬场，如若来人办完事要走，火葬场的业务人员如果如此向来人道别，则很有可能会因此而遭到痛骂。道理很简单，这种道别语不适合后两者的这种场合。因为在这后两种场合中，上述道别语随着语境会让人产生不良的联想意义。而如在一般的商场或旅店，这种道别语就比较合适，因为这种道别语在这两种语境中，不会产生不良的联想意义。而这种不同状况的道别语的把握与使用（包括对具体的语境联想意义的理解与把握），主要要依据一定的具体语言交往实际状况而定，亦即要依据一定的实践状况而定。又如，鲁迅（1881—1936）当年在其《立论》一文中，曾举了一个有关语言得体性问题的很经典的例子：说的是一个人家生了一个男孩儿，全家高兴透了。满月的时候，抱出来给客人看，自然是想得到一点好兆头。来客中的一个人说"这孩子将来要发财的"，他于是得到了一番感谢；又一个人说"这孩子将来要做官的"，他于是收回了几句恭维；还有一个人说"这孩子将来是要死的"，他于是得到一顿大家合力的痛打[12] 207。这个故事里面存在的令人深思的东西是：前两个人说话不一定合乎这个孩子将来成长的实际，带有夸着说的"许谎"的成分，但却因合乎这种喜贺的环境及国人的一般文化心理，因此令主人高兴，取得了比较好的交际效果；第三个人说的话则是合乎人将来都终有一死的规律的，是大实话，但却由于不合乎这种喜贺新生儿的环境，不合乎国人相应的文化心理，因而招致人们的一顿痛打，取得了很不好的交际效果。这说明，语言应用的得体与不得体，不在于使用者所使用的言辞是否辞采华丽，也不在于言语的表达一定都要与生活真实情况完全相合，而是要看其适不适合所要表达的具体语境。适合语境就合适，不适合语境就不合适；适合语境，艺术真实也很合适；不适合语境，即使是符合生活真实，也不一定能有好的表达效果。而这一切的把握，只能依据具体的交往实践的实际状况而定。

其次，语言的应用不仅要得体，而且还要合乎一定的规范。这同样既源于实践目的，又归宿于实践。实践是检验语言应用是否规范的标准。

语言的应用应该是一种合乎规范的应用。这一方面是出于语言交往实践中便于彼此理解、交流的需要，即语言的实践性与社会性的需要，另一方面也是出于维护语言自身的有序的发展与保持语言自身的民族特性的需要。规范既有引导的功能、维护的功能，也有标准的功能。语言的规范应用，既是交往实践中人与人之间便于理解、交流的必然要求，最终又要服务于实践，并要以实践为准绳去对其优劣高下做出判断。著名语言学家王了一（王力）曾经说过："语法里只有习惯，没有天经地义。"①吕叔湘也说："语言的规范是历史演变的结果。"[13]166说的都是实践对语言应用的影响。

语言的规范应用不是为了在语言应用上搞纯而又纯，使用语言的人不纯一，语言的规范应用也不能要求全都纯一，它需要从实际出发，有区别地、分层次地对待。同时，语言的规范准则，也不是凭空而来的，它要从服务于大众、方便语言交流的目的出发去建构。这一切，恰恰都是出于实践的目的与考虑。比方说，汉语中的"呆板"一词的当代读音问题，20世纪80年代中期前，我们国家曾将其读音规范为"áibǎn"，但民间读"dāibǎn"的情况仍很普遍。此后，国家依据符合规律、便于人们学习把握的原则，采取约定俗成、承认现实的态度，重新对其读音进行了规范，将其读音又规范为"dāibǎn"。又如，20世纪80年代之前，许多知名学者都认为汉语中的"您"是"你老"或"你们"的合音，所以，后面不能加"们"，即不能有"您们"的用法。20世纪80年代以后，许多学者逐步开始从现实的"您们"应用情况出发，对"您们"用法采取顺应现实、走向首肯的态度②。这可以使我们看到，语言应用的规范，实际上是建立在具体的语言实践的基础上的，是要从具体的、现实的语言实践出发去进行规范的。尽管语言应用的规范一旦确定，对人们的语言实践有一定的引导、制约等作用，但语言应用规范的制定、检验与更新，归根到底，还是由具体的实践状况来决定的。实践是衡量语言应用规范情况的标准。

通过上述对语言的产生与实践、语言的发展与实践、语言的习得与实践、语言的应用与实践等多角度的分析中，我们可以看到，实践是支撑起语言这座大厦的基石，是适合语言一切其他可能性质的、语言之底层本质。当然，我们

---

① 王了一著《汉语语法纲要》，上海教育出版社 1982 年版，第 1 页。另见《王力文集》第三卷，山东教育出版社 1985 年版，第 155 页。

② 参阅于全有《关于"您们"用法的规范性研究述评》，《语文建设》1999 年第 4 期，第 2—4 页。又见于全有著《语言理论与应用研究》，中国社会出版社 2001 年版，第 69—76 页。

这里所说的语言的实践本质，并不是指语言系统内部的本质，而说的是语言之为语言的整个系统的底层的本质。或许，也可能有人会认为实践只是传统理论意义上的语言起源的原因，因而对语言实践本质说提出异议，甚或可能因此而将语言实践本质说局部地看成是以起源置换本质的偷换概念。倘若真的会出现这种疑虑的话，应该说，这是还没有真正地理解、把握语言的真谛的表现。因为关于这样的问题，索绪尔当年早就注意到了。索绪尔在其传世名著《普通语言学教程》中，早就曾对此特别告诫说："就言语活动来说，认为起源的问题和恒常条件的问题有什么不同，那是非常错误的；所以我们还是跳不出圈子。" [14] 29

二、语言的一般本质

所谓的语言的一般本质，是指潜隐于语言现象中的，既为语言的每一个现实的个体所不完全地表现，又在不断地趋近的那种性质（类本质）。它规定着语言的共性，使语言万变不离其宗。语言的一般本质是由语言内部否定方面所决定的语言未来状态下的本质，它是由语言整体上所共同具有的矛盾所决定的，具有理想性与价值性等特征。

显然，语言的一般本质就是语言的类本质，就是为语言本身所面临的矛盾所决定的、每一个现实的语言个体都在不断趋近的那种具有理想性与价值性的语言的性质。这种性质，应该是能克服由人类共同劳动的实践需求而导致出现的人与人之间交往需要的矛盾，能体现出语言的理想性与价值性的追求。

从人与人之间交往所涉及的表达与接收（理解）的过程，以及语言在外现之域与思想之域的存在状态上看，我们认为，语言的一般本质应该是"表现"。其中，"表"为"表述""表达"，"现"为"显现""呈现"，简称为"表现"①。

第一，"表现"既是人与人之间交往沟通中追求语言的目的，也是语言要达到的理想与目标及其价值所在。语言交往的过程，即是由"表"到"现"的过程，即语言的"表现"的过程。

---

① 需要说明的是，本文这里所说的"表现"之含义，不同于现代汉语中的"表现"一词所表示的"表示出来"之意义。这里所说的"表现"之含义，反映的是语言交往过程或语言运用过程中，语言之表达与接收（或理解）状况，大于现代汉语中一般意义上的"表现"一词所表示的"表示出来"之意义。

　　语言本产生于人类共同劳动这种实践中的人与人之间交往沟通的需要，需要它来表情达意，沟通思想与情感等。而人与人之间的交往沟通，是由表达者与接收者双方构成的。其语言交往过程，简单地说，就是一个可以回返往复的"表达——接收"的过程。从表达一方来看，他运用语言是在把自己的思想、情感等表述出来，表达出来。也就是说，在表达一方那里，语言的功用与价值主要就是表述、表达，就是要把自己的思想、情感等通过语言表述出来，表达出来。从接收一方来看，他接收语言的目的，是要了解对方传递而来的思想与情感内容是什么。这传递来的语言在接收者那里，就是要把表达一方的思想、情感等给显现出来，呈现出来。也就是说，在接收一方那里，语言的功用与价值主要就是显现、呈现，就是把对方所传递过来的思想、情感等通过语言显现出来，呈现出来。而语言交往中，一方一旦通过语言把自己的思想、情感等表述、表达出来，并有效地显现、呈现给对方，也就完成了一次表情达意的过程，实现了交往沟通的目的。语言也借此实现了自身存在的价值。从这个意义上说，"表现"既是语言交往过程中，与表达和接收双方密切相关的语言之功用、价值或实质的体现，是语言的价值之所在，也是达至人类在交往实践中追求语言的目的与目标的意义之关键所在。即便是在语言产生后，非交际场合的个体的语言运用（如记写某内容等），也是一种"表现"，是一种现实态的表述、表达与未来态的显现、呈现，存在于现实与未来这一连续的"表现"过程中。

　　第二，"表现"是语言的底层本质逻辑运行的必然结果。语言的底层本质是实践，语言本生成于人类的交往实践活动。交往实践必然涉及人与人之间的双向交互关系，涉及人与人之间思想与情感的交流。也就是说，产生于交往实践中需要的语言，即是需要应用于交往实践过程中的语言，是应用于人与人之间的语言，也就是交往双方在表达与接收过程中的语言。语言的一般本质原本就反映在、表现在交往双方的表达与接收这一语言交往的过程中，而不是反映在、表现在这一过程中的某一方面的单一性能上。而在这一过程中，语言的本质又必然逻辑地具体地反映在、表现在语言在表达中的表述、表达性能上，与语言在接收中的显现、呈现性能上，亦即反映在、表现在整个语言交往过程中的"表"与"现"的性能上，简言之，即"表现"性能上。这使我们从中可以看到，"表现"是为语言的底层本质所决定的，是人类的交往实践需求逻辑运行的必然结果。

　　第三，从语言生态的两种存在状态——外在之域的语言与思想之域的语言——上看，语言实质上在其存在的每一种状态中，都凝聚着两种性能：既有"器"的性能的一面，又有"道"的性能的一面①。语言的"器"的性能的一面，即是语言能够充当桥梁、纽带与载体的工具性的一面，实际上也就是联通表达与接收的一面；语言的"道"的性能的一面，即是语言又可以反过来影响与制约人的思想行为的一面，实际上也就是以其显现或呈现的性能去影响、制约人的思想与行为的一面。二者同样反映出语言具有"表现"的性能。若从语言交往的表达与接收的过程上看，语言的"器"的性能，主要反映在语言的表述或表达功能中；语言的"道"的性能，则主要反映在语言的显现或呈现功能中，表现在它能反作用于人上。当然，这种区分的本身，是为了说清楚问题的需要而做出的一种大体上的相对性的区分。实际上，语言的表述或表达功能与语言的显现或呈现功能是紧密交织在一起的：一方面，从其存在形态上看，不管在语言存在的外现之域，还是在语言存在的思想之域，这两种性能都同时存在；另一方面，从其相互联系上看，表述或表达的同时，即含有显现或呈现的因素；显现或呈现的同时，又是另一种形式的表述或表达，二者紧密相联，共同存在于具体的语言实践（包括个人的语言运用实践）中。

在语言本质问题探索史上，有不少有关语言本质的论说之所以片面、不科学，很大程度上是没有从人的语言交往实践的完整过程出发，从语言的现实的存在状态出发去观察语言问题所致。在这一问题上，不管是单纯地认为语言的本质是陈述也好，描述也好，还是片面地强调语言决定性能也好，显现性能也好，都不同程度地存在着此种弊端。以在学界有相当影响的语言工具论与语言本体论为例，二者分别是从语言"器"的性能角度与"道"的性能角度出发，去论析语言的本质的。尽管二者各自都在一定程度上部分地揭示了语言的某些本质，但却由于二者均各自偏重于语言的一隅，既未从完整的语言实际交往过程出发去看语言的性能，又看不到二者在语言实践中的统一基础，而致使二者一直处于不相容的状态。而如果我们能从具体的语言存在状态出发，从具体的语言交往实践过程出发，去对问题进行整体思索，我们就可以发现，语言本来就既有"器"的性能的一面，又有"道"的性能的一面，二者本是共同地存在于一定的语言存在状态中，存在于一定的语言交往实践中。而"器"的性能与"道"的性能又都反映并统一于语言的"表现"性能中。这样，语言本质"表

---

① 详情可参阅于全有《语言底蕴的哲学追索——从传统语言本质论到层次语言本质论》第 2 章，中国博士学位论文全文数据库，2008 年。

现"说就在从人类的交往实践出发、从具体的语言交往实践过程出发的基础上，合理地吸纳了语言工具论与语言本体论之语言本质观中所能体现出来的合理内核，从而使二者在具体的语言交往实践过程及具体的语言存在状态中，获得了联通与统一。

三、语言的特殊本质

所谓的语言的特殊本质，指的是最接近语言现存生态的、语言最低的属，亦即语言本身所特有的、决定语言之所以为语言的那些性质、关系等，它是由语言内部矛盾肯定的方面所决定的语言在现存生态下的本质。

从现实的语言的语音形式与语言的意义内容的结合性上及其与所指称的事物的关系上看，语言具有符号的特征与性能，符号就是语言的特殊本质。

首先，从现存生态的语言的语音形式与语言的意义内容的结合状态上看，语言具有符号的性质。

符号本是用来指代事物的标记。凡符号，通常都应该具有如下两种特征：一是符号要有一定的形式与一定的内容，是形式与内容的结合；二是符号与符号所标记的事物之间，要有一种约定的关系（不是必然的联系，如不是"落叶"预示着秋至、"色衰"预示着年老的这种形式与内容间有必然联系的征候等）。符号有听觉符号（如说话声、音乐声等）、视觉符号（如手势、旗语、文字等）、嗅觉符号（如烟味、煳味等）、触觉符号（如盲文等）等多种。

语言具有符号所具有的上述两种基本特征。第一，语言有形式，有内容，是形式与内容的结合体。语言的形式是语音，语言的内容是语义，语言是语音与语义的结合体，亦即是一种音义结合体，或者说是一种音义结合的符号。语言符号的这种音义结合的紧密性，一如索绪尔所说的像一张纸的正反面那样紧密："语言还可以比作一张纸：思想是正面，声音是反面。我们不能切开正面而不同时切开反面，同样，在语言里，我们不能使声音离开思想，也不能使思想离开声音。"[14]158所谓的语言，在索绪尔那里，也就是"组织在声音物质中的思想"[14]157。第二，语言这种符号与所标记的事物之间的关系，也是一种约定的关系，任意的、约定俗成的关系。在语言符号中，用什么样的语音去表示什么样的意思，不是必然的，完全是偶然的、人为的任意约定。如汉语中的"shū"（书）音与所代表的"装订成册的著作"这一意义之间，就是任意约定的关系，而不是必然的关系。同样，英语中的［buk］（book）音与所表示的

"装订成册的著作"（即"书、书籍"）这一意义之间，也具有任意性的约定俗成的关系，偶然的关系，或叫不可论证的关系，而不是必然的关系。否则，就解释不了不同语言中的同一事物为什么音义结合又有不同。即使是语言中有一些拟声词（如汉语中表示滴水声的"叮咚"，表示猫叫声的"喵"等），确有其发音与意义间存在着某种相联系之处，但一是因其在语言中所占的比例较小，二是在不同语言中同样意义又有不同的声音去表示，实质上等于语言符号的音义结合还是具有任意性，因而改变不了语言符号的这种音义结合的任意性特征。当然，为什么一种语言符号音义间这样约定、另一种语言符号音义间又那样约定，它与具体语言的民族文化是什么关系等，则是有理据性的。但那已是另一方面的又一回事了，包括语言符号还具有的线条性、系统性、层次性等特点也是如此。

这也就是说，语言这种事物从其实际存在的生态状况看，它完全具有符号的特性，是一种音义结合的符号。这也是早已为历史上无数学人所认同的一种现实性的语言存在状态。

其次，语言具有音义结合的这种符号特征，归根结底，它是由建立在语言的底层本质基础上的、语言的一般本质逻辑运行的必然结果。

语言的底层本质实践，决定了为满足人类交往实践需求的语言之理想性与价值性的选择，使语言具有了"表现"这一一般本质特征。而语言的这一"表现"本质，又内在地催生了语言的特殊本质——"符号"。因为"表现"必然要求语言得有一定的物质形式去承载思想内容，亦即语言得是有形式、有内容的结合，还要适合交往中的实际需要，适合理想性的交往实际需要。真正意义上的语言符号之所以不同于手势语等符号，正在于手势语等符号虽然也具有一定的交往实践价值，但却不是理想性的交往实践运用符号。因为它的使用，要受到一定的时空条件的限制及表现方式的限制。而选择用音义结合形式的符号语言，则会有效地克服手势语等这样的符号在交往实践中所带来的弊端与不足，从而满足人类对语言的理想性与价值性的追求。而语言的底层本质实践，又为语言的这种理想性、价值性的本质追求的实现，提供了主客观条件，不仅在实践中让人具备了能够产生语言的必需的声音材料、意义要素，而且也使音义的结合以形成语言符号，成为了可能。因此，从这个意义上说，语言的符号特质，是由建立在语言的底层本质基础上的、语言的一般本质逻辑运行的必然结果。

从上述有关语言符号的论述中，我们可以清楚地看到，在最接近语言现存生态的意义上，语言是一种音义结合的符号，符号是语言的特殊本质。只不过，语言这种符号不同于其他各种符号的特殊之处，在于它是一种"音义结合"式的符号罢了。

四、语言本质层级系统的内在逻辑关系

综上所述，由语言的底层本质、一般本质、特殊本质而构成的语言本质整体，是一个有一定内在逻辑联系的、有层次的本质统一体。这三者既相互联系，又和谐共生，一同构成了语言本质的层级系统。语言三层本质及其所反映的层次关系，可以通过下图反映出来：

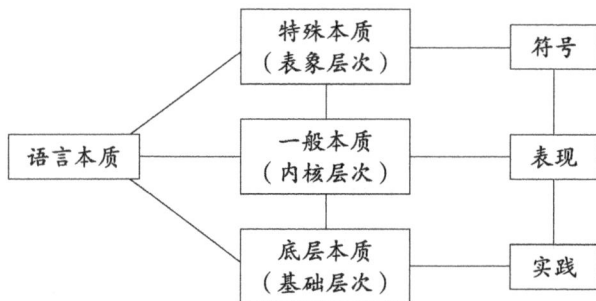

语言本质的层次、内容及层次关系图示

从语言三层本质的逻辑关系上看，语言的底层本质"实践"，是决定整个语言系统的性能与状况的根本所在。它逻辑地催生了具有理想性与价值性特征的语言的一般本质"表现"，并在此基础上，又支撑了语言的一般本质对具有现实性特征的语言的特殊本质"符号"的催生。反过来，从另一个角度说，语言的特殊本质"符号"，又是语言的一般本质"表现"的现实实现；而语言的一般本质"表现"，则又是语言的底层本质"实践"的理想性、价值性的诉求。从语言的三层本质的价值性能上看，"实践—表现—符号"这三者，既是语言本质逻辑性的层次反映，又是人的生存、实践与语言间的逻辑关系的反映；既是对语言历史的、现实的、未来的本质状态的系统反映，又是在实践基础上的对传统语言工具论、本体论、符号论等合理内核的合理吸纳与融通。

这样，语言的层次本质观便通过对语言本质的层次性建构，廓清了语言本质系统及其内在的逻辑关系，使有关语言本质问题的诸多认识相应地得到了进一步的清理与厘清。这为我们对"语言"内涵的进一步探讨与追问，奠定了必

要的理论基础与逻辑基础。

参考文献:

[1] 胡塞尔. 纯粹现象学通论 [M]. 李幼蒸，译. 北京：商务印书馆，1996.

[2] 高继平，高寒育. 新编语言学概论 [M]. 沈阳：辽沈书社，1990.

[3] 裴文. 索绪尔：本真状态及其张力 [M]. 北京：商务印书馆，2003.

[4] 钱伟量. 语言与实践：实践唯物主义的语言哲学导论 [M]. 北京：社会科学文献出版社，2003.

[5] 马克思，恩格斯. 德意志意识形态 [M] // 中共中央马克思恩格斯列宁斯大林著作编译局. 马克思恩格斯选集：第1卷. 2版. 北京：人民出版社，1995.

[6] 恩格斯. 自然辩证法 [M] // 中共中央马克思恩格斯列宁斯大林著作编译局. 马克思恩格斯选集：第4卷. 2版. 北京：人民出版社，1995.

[7] 恩格斯. 劳动在从猿到人的转变中的作用 [M] // 中共中央马克思恩格斯列宁斯大林著作编译局. 马克思恩格斯选集：第4卷. 2版. 北京：人民出版社，1995.

[8] 马克思. 1844年经济学哲学手稿 [M] // 中共中央马克思恩格斯列宁斯大林著作编译局. 马克思恩格斯全集：第3卷. 2版. 北京：人民出版社，2002.

[9] 中国社会科学院语言研究所词典编辑室. 现代汉语词典 [M]. 5版. 北京：商务印书馆，2005.

[10] 马克思. 关于费尔巴哈的提纲 [M] // 中共中央马克思恩格斯列宁斯大林著作编译局. 马克思恩格斯选集：第1卷. 2版. 北京：人民出版社，1995.

[11] 桂诗春. 新编心理语言学 [M]. 上海：上海外语教育出版社，2000.

[12] 鲁迅. 立论 [M] // 鲁迅. 鲁迅全集：第2卷. 北京：人民文学出版社，1981.

[13] 吕叔湘. 语文近著 [M]. 上海：上海教育出版社，1987.

[14] 索绪尔. 普通语言学教程 [M]. 高名凯，译. 北京：商务印书馆，2004.

（原刊《语言文学论丛》五，2012）

语言实践表现符号论的
理论基础与思维方式

摘要：语言实践表现符号论作为一种新的语言理念，是建立在对传统的相关语言本质理念扬弃的基础上而形成的层次语言本质论之基础上的。而导致这一理论基础形成的原动力与根本因素，是有关语言本质问题认识上的思维方式的转变。传统语言观对语言本质问题认识上的思维方式，很大程度上还停留在传统本体论哲学追求抽象同一的本质与抽象同一的原则、将决定一事物为该事物的本质理解为是单一性的这种思维方式上。而语言实践表现符号论则是建立在从人的社会实践活动出发去理解、认识事物的多层本质的实践思维方式上。这种致思途径，有益于克服传统语言本质观中存在的那种追寻抽象单一、脱离人与社会的语言本质思想，以便从根本上肃清并解决传统语言观中存在的诸多相关问题。

关键词：语言实践表现符号论；层次语言本质论；思维方式

语言观问题与对语言的本质认识紧密相联，历来是语言研究的重要核心问题。历史上，人类在有关语言本质问题的相关探索中，曾出现过语言工具论、语言符号论、语言世界观论、语言生物机体论、语言天赋论、语言本体论、语言社会现象论、语言行为论、语言认知能力论等种种比较有代表性的理性认识。近年来，笔者曾在相关研究的基础上，对语言的本质观重新进行了系统的层次性构建，认为语言本质是一个由底层本质、一般本质、特殊本质构成的层次性系统，语言的底层本质是人类的实践活动，语言的一般本质是表现，语言的特殊本质是符号，并以此为基础，提出"语言是人类实践活动的音义结合的表现符号"①。这一观点，后来在学界一些相关的文章中被简称为"语言实践表现符号论"。

近来有感于学界部分同道对语言实践表现符号论在理论基础、思维方式的转变上所涉及的一些相对深涩问题之逻辑理路的相关探寻及简易化的诉求，始感这一本在笔者前期的系列相关论著中已多有比较详细的论述的问题，有必要对其中所触及的几个核心问题的逻辑理路再做一相对简明、相对较易于把握的梳理阐释。

一、关于语言实践表现符号论的理论基础问题

语言实践表现符号论得以建立的重要理论基础，是建立在对传统的相关语言本质理念扬弃的基础上而形成的层次语言本质论。而层次语言本质论这一思想的形成，又源于相应的哲学思维方式指导下的对传统语言本质论理性认识上的转变。

传统的语言本质论对语言本质的认识，不论是语言工具论也好，语言符号论也好，还是语言本体论也好，语言世界观论也好，抑或是语言生物机体论、语言天赋论、语言社会现象论、语言行为论、语言认知能力论等种种其他诸论也好，其对语言本质的理解与认识，往往都是单一性质的。这种对语言本质的认识，实际上并不符合人们对客观事物认识上的客观实际，没有认识到事物的本质其实是有层次性的，自然也就难以认识到语言的本质其实也是有层次性的。

事实上，事物的本质本来应该是一个具有内在的统一性与内在的逻辑联系的、多层次的结构，它是具有层次性的。事物的本质的这种层次性，指的是某一事物的本质可能在事物的不同层次上表现出来，或者是揭示本质时，可能有不同层次的揭示与深入，可能有不同层次的划分。本质的这种层次性，源于事物的层次关系与属种关系的相对性与多样性及人们对事物本质认识的过程性 [1] 12—13，合乎认识论的一般原理。关于这一点，无论是从马克思对人的本质

---

① 详情可参阅：1. 于全有《语言底蕴的哲学追索——从传统语言本质论到层次语言本质论》，中国博士学位论文全文数据库，2008 年；2. 于全有《"语言"定义的重新定位》，《辽东学院学报》（社会科学版）2011 年第 2 期，58—61 页；3. 于全有《20 世纪以来人类有关语言本质问题的探索历程》，《辽东学院学报》（社会科学版）2011 年第 3 期，42—55 页；4. 于全有著《语言本质理论的哲学重建》，中国社会科学出版社 2011 年版，第 141—170 页。

所做的理想层面上的"自由的有意识的活动"这种人的类特性揭示[2]273、现实性层面上的"一切社会关系的总和"的这种人的特性的揭示[3]56，还是从列宁的"人的思想由现象到本质，由所谓初级本质到二级本质，不断深化，以至无穷"的论述中[4]213，我们都可以从中领悟到其对事物本质的理解上的层次性意识的影子。

从人类历史上已有的有关事物本质的理念上看，揭示与把握事物的本质的过程，实际上就是一个发掘事物或现象合乎逻辑的属或类的过程。在这一点上，从亚里士多德到黑格尔，从马克思到列宁，从古典哲学到现代形式逻辑，均大抵有过此类共性意识[1]8—14。

从哲学上看，事物的属性通常又是由系统属性、功能属性、自然属性这三个基本层次构成的。所谓的系统属性，指的是一种源于系统的关系属性，比如说"狗"属于"动物"等；所谓的功能属性，指的是事物经人类活动作用后的性能上的属性，比如说用狗来看门；所谓的自然属性，指的是事物自然具有的物质结构方面的属性，比如说事物的形状、颜色、味道、组织等。事物的上述种种不同层次的属性，既让我们看到了事物自身属性的相对多样性与层次性，也昭示着我们在思索、挖掘事物的本质时，必须要注意从整体上把握事物的本质，注意把握本质的层次性。我们对语言本质的思索与发掘，自然也不能从游离于事物本质的这种层次性属性之外去把握。

一般而言，事物本质的层次性可以反映在底层本质、一般本质、特殊本质这样三个基本层面上。底层本质属于事物基础层次上的本质，指的是托起一事物为该事物的底部层面上所蕴含的本质，它是种的最高的属或类，也称为形式本质，具有一定的相对性与多样性等特征。一般本质属于事物核心层次上的本质，指的是潜隐于同类事物背后，既为该事物的每一个现实的个体所不完全地表现，又在不断地趋近的那种性质（类本质）。它是事物未来状态下的本质，规定着该类事物的共性，具有理想性与价值性等特征。特殊本质属于事物表象层次上的本质，指的是作为种的事物或现象最低的属，是一事物自身所特有的、决定一事物之所以为该事物的那些性质、动作、关系等，它是事物在现存状态下的本质[1]14—16。比方说"驴车"，如果我们将其定义为"驴拉的载运车"的话，那么，驴车的最高的属便是"车"，这"车"就是它的底层本质或叫形式本质；"载运"就是驴车的一般本质，具有理想性、价值性等特征；"驴拉"则是驴车的特殊本质，具有现实性等特征。事物本质的上述这种层次性特征，与前文提到的事物属性的一般层次特征之间，具有内在的、大体相应的联通关系。

按照这种本质的层次性理念，语言本质在逻辑上自然也可以有底层本质、一般本质、特殊本质等层次之别。语言的底层本质自然也是属于语言的基础层次上的本质，指的是托起语言之为语言的这种底部层次上所蕴含的本质，也就是跳出语言本身来看支撑语言的底层之本质。它是语言最高的属或类，是语言的形式本质[1]142。语言的一般本质属于语言本身核心层次上的本质，它指的是潜隐于语言现象中，既为语言的每一个现实的个体所不完全地表现，又在不断地趋近的那种性质（类本质）。它规定着语言的共性，使语言万变不离其宗。语言的一般本质是语言未来状态下的本质，具有理想性与价值性等特征[1]157。语言的特殊本质属于语言的表象层次上的本质，指的是最接近语言现存生态的、语言最低的属，也就是语言本身所特有的、决定语言之所以为语言的那些性质、关系等，是语言在现存生态下的本质[1]160。

依照上述这种语言层次本质之原理，根据我们的系统考查[1]142—163，语言的底层本质是人类的实践活动（简称"实践"），这不仅可以在相对宏观的层次上，从语言是人之所以成为人、成为有别于其他动物的社会性意义上存在的人的重要标志上，可以反映出语言的人之属性，而且更可以在相对具体的层次上，从发生于人类自身有别于动物的存在方式——实践——活动中的交往实践的需要对语言的催生上，从人类实践活动的发展是语言发展的源头活水上，从人类的实践活动是语言习得的基础上，从人类的实践活动是语言应用的基础与准绳上，多角度、多层次地更进一步反映出语言的人类实践活动之属性，即语言的底层本质——实践之属性；语言的一般本质是表现（"表"为"表述""表达"，"现"为"显现""呈现"，简称"表现"），这不仅可以从人与人之间交往沟通的目的，表达与接收的过程、价值、目标上，可以反映出语言的表现之本质，而且还可以从语言"器"的性能上能够成为联通表达与接收的桥梁与纽带的这种工具性上，从语言"道"的性能上能够以其呈现或显现的功能反过来影响与制约人的思想行为的这种反作用性上，反映出语言的表现之本质，还可以从源于语言的底层本质中的交往实践的逻辑运行，必然要求交往实践中的语言之理想性与价值性的选择是能用于人与人之间的具有表达与呈现接收这样功能的语言上，反映出语言的一般本质——表现之属性；语言的特殊本质是符号，这不仅可以从现存生态的语言之音义结合状态上，反映出语言具有符号之本质属性，而且也可以从建立在语言底层本质"实践"之基础上的语言一般本质"表现"这一属性得以实现的现实存在载体的必然需求上，反映出语言在现存生态上具有可以承载思想内容的特殊本质——符号之属性。

上述这三大层次的语言本质构成了一个有关语言本质问题的整体，形成了一个与事物的一般属性层次相应的、具有一定的内在逻辑关联的、有层次的语言本质系统。由语言的底层本质、一般本质、特殊本质这三层语言本质所构成的"实践—表现—符号"系统，既是对语言的底层本质、一般本质、特殊本质这三重本质逻辑性的层次反映，又是对语言的底层本质、一般本质、特殊本质这三重本质序列间的逻辑催生关系与实现关系的反映，也是人的生存、实践与语言间的逻辑关系的反映。同时，它还是对语言历史的、未来的、现实的本质状态的反映，也是建立在人类实践活动基础上的对传统的语言工具论、语言符号论、语言本体论等语言本质观的合理内核的合理吸纳与融通的反映。

这为建立在此理论基础之上的关于"语言"概念的再探讨与重新定位打下了坚实的基础。也正是在此理论基础上，我们通过对所搜集到的近百余年来中外比较有代表性的关于语言的一百二十余种定义中对语言本质揭示情况的比较分析，依据下定义的基本要求与基本规律，对语言的概念重新进行了定位，认为"语言是人类实践活动的音义结合的表现符号"。

二、关于语言实践表现符号论的思维方式问题

尽管语言实践表现符号论赖以形成的理论基础是层次语言本质论，而层次语言本质论这一思想的形成又直接源于对传统语言本质论理性认识上的转变，但尚未触及本理论更根本的层次上。导致形成语言实践表现符号论更深层次的原动力与根本因素，是语言哲学研究上的思维方式的转变。

在人类几千年来有关语言本质问题的探索历程中，不管是以索绪尔等为代表的语言符号论也好，以列宁、斯大林等为代表的语言工具论也好，还是以洪堡特等为代表的语言世界观论也好，以乔姆斯基等为代表的语言天赋论也好，包括以施莱歇尔等为代表的语言生物机体论也好，以海德格尔、伽达默尔等为代表的语言本体论也好，以斯大林等为代表的语言社会现象论也好，以奥斯汀等为代表的语言行为论也好、以帕默尔等为代表的语言声音论也好，直至以莱考夫、约翰逊等为代表的语言认知能力论等，其对语言本质的理解与认识，往往都是单一性质的。这种状况的出现，归根结底，与这些传统语言本质论对语言进行理性思索时的哲学思维方式有着很大的内在联系。这些理论在对语言本质问题理性思索时的思维方式，很大程度上还是或停留在传统本体论哲学追求

抽象同一的本质与抽象同一的原则、将决定一事物为该事物的本质理解为是单一性的这种思维方式上。这也是传统语言本质论所存在的若干弱点与不足中，最根本性的，也是最致命的地方。

所谓的传统本体论哲学的思维方式，通常是一种从预先设定的"本体"出发，去理解存在、把握现实的思维方式。这种思维方式一般的致思路径是：先是把现实的事物归结为它的初始本原或本真状态、绝对本性，然后再以它为根据去认识、理解现实事物，即是一种看重先定的抽象原则、从第一原理出发去推论现实的方法。这种思维方式把抽象的原则看得比生活更真实、比现实更重要，在原则与生活、真实发生矛盾时，常常以唯一不二的原则去修正生活的情况。而这种思维方式在涉及对事物本质的认识理解时，又采取把事物分裂为本体界与现象界、再归结为单一本质的存在的方式（裂二归一方式），追求抽象同一的本质与抽象同一的原则，把丰富多样、复杂矛盾的事物归结为单一性和绝对化的本质，而很难容忍两重化、对立性、矛盾关系的本质存在。即或承认这些情况的存在，也只肯定于现象界而不允许其进入最高的本体界。显然，按照这种传统的本体论哲学思维方式去思考、分析、解决问题，必然会造成理论脱离现实、脱离真实的生活实际、抽象化等弊端[1]133—134。

从前文所及的以语言工具论、语言符号论、语言本体论等为代表的种种传统语言本质论的基本理论、核心理念上看，这些传统的语言本质论，从哲学思维方式的角度审视，无疑已深深地折射出传统本体论哲学思维方式的影子。尽管这些理论观点所出现的时代、背景、理论基础并不一定相同，其创立者也并不一定对自己的哲学思维方式有过明晰的理性意识或理性自觉。比如说，以索绪尔为代表的语言符号论之语言本质观为例，该理论不仅在将语言的本质归结为单一性质的"符号"上，尽显其追求抽象同一的本质与抽象同一的原则、将决定一事物为该事物的本质理解为是单一性的这种传统的本体论哲学思维方式，而且在其一系列的语言与言语、共时与历时等二元对立思维后，对语言学的研究对象所做的"语言""共时"等选择中，也可以明显地体味出传统本体论哲学的那种追求抽象同一的本质与抽象同一的原则之思维方式对其理论思维的影响。

语言实践表现符号论的确立，正是建立在对种种传统语言本质观及其思维方式之不足的变革的基础之上的。语言实践表现符号论的哲学思维方式是实践思维方式。

实践思维方式作为马克思主义哲学的精髓，是其区别于以往旧哲学的根本所在。这种思维方式是从人的活动出发，从人的历史和现实的真实本质出发，去认识、理解世界，把实践作为理解、认识、解决一切哲学问题的出发点和立足点，从而彻底地改变了传统的思维方式，建立起了新的实践思维方式。在这种实践思维方式下，不仅传统思维方式不能解决的自然世界与属人的世界对立而不能统一问题在人的实践活动中得到了统一，而且以往笼罩在哲学世界中的种种诸如思维与存在、物质与精神、主观与客观等矛盾分歧问题，都将在实践的基础上得到合理的化解与消弭，达至深层次的统一[1]134。

立足于这种实践思维方式之上的实践语言观认为，语言是一种实践的、现实的社会意识，它首先是一种具有物质属性的社会交往实践活动，是社会关系、交往形式的产物。从根植于交往实践基础上的现实的人的语言交往活动出发去理解、认识语言问题，是这种语言观的出发点与立足点[1]127-136。这种特别注重从现实的人的语言交往活动出发去理解、认识语言的思考问题的立场、观点、方式，恰恰是许多传统语言观在理解、认识语言问题时的不尽如人意之处，更具有旺盛的理论活力与思想的穿透力。依据这种实践的思维方式去观照历史上已有的种种传统语言观，我们不难发现，原来许多问题的症结，恰恰是由于看问题的不同思维方式造成的。比方说，以索绪尔为代表的语言符号论之语言本质观、以乔姆斯基为代表的语言天赋论之语言本质观，以及以海德格尔、伽达默尔为代表的语言本体论之语言本质观等，它们在一定程度上都存在着脱离人的现实的语言交往活动去抽象地论说语言问题。当索绪尔把语言和言语加以分离，只是在就语言而研究语言时，当乔姆斯基宣称人脑先天地存在一种语言能力时，当海德格尔把言说归结为抽象玄奥的大道之言时，当伽达默尔提出"语言向我们诉说"比起"我们讲语言"在字面上更为正确时[5]625，这种因看问题的不同思维方式造成的、抛开具体的语言实践去抽象地谈论语言或谈论抽象的语言的做法，其看问题的结论在某种程度上带有一定的脱离语言实际、脱离语言实践的片面性，便实属难以避免了。现实往往是：理论是一回事，理论能不能和实践相契合细究起来就可能又是一回事了。关键在于审视问题视域的维度与高度。

参考文献：

[1] 于全有. 语言本质理论的哲学重建 [M]. 北京：中国社会科学出版社，2011.

[2] 马克思. 1844年经济学哲学手稿 [M] // 中共中央马克思恩格斯列宁斯大

林著作编译局. 马克思恩格斯全集：第3卷. 2版. 北京：人民出版社，2002.

　　[3] 马克思. 关于费尔巴哈的提纲 [M] // 中共中央马克思恩格斯列宁斯大林著作编译局. 马克思恩格斯选集：第1卷. 2版. 北京：人民出版社，1995.

　　[4] 列宁. 黑格尔《哲学史讲演录》一书摘要 [M] // 中共中央马克思恩格斯列宁斯大林著作编译局. 列宁全集：第55卷. 2版. 北京：人民出版社，1990.

　　[5] 伽达默尔. 真理与方法：哲学诠释学的基本特征（修订译本）[M]. 洪汉鼎，译. 北京：商务印书馆，2007.

（原刊《沈阳师范大学学报》社会科学版2014年第6期）

"语言"定义的重新定位

摘要：现有的有关"语言"的定义，有语言工具说、符号说、本能说、世界观说、社会现象说、存在说、行为方式说，以及表述说、表达说、词语规则说、系统说、活动说、信息说等种种说法。虽然现有的诸种说法在一定程度上都有正确地反映了语言的某种本质或性能的一面，但却因思维方式及视域所限，不可避免地还存在着一些诸如不能系统、深入、恰切地反映语言的真正本质等不尽如人意的地方。依据笔者提出的层次语言本质论之理念，自然语言意义上的"语言"的定义应该按照语言的底层本质（基础层次）、一般本质（核心层次）、特殊本质（表象层次）之层次本质观念，重新做如下新的界定：语言是人类实践活动的音义结合的表现符号。

关键词：语言；语言本质；实践；表现；符号

探讨"语言"的定义问题，实际上就是要回答语言到底是什么的问题。这需要我们在对已有的传统的"语言"概念进行过比较系统的梳理、分析与考察后，才能做出适切的回答。

一、传统"语言"概念论析

历史上，有关"语言"的定义百态千姿，十分繁杂。潘文国曾在其《语言的定义》一文中，搜集整理了19世纪前期至今一百六十余年间有关"语言"的有代表性的定义六十余种[1]。其实，这只反映了这期间林林总总的有关语言的比较有代表性的定义的一部分。根据我们的考察，仅近百年来，有关"语言"的定义比较有代表性的，起码已逾百种。这里，我们在潘文国先生的基础上，爬梳剔抉，广罗典例，整理出自19世纪初叶至今百余年间中外有关"语言"的比较有代表性的定义一百二十余种[2]。这一百二十余种有关"语言"的定义，为我们分析、考察、评价传统"语言"定义的实际状况，提供了比较可靠的依据与基础。

从这一百二十余种语言的定义所涉及的内容与范围上看，这些有关语言的定义大体涉及了语言工具说、符号说、本能说、世界观说、社会现象说、存在说、行为方式说，以及表述说、表达说、词语规则说、系统说、活动说、信息说等十几种说法。如列宁、斯大林、王力、叶蜚声与徐通锵、张志公、金岳霖等中外许多专家都曾认为语言是工具（包括交际工具、思维工具、表达工具等），索绪尔、哈里斯、王振昆、胡明扬、王希杰、徐通锵、许国璋、陆俭明、戚雨村等都曾认为语言是符号系统，缪勒、乔姆斯基等曾认为语言是本能，申小龙等曾认为语言是世界观，斯大林、陈嘉映等曾认为语言是社会现象，刘易斯、韩礼德、赵元任等曾认为语言是行为方式，艾斯勒曾认为语言是表述，斯威特曾认为语言是表达，邢公畹等曾认为语言是词语和规则，霍凯特、本弗尼斯特等曾认为语言是一种系统，马林诺夫斯基、叶斯柏森等曾认为语言是一种活动等[2]。这些说法，差不多涉及了人类对语言本质及其相关性质的认识所能达到的视域与维度。

从这一百二十余种语言的定义对语言是什么的揭示方式上看，下定义人在对语言的定义方式上，一般采用如下几种方式：

一是单一性质揭示式。这种方式通常是抓住语言的自然性能或社会性能、人文性能中的某一方面为主去揭示语言。如列宁把语言定义为"人类最重要的交际工具"[3]508，霍凯特把语言定义为"一个复杂的习惯系统"[4]151，就分别是在揭示语言的工具性、系统性的基础上，形成的定义。

二是综合性质揭示式。这种方式通常是把语言的不同角度的诸多本质或性能，通过一句话的形式综合性地表现出来。如胡明扬把语言定义为"一种作为社会交际工具的符号系统"[5]4，就综合了语言是一种交际工具、是一种符号系统这两种认识；王希杰把语言定义为"作为思维工具、交际工具、文化载体的语言，是一种具有自我调节功能的和非体系特征的，处在不断地从无序向有序运动过程之中的、动态平衡的、多层次的音义相结合的复杂的符号体系"[6]67，则综合了语言是一种工具、是一种符号系统，加上语言的自我调节性与非系统性、运动特点、层次性等特征；蔡富有把语言定义为"语言是人类特有的一种天赋能力和习得机制，一套声音符号系统和文字符号系统，逻辑符号系统和规则符号系统；是交际的工具、思维的工具和认知的工具，文化的载体和信息的载体；是具有普遍性与多样性、有限性与生成性、任意性与约定性、稳定性与变异性、经济性与规范性、开放性与发展性、人文性与自组织性的社会化的复杂系统"[7]179，更是综合了语言天赋说、符号系统说、工具说，以及语言的普遍性与多样性、有限性与生成性、任意性与约定性、稳定性与变异性、经济性与规范性、开放性与发展性、人文性与自组织性等属性。

三是罗列并举性质揭示式。这种方式是看到了语言的多种本质或性能，但却不是将其综合到一起（可能认为也不好综合），而只是对语言的诸多本质或性能采用并列式的方式一一列举出来。如彭克宏主编的《社会科学大辞典》就在语言是"人类社会最重要的交际工具"后，在说"语言是一种极为复杂的现象"时，罗列并举了七个反映语言不同侧面的说法："（1）语言是人类区别于动物的最主要特征之一；（2）它是人与人之间维持社会联系和传递信息的最重要渠道；（3）它是一种社会现象，一种代代相传的文化行为；（4）它是记录、划分、解释经验的工具，认识世界的手段；（5）它是思维活动或表达思想的媒介；（6）它是一个约定俗成的符号系统；（7）它是一种能力，一个支配着运用的规则系统"[8]903。而对"语言"含义列举最为繁杂的，是英国学者戴维·克里斯特尔所编的《现代语言学词典》中对不同语言内涵的列举：

> 语言　这一名称的日常用法有好几种不同涵义，语言学小心地加以区分。在最具体的层次上，语言指在一特定情景中说话、书写、打手势这些具体的行为，这是PAROLE（言语）或语言运用的概念。个人在特定时间和地点使用的语言，作为其基础的语言系统称作个人方言；由此又扩展到对个人语言的全部（如"莎士比亚的语言"）作共时分析。言说/书写的某一变体或层次也可称作"语言"（如"科学语言"，"坏的语言"），这又与社会语言学或风格学的限制性有关，这种限制性体现在"贸易语言"、"为专门目的的语言"教学（应用语言学）等名称中。在计算语言学中，一种语言变体可称为"子语言"。在"第一语言"、"英国语言"这样的名称中，"语言"的涵义是处于一个社会整个集体言说/书写行为背后的抽象系统（LANGUE（语言）的概念），或是个人掌握的关于这个系统的知识（语言能力的概念）。在最近的乔姆斯基式语言学中，区分视作心理成分的语言（I-语言）和视作独立于心理的语言（E-语言）。语言这一概念可以有共时涵义（如"今日英语"）也可以

有历时涵义（如"乔叟以来的英语"）。可以作高一层的归并，如"诸罗曼语"、"诸克里奥耳语"这样的名称。所有这些例子都可归在"自然语言"的名下，与各种人造系统相对立，后者或为阐释概念域（如"形式"、"逻辑"、"计算机"语言），或为提高信递效率（如世界语）。

与这些个别语言、方言、语言变体等实例相对立，还有一个抽象意义上的"语言"，指使个人能学会和使用其语言的生物天赋，这已隐含在心理语言学"语言获得机制"的概念中。在一个同样抽象的层次上，"语言"被视为人类的一个定义特征——所有言说/书写系统的普世特性，特别体现在"设计特征"（如能产性，双层性，可学性）或"语言共相"（形式共相，实体共相等）的名称中。但是语言学并不随大众用"语言"指言说和书写以外的人类其他信递方式（虽然有"身势语"、"眼色语"这种名称），因为这种行为方式属于另一种性质（如按照能产性和双层性的标准）。"语言"一般也不用来指自然界动物的信递[9]197。

这里，该书不厌其烦地列举了最具体层次上的语言、个人方言、个人全部语言、言语/书写层次的语言、子语言、第一语言、自然语言、抽象意义上的语言等种种情况与特征。

上述这些定义在语言内容与范围及表述方式上，虽然都有在一定程度上正确地反映了语言的某种本质或性能的一面，但却因思维方式及视域所限，不可避免地还存在着一些不尽如人意的地方。其所存在的问题主要有三个：

一是这些定义很少能恰切而又比较简洁地揭示出语言的本质特性。如有的定义虽得于简洁（如单一性质揭示式），但却失于对语言的本质功能缺少比较恰切、完整的揭示；而有的则恰好相反，虽然想要相对比较全面地揭示语言的本质功能（如综合性质揭示式），但却失于过繁，主要本质功能显示得不清晰，又不简明。

二是对语言的真正本质尚欠更深入、系统、全面、内在的理解与把握，如出现对语言不同侧面的各种不同的理解，甚或是出现彼此间有矛盾的定义（如语言的本能与非本能性质问题等），还有的认为有关语言许多局部方面性能的说法都有道理，于是便采用避难就便、回避矛盾的方式，不分主次，不分巨细，一股脑地将所涉及的有关语言的认识全搬过来，一并罗列到一起，推给读者，令人难得要领。

三是部分定义反映出一些定义者的思考问题的方式存在着不足。如带有单一性质的揭示语言内涵的部分定义，思考问题的方式在很大程度上忽视了语言的层次性性质；罗列并举性地揭示语言内涵的，也在很大程度上显示出定义者对语言定义的理解是：将语言所有的部分性能合到一起，就等于揭示了语言的真实内涵了。实际上，下定义是对事物本质的揭示，而并不是对事物的非本质性内涵的罗列。这正如潘文国所说的那样：给语言下定义，如果"抓住了本质，一两条也许就够了；抓不住本质，讲十多条也还是多余的"[1]。

二、"语言"定义的重新定位

任何一种"语言"定义的获得，都需要在一定的语言观指导下来进行，都是一定的语言观下的产物。

蔡富有曾在《语言哲学对话》中说："现在给语言下定义应该具备三个科学的前提：一、新的语言观，即对现有语言观进行综合、扬弃、升华、发展，形成新的语言观。二、对语言本质较为全面、系统的科学的揭示。三、语言哲学的全新视野。当然，完全做到这样是不容易的，但是接近还是可能的。"[7]178笔者对历史上已有的语言本质观的系统考察及对语言本质理念的新的探究[2]，使我们有了进一步做好这种接近性的工作的基础。

根据笔者对语言本质的揭示[2]，自然语言意义上的"语言"，具有底层本质（基础层次）、一般本质（核心层次）、特殊本质（表象层次）之诸层次本质。语言的底层本质是人的实践活动（简称"实践"），这可以从语言的产生与实践、语言的发展与实践、语言的习得与实践、语言的应用与实践等多层次、多角度反映出来。语言的一般本质是表现（"表"为"表述""表达"，"现"为"显现""呈现"），这可以从语言表达与接收的过程及不同语域的语言存在之不同方式上反映出来。语言的特殊本质是符号，这可以从语言的音义结合等特性上及与一般符号特点的比较上反映出来。其中，语言的底层本质是语言其他层次本质的基础，也是联通人与语言的根本纽带与基础。同时，它也是决定整个语言系统的性能与状况的根本所在。它逻辑地催生了具有理想性与价值性特征的语言的一般本质"表现"，并在此基础上，又支撑了语言的一般本质对具有现实性特征的语言的特殊本质"符号"的催生。"实践—表现—符号"这三者，既是语言本质逻辑性的层次反映，又是人的生存、实践与语言间的逻辑关系的反映；既是对语言历史的、现实的、未来的本质状态的系统反映，又是在实践基础上的对传统语言工具论、本体论、符号论等合理内核的合理吸纳与融通。

这个结论的得出，本是建立在与传统语言本质论之语言本质观不同的哲学基础上的。而这种新的语言本质论的提出，实际上也是在合理地吸纳了传统语言本质论合理内核的基础上，对语言本质所做出的一种比较全面、系统的揭示。这是我们重新审视并重新给出一个关于"语言"的新的定义的基础。而这种新的"语言"之定义的揭示，从理性上说，必须要能包容并涵盖语言的层次本质系统，体现出语言之为语言的根本规定性，而并不是不分主次、事无巨细地眉毛胡子一把抓。

定义是对事物本质的揭示，给语言下定义自然也应该是对语言本质的揭示。按照一般的下定义的模式，给语言下定义，其结构应该是"语言是什么"。我们在给语言下定义、对语言进行本质性揭示时，自然也要依据此模式。道理很简单，因为这个模式既合乎人们给语言下定义的实践习惯与理解习惯，也合乎这个结构本身内蕴的逻辑结构本质。因为"语言是什么"这个结构在语法里，本是一个主谓结构（"语言"是主语，"是什么"是谓语）。而"谓语"（predicate）在英语中本有"本质""本性"之意[10]30。这样，"语言是什么"这个问题的自身，从某一角度上说，也就是要求做出一个关于"语言"的本质性回答。如果再进一步细化，涉及本质部分的谓语"是什么"，还可以进一步分为"是"与"什么"两部分（英语中的系表关系结构）。系词"是"在西方的某些语言中本有"存在"意义，起联系（或"采集"）主表到一起的作用。这样，"语言是什么"这一结构所要求的本质性回答，自然就反映在"什么"里了。

这样，我们可以依据上述认识，先初步地给出一个广义的"语言"定义：语言是人类实践活动的表现符号。

这个定义之所以说是广义的，是因为它虽然包含了我们所新揭示出来的语言的层级本质，但却也能包括自然语言符号外的其他人类表意符号。如果把语言限定在不同于其他符号的自然语言方面，按照下定义的一般规则——属加种差的方法，则还需要对语言这种符号做出种差的限定。语言符号不同于其他人类一般表意符号的最大区别之处在于：人类的语言符号是一种音义结合式的表意符号。

这样，我们便可以在此基础上再给出一个自然语言——亦即狭义的"语言"——的定义：语言是人类实践活动的音义结合的表现符号。

参考文献：

[1]潘文国. 语言的定义[J]. 华东师范大学学报（哲学社会科学版），2001（1）：97—108，128.

[2]于全有. 语言底蕴的哲学追索：从传统语言本质论到层次语言本质论[D]. 长春：吉林大学，2008.

[3]列宁. 论民族自决权[M]//中共中央马克思恩格斯列宁斯大林著作编译局. 列宁选集：第2卷. 2版. 北京：人民出版社，1972.

[4]霍凯特. 现代语言学教程[M]. 2版. 索振羽，叶蜚声，译. 北京：北京大学出版社，2002.

[5]胡明扬. 语言和语言学[M]. 修订版. 北京：语文出版社，2004.

[6]王希杰. 修辞学通论[M]. 南京：南京大学出版社，1996.

[7]于根元，等. 语言哲学对话[M]. 北京：语文出版社，1999.

[8]彭克宏. 社会科学大词典[M]. 北京：中国国际广播出版社，1989.

[9]克里斯特尔. 现代语言学词典[M]. 沈家煊，译. 北京：商务印书馆，2000.

[10]陈小文. 语言是存在的家[M]//湖北大学哲学研究所《德国哲学》编委会. 德国哲学论文集：第12辑. 北京：北京大学出版社，1992.

（原刊《辽东学院学报》社会科学版2011年第2期）

关于索绪尔语言观探讨中
几个问题的再认识[*]

摘要：如何正确地理解、认识索绪尔语言观的本真状态及其与相关语言理念的差异等问题，对于推动语言观研究的科学发展与进步，具有十分重要的启发意义。索绪尔的语言观自有其合理内核的一面，它与马克思主义的语言观本是有区别的两种不同的语言观。索绪尔语言观的辩证性，需要做具体问题具体分析。对于索绪尔区别语言与言语并把语言作为唯一对象的语言学研究过程中，是否有研究上的先后次序之"辩证的"观念等问题的理解，需要将其置于索绪尔学说本身的具体语境与相关语言观念中去把握、解读。

关键词：索绪尔；语言观；语言；言语；思维方式

语言观问题作为语言学研究中的一个重要的核心问题，历来受到学界的关注。与现代语言学之父索绪尔的语言观有关的探讨与研究，尤为如此。

笔者曾在《现代语言观理性重建的逻辑基础》一文中提出：以往的现代语言观某种程度上存在着脱离现实的人、现实的人的社会交往实践的抽象化的误区，这主要表现在以索绪尔、乔姆斯基等为代表的一批语言哲学家排斥个人的、现实的言语行为和应用研究，把语言学的研究局限于抽象的语言结构或语言能力上，以及以胡塞尔、海德格尔、伽达默尔等为代表的一批语言哲学家将语言置于本体论的位置，把语言看成是可以凌驾于人的现实生活之上的抽象的存在物上。而事实上，人类的任何语言现象与语言活动都建立在人类的社会交往实践的基础上。马克思主义的语言观是一种实践唯物主义的语言观，它在对

---

* 本文收入本书时，个别地方依原手稿有所补充。

存在着抽象化误区的现代语言观的理性重建中，具有十分重要的基础地位与指导意义[1]。对此，学界有人认为，笔者在文中"引用大量证据，认为索绪尔等语言学家把语言从实践中抽象出来了，只有马克思主义实践性语言观念才成为现代语言观念重建的逻辑基础。我们认为没有必须（此处'须'字疑为'要'字，引者注）把它们对立起来。其实，索绪尔区分抽象的语言和具体的语言，并且优先探索抽象的语言系统，这种语言观念是辩证的，并且在研究过程中是有先后次序的"[2]。

　　学术上的不同意见及相关讨论，本是一种很正常的现象。一些在我看来属于是对自有公论的问题上的一些不同认识，作为当事人，不一定对不管是什么样的不同认识都有必要去置评一下。不意近来在我对上述这种不同认识早已没有多少印象的时候，几次在相关语言观问题讨论中被阅读到相关文献的后生们问及我对此不同认识的理解与看法，始感对其或有澄清一下之必要。这里，笔者在对学术上的不同意见的交流与讨论表示欢迎的同时，拟对此前曾出现的这种有关索绪尔语言观问题上的一些不同的认识略陈己见，并就教于识者。

一、关于索绪尔的语言观念的"辩证"性问题

　　索绪尔区分语言、言语，把语言从言语活动中抽象出来作为其语言学的唯一研究对象等，这已是一般相关学者耳熟能详的基本状况，无须赘言。尽管索绪尔的语言观本身自有其辩证性的一面、具有一定的合理内核的一面，但认为"索绪尔区分抽象的语言和具体的语言，并且优先探索抽象的语言系统，这种语言观念是辩证的"，给人以索绪尔的这种语言观念本身已经是很辩证的了，好像没有必要对此再做其他的观照、分析及相应的拓新建设似的。倘如是，应当说，这就需要对索绪尔的语言观的优长与不足等这个问题做进一步深入的分析与探讨了。

　　比方说，语言到底是如何存在的？语言研究到底能不能完全脱离言语？到底应该怎样正确地理解语言和言语的关系？索绪尔的语言学把语言作为唯一的研究对象，这意味着对语言的研究和对言语的研究一定是有语言在先、言语在后的次序的吗？我们对语言内在规律的探讨到底应该先从哪里入手？到底什么是语言的本质？探讨语言本质的逻辑起点是什么？索绪尔对语言本质的理解属于是对语言什么层次上的理解？索绪尔对语言思索的思维方式是什么？这跟马克思主义语言观的思维方式到底是不是一样的？二者对语言的思索到底有没有

差别与不同？如有，是什么样的差别与不同？根源是什么？索绪尔对语言的思索到底存不存在什么问题？为什么？特别是在探索问题的前提与基础——哲学思维方式上，需要厘清索绪尔的语言观所透露出的传统本体论哲学的思维方式跟马克思主义语言观的实践思维方式到底有什么区别与不同，以及厘清索绪尔语言观的思维方式到底会导致存在什么问题等（不少状况笔者在一些相关著述中已有相关阐述，这里不再赘述）。只有厘清了这些问题，才有可能看清索绪尔语言观中所存在的合理内核到底是一种什么层次与意义上的合理内核，才有可能看清所谓的索绪尔的"语言观念是辩证的"到底是在什么层次与意义上是"辩证的"。否则，探讨相关问题时，还是很容易不自觉地囿于旧有的认知旋涡而跳不出原来的圈子。

由于上述说索绪尔的语言观念"辩证"者没有详细说明其所理解的索绪尔之语言观到底是如何辩证的，这里只能就其现有所述，略做分析。我们认为，索绪尔区分抽象的语言和具体的语言（即区分语言和言语），包括区别共时和历时等，无疑是有其辩证性的一面的。若将他把语言作为语言学的唯一研究对象的这种做法的本身，理解为就是一种"优先探索"，也当有无可厚非之处。但若将"索绪尔区分抽象的语言和具体的语言，并且优先探索抽象的语言系统"看成是"辩证的"，其辩证性的状况恐怕就不好概而论之，而是需要具体问题做具体分析了。上面已说过，索绪尔区分抽象的语言和具体的语言，本身有其辩证性的一面。但他将语言作为他所建立的语言学的唯一的对象，将言语排除在他所建立的这种语言学的大门之外，这种做法到底辩不辩证，语言研究到底能不能与言语截然分开，这种思维方式到底存不存在什么问题，索绪尔学说到底存不存在为学界所诟病的"合理的划分"与"不合理的割裂"[3]39等问题，恐怕就仁者见仁、智者见智了。

实际上，索绪尔本人在其一开始对语言学的对象进行选择时，他的相关感觉也并不是一副尽如人意之状。他曾对此说道："我们无论从哪一方面去着手解决问题，任何地方都找不着语言学的完整的对象；处处都会碰到这样一种进退两难的窘境：要么只执著于每个问题的一个方面，冒着看不见上述二重性的危险；要么同时从几个方面去研究言语活动，这样，语言学的对象就像是乱七八糟的一堆离奇古怪、彼此毫无联系的东西。"[4]15—16而当他决定选择以语言为研究对象，"一开始就站在语言的阵地上，把它当作言语活动的其他一切表现的准则"的时候，他又说："事实上，在这许多二重性当中，看来只有语言可能有一个独立的定义，为人们的精神提供一个差强人意的支点。"[4]16从

"冒着看不见上述二重性的危险"的"窘境"去做选择，到选出"一个差强人意的支点"，索绪尔的将语言作为其语言学唯一的研究对象的这种选择，在他本人的思想意识中，其辩证性上还蕴有一丝可能要"冒着看不见上述二重性的危险"的担心。遗憾的是，后来的相关实践证明，这种当年索绪尔不愿意看到的担心状况不仅还是从这里潜伏了下来，而且也使索绪尔的学说因此而留下为后人所诟病的病根。

我们认为，索绪尔的语言观念既有其辩证性的一面，也存在着其片面性的一面。以上面提到的索绪尔对抽象的语言和具体的语言的区分（即语言和言语的区分）为例，索绪尔首先从语言现象出发，看到"语言现象"总有两个既"互相对应""其中的一个要有另外一个才能有它的价值"，又"关系非常密切，很难把它们截然分开"[4]14—15的方面，即语言和言语，并在他所认为的"就像是乱七八糟的一堆离奇古怪、彼此毫无联系的东西"这种言语活动现象中，将语言和言语区分开来，这本身自有其辩证性的一面，合乎辩证法的一面，这一点是值得肯定的。但这并不等于说索绪尔正确地区分了语言和言语后的具体相关研究的实践操作也一定都是辩证的。索绪尔恰恰是在辩证地区分了语言和言语后，在其语言学研究对象的建构中，将这种区分绝对化了，片面地强调他所构建的这种语言学只把语言作为唯一的对象，片面地强调"语言""共时"，忽视"言语""历时"，出现了实践操作上片面化的形而上学的倾向。由于索绪尔的这种语言学把语言看成是同质的、静态的符号系统，并只把语言作为唯一的研究对象，自然会造成这种语言学会出现脱离语言的具体社会使用、脱离实际等弊端。随着相关研究的不断深入，人们已逐渐地从理性上认识到，语言和言语实际上是对立统一的，真正的语言实际上是语言和言语的统一体。对语言这种复杂的现象，固然可以从一定的层次上对语言、言语等分别进行研究，也完全可以将这种复杂现象作为一个整体来进行纵横交错式的研究。近些年学界提出的语言研究要动稳结合，其实正是在看到了语言跟言语、共时跟历时等这种区分的绝对化所带来的问题的背景下的一种反拨与逆动。这种对索绪尔上述相关学说理解认识的发展与进步，一如黑格尔对哲学派别发展的理解——"没有任何哲学是完全被推翻了的。那被推翻了的并不是这个哲学的原则，而只不过是这个原则的绝对性、究竟至上性"[5]40—41，也就是把这种绝对性"降为相对性和环节"[6]96罢了。而从包含着语言和言语在内的这种活生生的语言现实出发去考察、认识语言，也正是今日我们提倡的、真正地具有现代意义的语言观念建设对语言考察的出发点，而不是以索绪尔的不包含言语的那种不合真正的语言生活实际的、抽象的语言作为对语言考察的出发点。而马克思主义实践唯物主义的语言观则恰恰为这种从活生生的语言现实出发、不脱离语言的真实形态与实际状况去考察语言、认识语言，提供了必要的理论依据与基本的逻辑基础。这也是笔者要把马克思主义实践唯物主义的语言观作为现代语言观理性重建的一种重要的逻辑基础的重要原因。

二、关于索绪尔的语言观与马克思主义语言观的"对立"问题

在上述有关索绪尔语言观问题的一些认识中，有人曾提出笔者"认为索绪尔等语言学家把语言从实践中抽象出来了，只有马克思主义实践性语言观念才成为现代语言观念重建的逻辑基础。我们认为没有必须（要？）把它们对立起来"这样一种理解、认识。其实，这种理解、认识不甚确凿，有必要对此做出必要的澄清与澄明。

首先，笔者在谈现代语言观理性重建的逻辑基础时，确曾认为马克思主义实践唯物主义语言观是基础，当然是一种很重要的基础。但对笔者所谈的马克思主义实践唯物主义语言观在现代语言观理性重建中的这种基础地位别做"只有……才……"这种必要条件意义上的解读，却既不是笔者文中所言，也不是笔者的本义，尽管笔者认为马克思主义实践唯物主义语言观本身很重要。因为有没有"只有……才……"的这种必要条件的强调与加持，所呈现出来的意思与学术意味是不一样的。而真理通常都是有一定的客观存在条件的，不甚客观地添加条件、往前多走一步而导致推向极处的解读，往往会因此导致本为正确的认识走向偏颇。此亦为解读他人观点不可不慎之种种状况之一。

其次，笔者对索绪尔等人的语言理念的解析，与笔者在谈到现代语言观理性重建的逻辑基础时将马克思主义实践唯物主义语言观置于基础地位，笔者在这里并没有主观上（包括笔者后来的相关语言观念建设实践中）没有必要地"把它们对立起来"，而不过是笔者在谈现代语言观理性重建的逻辑基础时，对不同观点、不同思维方式的语言观念的一种正常的比较、品评与取舍。这正如索绪尔本人对学术上的"重建"问题所理解的那样——"如果重建的唯一方法是比较，那么，反过来说，比较的唯一目的也只是为了重建"[4]306，"重建的目的并不是为形式而重建形式——这是相当可笑的——，而是把根据不时获得的结果认为可信的一套结论加以浓缩和晶化"[4]308，一定条件下的"重建是

可以保留它们的全部价值的"[4]310。笔者后来在此理念下所进行的"语言实践表现符号论"之语言观的建设实践中，不仅以马克思主义实践唯物主义语言观为基础，而且同时也吸收了包括索绪尔语言观中有关语言符号认识等在内的一些传统语言观念中有价值的思想成果及语言哲学等方面的其他相关成果①。这也部分地说明：笔者在这种新的语言观具体建设实践之前所提出的建设理念中，并没有要将索绪尔等人的语言理念与马克思主义实践唯物主义语言观"把它们对立起来"的主观意识与客观需要。而对不同观点、不同思维方式下的语言观念的正常的比较、品评与取舍，跟"对立"本身在含义上与学术意味上是有区别的，也是不宜轻易地混淆的。"比较"的含义通常是"就两种或两种以上同类的事物辨别异同或高下"及"用来比较性状和程度的差别""表示具有一定程度"[7]67，而"对立"的含义通常是"两种事物或一种事物中的两个方面之间的相互排斥、相互矛盾、相互斗争""互相抵触；敌对"[7]331，二者虽然都涉及了两种事物之间的关系问题，但其含义显然是有区别的、不一样的。"对立"还有"互相抵触；敌对"之贬义，与"比较"所透露出的学术意味显然也是有区别的、不一样的。

再次，退一步说，就算把笔者的这种对不同观点、不同思维方式的语言观念的正常的比较、品评与取舍就叫作有人所说的那种"对立"，说"我们认为没有必须（要？）把它们对立起来"是什么意思呢？得出这种认识的逻辑前提是什么？是即使它们这些语言观念本就是对立的，我们也没有必要就这么去分析？还是认为这些语言观念本身没有什么不一样的，而没有必要这么去分析呢？倘若是即使它们这些语言观念本就是对立的，我们也没有必要就这么去分析的意思，显然这不是真正的学人真正的实事求是的为学品格与为学之道，笔者相信这不应该是一个真正的学人所应有的想法。那么，是认为这些语言观念本身没有什么不一样的而没有必要这么去分析的意思吗？倘如是，难道是认为索绪尔等语言学家的语言观念与马克思主义实践唯物主义语言观念都是一样的认识事物的理念、一样的认识事物的思维方式，会产生一样的认识事物的效果吗？还是认为"索绪尔区分抽象的语言和具体的语言，并且优先探索抽象的语言系统，这种语言观念是辩证的，并且在研究过程中是有先后次序的"与马克思主义实践唯物主义语言观念对语言的理解认识是一样的辩证的呢？还是认为这两种情况都兼而有之呢？否则，若是果真认为二者是有区别的、不一样的观

---

① 可参阅于全有著的《语言本质理论的哲学重建》（中国社会科学出版社 2011 年版）等相关著述。

念的话，又何以会说出"没有必须（要？）把它们对立起来"呢？然而，这些语言观念真的是没有区别的、都是一样的观念吗？这些语言观念真的是没有必要去辨别、区分的观念吗？依据何在？由于上述"对立"说的说者没有具体说清其认识的缘由，这里不便臆测去做更多的分析，但在笔者的认知中，对于真正地从事相关语言观研究者而言，这个问题的答案应该是显而易见的，而且也应该是比较明确的。

三、关于索绪尔对语言、言语研究"是有先后次序的"问题

说"索绪尔区分抽象的语言和具体的语言，并且优先探索抽象的语言系统，这种语言观念是辩证的，并且在研究过程中是有先后次序的"，不知道这句含有歧义的表述中所说的"是有先后次序的"，究竟确切地指的是何种意思，到底是指索绪尔区分的抽象的语言与具体的语言并且优先探索抽象的语言系统在"语言观念"上是辩证的、抽象的语言与具体的语言在"研究过程中"是有先后次序的，还是指不仅是索绪尔区分的抽象的语言与具体的语言并且优先探索抽象的语言系统在"语言观念"上是辩证的、抽象的语言与具体的语言在"研究过程中"是有先后次序的，而且对索绪尔的这种被认为是辩证的"语言观念"的辩证性之研究的过程中也是有先后次序的等意思。从上下文语境及可能性上看，这句话想要表述的意思似乎主要是前一种意思，具体一点儿是想说：索绪尔区分抽象的语言与具体的语言（即语言和言语）并且"优先探索"语言系统（隐含言语系统要"非优先探索"），亦即语言的研究要在先、言语的研究要在后，这种语言观念是辩证的，并且索绪尔对语言、言语这二者在"研究过程中"也是有"优先探索"与"非优先探索"这样的"先后次序的"，即前面提到的语言研究要在先、隐含言语研究要在后的这种先后次序。倘如是，则这里必须要指出的是：

首先，逻辑上，问题与问题之间本身在重要性上可以有大小之别，研究者在进行相关研究选择时，完全可以根据具体情况选择只研究其中的一个问题，或者是选择研究其中的若干个问题。选择的方式、角度及可能性等，也多种多样。其中，若选择研究其中的若干个问题时，问题与问题之间本身的重要性的大小，与对问题研究的先后次序之间虽然可以有一定的关系，但却没有绝对的先后次序关系。也就是说，尽管问题与问题之间本身在重要性上可能会有大小之别，研究者在面对若干个问题去进行研究次序的选择时，可能会按照他所认

为的问题重要性的大小来从大到小地去做研究次序的选择，但却并不是绝对的。研究者也完全可能会根据具体情况做其他的研究次序的选择，如先从外在的、容易上手而重要程度并不是最高的问题入手，来从外到内、层层深入地去作研究的这种研究次序的选择，或者是作其他可能的研究次序的选择。

其次，这种认为索绪尔的语言学对抽象的语言与具体的语言（即语言与言语）的研究，在"语言观念"上、在"研究过程中"是有语言要"优先探索"（隐含言语要非优先探索）这样的"先后次序的"看法与解读，尽管从外在表面上看好像是确有这种可能性的一面，但在确切性上，尚缺乏索绪尔学说理论本身内在的、确凿的支持及相关逻辑支持，有不少具体的、似是而非的相关理解，需要从索绪尔学说本身内在的理论精神上做进一步的厘清与澄明。

（1）按照索绪尔本人在《普通语言学教程》中的相关阐述与解说，索绪尔是认为包括语言和言语二者在内的"言语活动的整体"因"不是同质的"而"没法认识"，不便于放到一块儿来整体研究，所以才主张"两条路不能同时走"，"它们应该分开走"的[4]29。显然，索绪尔这里所说的"两条路不能同时走"，意思说的是二者不能放在一起作为一个整体一起来研究，即索绪尔认为对语言这种复杂现象没法进行包括语言和言语在内的纵横交错研究（这儿暂且不论这种认识的正确性与否），而并没有明确强调说语言、言语在研究的过程中一定要按语言在先、言语在后的次序来进行；索绪尔这里所说的"它们应该分开走"，意思说的是二者应该分成两个不同的研究对象分开去研究，同样也没明确在强调说语言、言语在研究的过程中一定要分成语言在先、言语在后的次序来进行（尽管在这二者的研究上可以有先后次序，尽管索绪尔的语言学只研究语言）。关于这一点，从索绪尔《普通语言学教程》的原表述语境看，索绪尔的相关表述所传递出的意思应该是很清楚的。

（2）索绪尔选择他所研究的这种语言学"以语言为唯一对象"[4]29，并"在全部言语活动的研究中为语言科学安排好了它的真正的位置"，即索绪尔所研究的这种语言学在整个语言学中属于是"言语活动中其他一切构成言语的要素都会自动来归附"的"头一门科学"的位置[4]27。显然，从"头一门科学"与"其他一切构成言语的要素都会自动来归附"这"头一门科学"之关系上看，索绪尔在这里把他所研究的这种语言学在整个语言学中是置于首要的、核心的位置上的，而其他一切构成言语的要素是处于"归附"于此的附着位置上的。而处于首要的、核心的位置上的这"头一门科学"，固然在一定意义上可以被理解为在研究中是处于"优先探索"的位置（这跟传统的本体论哲学的思维方式也有相合之处①），处于"归附"于此的附着位置上的其他一切构成言语的要素，固然在一定意义上也可以被理解为在研究中是处于置后的位置上，但这种理解在索绪尔学说本身的原表述语境中，却得不到明确的一定是语言在先、言语在后这种研究次序的意思表述的支持。尽管索绪尔确实在主张"两条路不能同时走""它们应该分开走"时，他所研究的语言学选择的是"以语言为唯一对象"，因而可能会给人以"优先探索"语言，好像是索绪尔的语言与言语研究的确在"语言观念"上及"研究过程中"是有语言在先、言语在后这种"先后次序的"之感。但把这种理解放到索绪尔学说本身的原表述语境中看，却是难以在索绪尔学说本身的原表述语境的相关理论阐发中得到明确的、确凿性的支持。

当然，索绪尔在论述语言学的对象时，也说过"语言本身就是一个整体、一个分类的原则。我们一旦在言语活动的事实中给以首要的地位，就在一个不容许作其他任何分类的整体中引入一种自然的秩序"[4]16。但这里所说的语言之"首要的地位"及"自然的秩序"等，不过主要说的是语言作为"一个分类的原则"所处的"首要的地位"及由此而带来的一种"自然的秩序"，强调了语言的重要性，同样也没有在明确地强调说语言与言语二者在研究的过程中一定要语言在先、言语在后来进行研究之意。

（3）索绪尔还在其《普通语言学教程》中明确说明他的这种语言学"只讨论后一种语言学"，即只讨论语言的语言学[4]29，而并不研究言语的语言学，索绪尔本人也没有明确说过他所研究的这种抽象的语言系统之学（或语言的语言学）与其他的具体语言之学（或言语的语言学）在研究的过程中是"有先后次序的"。何况，索绪尔本来就认为我们"有权利认为，语言是不依靠这些现象（指言语中发生的声音变化等现象，引者注）而独立存在的"[4]27，尽管索绪尔也认为"语言和言语是互相依存的"，但他认为"这一切并不妨碍它们是两种绝对不同的东西"[4]28。因而，在索绪尔本认为是可以"分开走""独立存在的""两种绝对不同的东西"上，如果没有确凿的索绪尔学说本身的理论依据，怎么好轻易地以外在表层的理解与感知，就断言索绪尔在涉及语言与言

---

① 亚里士多德在其《形而上学》中就曾认为："倘宇宙为一整体〈完物〉，本体就是这整体的第一部分；倘这整体只是各部分的串联，本体便当在序次上为第一。"（见亚里士多德著《形而上学》，吴寿彭译，商务印书馆1996年版，第237页）把存在的事实和存在的本体分离开来、对立起来，是本体论思维的基本前提。本体论哲学的思维方式本身只是人类思维在一定的历史发展阶段上的产物。

语二者研究的问题上，一定在"语言观念"上及"研究过程中"有语言在先、言语在后的这种次序来进行语言研究的这种逻辑？即便是把索绪尔选择了"以语言为唯一对象"的这种研究行为理解为或解读为是一种"优先探索"，而不是依原著的相关表述理解为或解读为索绪尔的语言学只研究语言、只讨论语言的语言学，面对索绪尔对所研究问题本身的上述理性认知，也不一定就意味着他一定就存在言语在研究的次序上必然是一定要后于语言研究的逻辑，因为这毕竟是缺少索绪尔学说理论本身表述明确的、确凿性的证明。

（4）上述认识还可以从《索绪尔第三次普通语言学教程》中得到相应的印证。《索绪尔第三次普通语言学教程》中，把群体语言（langage）分为整体语言（langue）和个体语言（parole）[8]中译本绪言24，1，173—174，并"将整体语言作为研究对象"[8]1后，曾这样说道：

> 我作出结论，整体语言和个体语言两个对象彼此都以对方为前提，若确是这样的话，那么，有此无彼，则此亦不能存在，然而它们在本质上相像得太少了，各自都需要一种分开考虑的理论。任何自同样的观点将群体语言这两个部分纠集起来的空幻的尝试，都只会产生一门相当混乱的学科。由群体语言构成的全部是无法分类的，因为不具备同质的统一性。如此，研究中就有〈一个部分包括群体语言的个体部分即个体语言的研究，〉包括发音：这是个体语言的研究。第二部分的研究：处于个体意志不可及范围的群体语言部分：社会的约定俗成，这是整体语言的研究。
>
> 第一种研究必将是心理生理兼具的；鉴于整体语言现象就其两种构成成分的联结是心理的这一点，第二种研究完全是心理的。
>
> 这是人们立刻遇到的岔道，要决定是拿个体语言还是整体语言作为研究的对象。不可能同时走两条路，必须两条当中一条接着一条分开来走，或是选择其中的一条。至于我本人，正如我已经说过的，我谋求的就是整体语言研究。
>
> ……
>
> 不必据此作出结论，说在整体语言的语言学中，决不该瞥一眼个体语言的语言学。〈这或许是有用的，但这是从邻近的领域借入的。〉[8]105—106

这里的"群体语言（langage）""整体语言（langue）""个体语言（parole）"，在原用词上分别与索绪尔《普通语言学教程》中的"言语活动

（langage）""语言（langue）""言语（parole）"相应[4]331。上述这段话所表达的意思，同样也没有明确地说明索绪尔在涉及语言与言语二者研究的问题上，一定在"语言观念"上及"研究过程中"有语言要在先、言语要在后的这种次序。它倒是明确地说明：对个体语言与整体语言（即言语与语言）的研究，可以是两条路"一条接着一条分开来走"，也可以就"选择其中的一条"去做。至于索绪尔本人对此怎么走，他在此已说得很明确了："我谋求的就是整体语言研究。"即索绪尔就"选择其中的一条"——"整体语言研究"去做，而并不是选择一条接着一条分开来去把这两条路的内容都去做了。这显然难以明确地谈得上索绪尔的语言学在"语言观念"上及"研究过程中"有语言在先、言语在后的这种涉及两条路都去做才可能出现的"先后次序的"逻辑。何况，索绪尔在此还强调说："不必据此作出结论，说在整体语言的语言学中，决不该瞥一眼个体语言的语言学。""这或许是有用的"呢？

从上述意义上说，在逻辑上语言与言语研究的先后序列还存在着其他可能的情况下，这种仅因为索绪尔把语言列为他的语言学唯一的研究对象而来的、认为索绪尔在"语言观念"上及"研究过程中"是有语言在先、言语在后的这种"先后次序的"理解，不过是索绪尔学说的解读者依据索绪尔的语言学的研究对象而来的、缺少索绪尔学说理论表述本身确凿性支持的、对索绪尔学说"意其如此"的一种自我解读而已。至于说索绪尔的语言学为什么在语言与言语二者之间的选择上选择了语言作为研究对象，与其说缺乏确凿性地认为这与索绪尔对问题"有先后次序的"这种"辩证的"认识有关，毋宁说是与索绪尔所处的时代背景下的相关哲学思维方式的影响有关（比方说，逻辑先在性的选择与时间先在性的选择，就与一定时代背景下的相关哲学思维方式的影响相关）。今天我们在索绪尔学说的探究中之所以要这样去澄明这些相关细节，并不是在简单地抠字眼，而是涉及在对他人学说理论解读的过程中，如何按被解读者学说本身的原语境表述状况去有明确的客观依据地、严谨地、科学地解读他人的相关学说问题。

最后，即便是索绪尔的语言学对语言与言语在"语言观念"上及"研究过程"中是有语言在先、言语在后的这种"先后次序的"，说者是想以此来说明什么呢？是想也用来说明其文中所说的索绪尔的这种语言观念是"辩证的"？上文的相关阐述已对索绪尔学说中的这种"辩证的"状况扼要进行过分析。而通过这样的"有先后次序"的"语言观念""研究过程"来说明索绪尔这种理念的"辩证"性，到底能有多大程度的说服力，这儿应该已不必为此再做更多

153

的说明了。

参考文献：

［1］于全有. 现代语言观理性重建的逻辑基础［J］. 通化师范学院学报，2011（5）：1—5.

［2］关彦庆，彭泽润. 主持人的话［J］. 通化师范学院学报，2011（5）：1.

［3］陈松岑. 语言变异研究［M］. 广州：广东教育出版社，1999.

［4］索绪尔. 普通语言学教程［M］. 高名凯，译. 北京：商务印书馆，2009.

［5］黑格尔. 哲学史讲演录：第1卷［M］. 贺麟，王太庆，译. 北京：商务印书馆，1997.

［6］高文新. 欧洲哲学史研究［M］. 北京：人民出版社，2016.

［7］中国社会科学院语言研究所词典编辑室. 现代汉语词典［M］. 7版. 北京：商务印书馆，2016.

［8］索绪尔. 索绪尔第三次普通语言学教程［M］. 屠友祥，译. 上海：上海人民出版社，2002.

（原刊《辽东学院学报》社会科学版2023年第1期）

语言本质问题研究境界的拓展与提升

——王希杰先生的语言本质观述评

摘要：语言本质问题是语言学研究中的一个核心问题。王希杰先生在语言本质问题的研究上，突破了传统语言本质观的束缚，形成了富有开拓意义的对语言本质观的新认识。本文从王希杰先生语言本质观形成的基点及王希杰先生语言本质观的基本思想等几个方面，对王希杰先生的语言本质观进行了比较全面的探讨。

关键词：语言学；语言本质；王希杰

语言本质问题是语言学研究中的一个核心问题。所谓的语言本质问题，说到底，就是语言到底是什么的问题。

在语言学的发展史上，关于语言本质是什么的探讨与争论，从来就没有停止过。由于此问题的艰巨性、复杂性，它不仅引起了众多语言学者的注意和重视，而且也引起了包括哲学、人类学、社会学、心理学、逻辑学等诸多领域方方面面的专家、学者的高度重视。王希杰先生便是在这一领域中几十年如一日，不畏艰辛，不辞劳苦地活跃在本研究前沿的一位收获颇丰的耕耘者与硕果累累的开拓者。本文拟从王希杰先生语言本质观形成的基点及王希杰先生语言本质观的基本思想等角度，对王先生的语言本质观进行比较全面的探讨。

一、王希杰先生语言本质观生成的基点

相当长的一个时期以来，中国语言学界对语言本质的认识，一直是斯大林的"语言是一种特殊的社会现象"加索绪尔的"语言是音义结合的符号系统"

的语言观。

王希杰先生也和大多数语言学者一样，长期以来接受的"是经过索绪尔学说在中国的最早的传播者方光焘老师修正过（？）的索绪尔的语言观，坚信语言是一个严密的音义结合的符号系统"[1]。王希杰先生在《南京大学学报》1964年第1期上发表的《略论语言和言语及其相互关系》一文，就相对较为集中地反映了他早年所受到的索绪尔的语言观的影响。

王希杰先生在接受了索绪尔的语言观点之后，在业师方光焘先生的指导、帮助下，逐渐形成了自己的关于语言问题的一些认识，如语言和言语之间的关系是一般和个别的关系、语言和言语都没有阶级性等，并陆续发表了一系列关于语言和言语问题的学术成果。如《语言的语法分析和言语的语法分析》（《南京大学学报》1983年第4期）、《语言的词汇和言语的词汇》（《杭州大学学报》1993年第1期）等。在这些文章中，王希杰先生认为，语言和言语的问题不仅是现代语言学中的一个重要的方法论原则，而且也是现代语言科学观中的一个重要的组成部分。王希杰先生认为："认识和再认识语言的本质，往往同语言和言语的区分问题联系在一起。语言和言语的区分是建立在对语言本质的新的认识的基础上的，区分的目的也为的是更好地认识语言的本质，把握住语言学研究对象的语言。"[2]

然而，尽管索绪尔的语言观自有其自身严密的逻辑性与一定的合理性，但却不可能穷尽对语言的认识，更不可能已达到对语言本质的终极揭示。社会的发展，语言生活的演进，源源不断的语言新现象、新问题的大量涌现，不断地给语言学工作者提出新的问题、新的挑战。尽管索绪尔的语言本质观在学术界产生巨大的影响，但语言学者们对语言本质的进一步深入的探讨却从来没有停止过。王希杰先生在经过对索绪尔的语言观仔细地分析与研究后认识到："作为语言学研究对象的语言有许多重要的特点是索绪尔所没有注意到的，或者说所忽视了的；为了语言科学的进一步的发展和繁荣，为了更好地开发语言资源，服务于人类的进步，就有必要突破、补充、修正、发展。"[1]于是，大致从20世纪90年代开始，王希杰先生便开始了具有自己特点的对语言本质问题的新的探索，并且广泛地汲取语言学、模糊数学、协同论、混沌学等新思想、新思维的同时，逐渐形成了自己对语言本质问题的新的理解、新的认识。

1990年8月，王先生在江苏宜兴召开的"从80年代到90年代：中国的语法学和修辞学"学术座谈会上呼吁："为了中国语言学在90年代的发展和繁荣，为了顺利地走向21世纪，我们必须自觉地重新认识语言，作为语言学研究对象的语言。"[1] 从那时候起，王先生对语言本质问题的认识与阐释，便陆续地体现在他诸多的学术论著中。如王希杰先生的学术论文《深化对语言的认识，促进语言科学的发展》《语言本质的再认识》《语言是什么？》，以及王希杰先生的学术著作《修辞学新论》《修辞学通论》《这就是汉语》等。

王希杰先生在这些论著中，着力提出并强调，"语言是作为人类最重要的思维工具、交际工具、文化载体的，一种复杂的开放的，具有自我调节功能和非系统特征的，具有缺漏性和交际不自足性的，处在不断地从无序向有序运动过程之中的，动态平衡的多层次的音义结合的符号系统"[1]。王先生的这个对语言是什么的定义，充分体现了他那异于一般语言理论观念、对语言本质问题的卓尔不群的理解，不仅深化了对语言观念的认识，而且也促进了对语言本质问题研究的进一步拓展与提升。

二、王希杰先生语言本质观的基本思想

（一）关于语言的动态性与非系统性

索绪尔关于语言性质的一系列论述，开启了现代语言学研究的大门，对后世语言学之发展，产生了深远的影响。索绪尔在其《普通语言学教程》中强调语言是音义结合的符号系统，语言具有任意性、系统性，并认为语言学唯一的研究对象是语言。

客观上说，以静态语言为主要研究对象的结构主义语言学取得了丰硕的理论研究成果，但却使语言研究过于强调语言的共时状态，走进了忽视动态的、活的语言现象的"就语言而研究语言"的死胡同。受索绪尔学说的影响，许多语言学家都在从共时、静态的角度出发去进行语言研究，忽视了对语言的历时的、动态的研究，以至于我们在语言理念上长期囿于传统的惯性思维框架中，鲜有新的突破和发展，社会生活中的许多语言新现象得不到更为合理、有效的解释。实际上，语言现象是纷繁复杂的，各种语言现象之间又是普遍联系的，而非孤立的、静止的。语言是个巨系统，这个系统既有有序性与系统性的一面，又有无序性与非系统性的一面。在王先生看来，我们之所以无法处理一些矛盾的语言材料，正是因为我们没有对语言本质问题的认识形成正确的观念，忽视了语言本身就是一个动态的、带有非系统性特征的客观规律性。

王希杰先生认为，一方面，语言是一个多层次、多等级的系统，其内部存

在着多种多样的矛盾；语言的发展不是一次就可以完成的，是一个持续过程，而且语言在增殖的过程中具有诸多选择的可能性，从而带来语言系统内部的混乱。另一方面，语言是一种特殊的社会现象，它既是政治、经济、文化等社会生活方面的反映，同时又受到其非系统性的制约，是语言外在因素的非系统性冲击了语言的系统性。

任何一门学科的理论和实践都不能永远原地踏步。由于语言自身的这种动态、非系统性反映了语言的发展规律，因此，我们有必要对索绪尔静态的结构主义语言本质观进行必要的修正，以得到对语言本质更为切近的认识。王希杰先生以自己独到的学术眼光、学术功力，在这方面取得了突破。王希杰先生已经看到，索绪尔把线性组合关系看作是语言的本质，没有认识到聚合单位本身具有开放性、创造性、潜在性、非规则、非系统性等特征，因而回避了对聚合关系的研究。于是，王希杰先生便从消解形而上学的静态语文观出发，把被学术界严重忽视的聚合系统的研究放在重要的位置，这不能不说是王先生关于语言本质认识上的"一大理论特色"[3]。

（二）关于语言缺漏性与不自足性

按照惯常的说法，语言是人类最重要的交际工具。然而，作为交际工具的语言并不时时都能尽如人意，这主要反映在语言具有缺漏性和不自足性上。王希杰先生认为，语言之所以会出现缺漏性和不自足性，"首先是因为人类的语言是历史地形成的，是在人们常识范围内形成的；同时语言是历史地不断地演变和发展的，作为一种特殊社会现象的语言，它的演变和发展又是受到社会和民族文化的影响和制约，而民族文化和社会因素本身又具有缺漏性、非系统性、不对称性；第三，语言本身又是一个复杂的多层次的等级系统，各个子系统并不简单地一一对应，也并不对称均衡，各个子系统之间相互制约，有正比例关系，也有反比例关系；第四，在语言的历史地演变和发展之中，由简单到复杂和由复杂到简单两条路线并存而且相互制约着"[1]。王希杰先生在这里阐释的语言理念并不难理解，我们日常交际中常见的有"师母"而无"师公"、有"吧女"而无"吧男"、有"家庭主妇"而无"家庭主男"等比比皆是、屡见不鲜的语言空缺现象，就是王先生的论述的很好的注脚。

语言并非如一些文人笔下所描绘的那样尽善尽美。不仅语言学家，一些哲学家、科学家等亦在各自的视角与角度上，部分地对语言的缺漏性和不自足性进行了不同角度的审视与揭示。不论是洛克也好，维特根斯坦也好，还是爱因斯坦也罢，门罗也罢，乃至中国的老庄学派等，历史上的相关人士都曾不同程度地表达过要冲破语言的束缚的认识与看法。杨永林先生就曾在其著作中，罗列了中外不少有关这方面表述的、带有贬义色彩的隐喻的说法。如"语言是思想的牢笼""语言是思想的束缚者""语言是思想的歪曲者""语言是心灵的眼障"等[4]131。王希杰先生在前人的基础上，对语言本质的认识采取了更加辩证的态度，把对语言缺漏性和不自足性的认识上升到一个新的高度，不仅揭示出"只有承认语言的缺漏性和交际不自足性，才能真正把握住语言的真正的本质"[1]，而且又揭示出了语言符号的有限性与客观世界的无限性、语言符号线性的声音组合排列一维性和客观世界多维性等语言缺漏性的多方面表现，具有十分重要的开拓意义。

王希杰先生对语言的缺漏性和不自足性的理解应该说是比较深刻的。在王先生的《语言中的空符号》（《语文月刊》1989年第2期）一文中，王先生把出现了某种事物，却没有相应的语言符号的语义单位叫作"语言中的空符号"，认为语言中的空符号的出现，使表达者面临着诸多困境，所以我们有必要研究语言中有哪些空符号，为什么会出现空符号，空符号对于思维和交际有什么不便之处，人们是怎样绕过空符号来思维和交际的，以及它和实符号的转化、它在外语教学中的影响等。在王先生的《修辞和漏洞》（《修辞学习》1991年第1期）一文中，王先生针对郑子瑜先生的"古汉语的修辞和现代汉语一样，须没有漏洞，无懈可击"的观点，着力指出：没有"没有漏洞，无懈可击"的语言，不能简单地否定语言的漏洞，并且还主张建立一门新的学科——"漏洞修辞学"，以便加深对漏洞修辞的研究力度。王希杰先生的上述这些关于语言的缺漏性和不自足性探究，不仅使我们在语言研究上突破了索绪尔有关语言研究理念上的局限，打破了传统的"纯洁语言"的语言规范观[5]101，而且开启了从语言世界、物理世界、文化世界以及心理世界等四个维度来观照语言、思考语言、研究语言的新途径，新的视角与维度[6]63—182。

（三）关于语言的潜性与显性

"潜性"和"显性"是普遍存在的一对哲学范畴。在我国语言学界，王希杰先生可以称得上是研究语言潜性和显性的先驱。王希杰先生在他的一系列论著中，比较系统、深入地阐述了他的思想。如王先生的《语言中的空符号》（《语文月刊》1989年第2期）、《潜义与修辞》（《语文月刊》1986年第6期）、《论潜量词的显量词化》（《语言教学与研究》1990年第1期）、《论潜语法现象》（《汉语学习》1991年第4期）、《潜词和修辞》（《语文月刊》1989年第9期，《说写的学问和情趣》，河南大学出版社，1992年）、《"博导"和"汽配"》（《这就是汉语》，北京语言学院出版社，1992年）、《谈语法学的研究对象》（《语法研究和探索》六，语文出版社，1992年）、《深化对语言的认识，促进语言科学的发展》（《语言文字应用》1994年第3期）等著述中，就比较深入而系统地阐释了他的有关语言的"潜性"与"显性"思想。特别是王希杰先生在其《修辞学新论》（北京语言学院出版社，1993年）中，无论是从语言观和修辞观上，还是从语言的性质和定义上，无论是从语言的研究方法上，还是从辞格的划分上，他的关于语言的潜、显思想都比较明显地贯穿于始终。在王希杰先生的《修辞学通论》（南京大学出版社，1996年）中，王先生更是非常明确地从"显性和潜性的对立""显性语言和潜性语言""显性修辞学和潜性修辞学""语言预测学和修辞预测学"等四个方面，比较系统地论述了语言中的潜性和显性的对立统一的一系列性质与关系问题，标志着王先生在语言潜显理论上及关于对语言本质问题的认识上已走向清晰与深入。

王希杰先生不仅仅从修辞中来探讨语言的潜显问题，而且他还将其已有的相关思想进一步推及整个语言研究领域，认为"显性和潜性，不仅是修辞学中的一组概念，而且是语言研究中的一组概念"[7]3，在"语音和语义、词汇和语法，语言的各个层面上，都有显性和潜性两个方面。语言的各个层面的演变，其实都是显性和潜性的相互转化的过程。而且，显性形式总是有限的，而潜性形式几乎是无限多的"[7]3。很显然，王先生在这里已将他的语言潜显理论作为一种全新的语言观引入语音、语法、词汇、修辞等语言研究的各个领域，推及了整个语言中来。

在王先生看来，完整的语言应该包含显性语言和潜性语言两个层次，显性语言和潜性语言构成了语言的整体。显性语言只是语言中露出水面部分的"冰山一角"，还有大量的语言现象潜存在这"冰山一角"之下。尽管我们一时还难以窥其全貌，但潜语言不仅是一种合乎哲理的逻辑存在，而且它和显语言一道，共同构成完整的语言。我们目前所进行的语言研究，很大程度上不过是以已经显现的显性语言为对象，从而在一定程度上忽视了对潜性语言的研究。而语言研究只有从潜性语言和显性语言两个方面入手，才能更加完整、深刻地认识和理解语言。很明显，王先生的语言潜显理论思想，不独只具有修辞学意义，而且很大程度上已具有普通语言学的意义。他的这种开创性的语言观引起学术界的广泛关注与高度评价，便成为一种顺理成章的自然的事情。正如夏中华先生对此所评价的那样："语言潜显理论在现代语言学理论体系的建构和完善方面起着积极的作用，突出表现在，它有助于我们重新科学地认识语言的本质，建立新的语言观。"[8]

语言潜显理论的提出，不仅带动了语言理论研究的进步，而且也由此而影响、催生了一批有关语言潜显问题研究的新成果。如于根元先生将潜显理论运用到新词新语的研究中，认为"语言变化本来就是个过程，从一些具体语言成分来说，某些色彩显了，某些色彩隐了，而语言系统在运动中一定要保持丰富的色彩，所以要不断显现新颖色彩、外来色彩、现代色彩等，为我们的语言提供营养，满足我们交际的需要"[9]。在这里，于根元先生正是用了潜显理论思想来解释语言色彩问题的，显得更颇具说服力。于根元先生还在潜显理论的基础上，在其《说"友"》（《语文建设》1996年第3期）中提出了语言"占位说"和"磨合说"。郭龙生先生曾对语言潜显理论满怀信心地评价说："这意味着在这种语言观指导下的语言研究将从研究方法、研究对象的范围等方面发生改革，这预示着语言学研究、应用语言学的研究将有一个新的飞跃。"[10]218

王希杰先生对我们加深对语言本质观认识的贡献是多方面的。潜显理论的一大贡献，在于它对语言实践活动的指导意义，特别是在语言的规范观上的指导意义。正如王希杰先生所说的那样："只要是在语言的规律系统所能够控制的范围之内，语言允许它的使用者大胆地突破现有的规范，因为它的潜在的能量本来就是很大的，这样的开发它的潜在的能量有利于它的发展，语言就在它的不断地发展之中而存在着。"[11]然而，长期以来，由于受索绪尔和斯大林的语言观的影响，我们在语言规范的认识上，往往忽视了语言的动态性和灵活性，只是停留在"追认"上，即对待某种新语言现象的出现，开始时我们难免要对它有一番求全责备地品头论足，而一旦见使用的人多了以后，又只好被迫再去认可它。这种在语言的规范问题上前后不一的矛盾与混乱，不可避免地会损害语言学者的声誉。而王希杰先生的潜显理论则可以在一定程度上，为我们的语言规范工作摆脱这种尴尬被动的规范窘境，提供必要的理论依据。如在语言潜显理论基础上形成的"预测观"，以及由此而引出的改进版的"前瞻跟踪观"[12]105, 216，便使语言工作者在很大程度上摆脱了传统的语言"追认观"的束缚与局限。

余　论

　　人类的认识活动永远没有止境，对语言的认识也自然是一个不断的演进、不断发展的过程。王希杰先生以其超前的科学洞察力与勇于创新的治学精神，打破了索绪尔关于语言认识上的纯符号说及斯大林的工具说等传统学说，发展了对语言本质的认识，并初步构建了一个不同于以往的、全新的语言理念，必将对我们更好地加深对语言本质问题的理解、进一步促进语言研究的纵深发展，产生深远的影响。

　　当然，这并不是说王希杰先生的学说已穷极了对语言本质的认识，达到了对语言本质问题认识的终极状态。事物本身是不断向前发展的，对任何事物本质规律的探讨、探索与探究，都是一个不断深入、不断深化的历史的过程。对语言本质问题的探讨、探究与探索，也是如此。我们目前在语言理论诸多方面的开创建设上，与世界一流水准相比，特别是与20世纪以来在西方哲学发生语言论转向（Linguistic turn）的学术思潮影响带动下的、飞速发展的西方语言学相比，依然还任重而道远。王先生对语言本质的理解、认识上的创新与开拓，给我们在加深对语言本质问题的认识上开了一个很好的头，在把我们对语言本质问题的理解与认识的水平提升到了一个全新的境界的同时，也给我们今后进一步拓深对语言本质问题的理解与认识，提供了一个新的思路、新的平台、新的起点。

参考文献：

　　［1］王希杰. 深化对语言的认识，促进语言科学的发展［J］. 语言文字应用，1994（3）：9—16.

　　［2］王希杰. 语言本质的再认识［J］. 云梦学刊，1994（4）：60—67.

　　［3］孟华. 理性主义、人文主义、后结构主义：走向对话的汉语理论界［J］. 毕节师专学报，1996（4）：1—14.

　　［4］杨永林. 社会语言学研究：文化·色彩·思维篇［M］. 北京：高等教育出版社，2006.

　　［5］于根元，夏中华，赵俐. 语言能力及其分化：第二轮语言哲学对话［M］. 北京：北京广播学院出版社，2002.

　　［6］王希杰. 修辞学通论［M］. 南京：南京大学出版社，1996.

　　［7］王希杰. 语言世界中显性和潜性对立的普遍性和相对性［M］// 钟玖英.

语言学新思维. 北京：中国文联出版社，2004.

　　[8] 夏中华. 语言潜显理论价值初探 [J]. 语言教学与研究，2002（5）：13—18.

　　[9] 于根元. 新词新语和语言规范 [J]. 语文建设，1995（9）：2—4.

　　[10] 于根元. 应用语言学理论纲要 [M]. 北京：华语教学出版社，1999.

　　[11] 王希杰. 汉语的规范化问题和语言的自我调节功能 [J]. 语言文字应用，1995（3）：9—16.

　　[12] 于根元. 应用语言学前沿问题 [M]. 北京：中国经济出版社，2006.

（原刊《沈阳师范大学学报》社会科学版2007年第1期，第一作者）

伯文堂语言观问题答问 *

摘要：语言观问题作为语言学、语言哲学所普遍关心的一个核心性问题，既涉及对已有的相关语言理念如何科学认识、把握问题，也涉及如何在已有的基础上提升我们对语言的相关认识等问题。本文对语言观研究课程教学中的上述相关问题进行了解答。

关键词：语言观；语言本质；认知；语言研究

缘　起

近年来，笔者在为语言学及应用语言学专业的研究生开设语言观研究课程的一些相关讨论中及业余时间的一些相关研讨中，时常要回答一些研究生提出的问题。这些问题，常常涉及对一些语言观念该怎么认识问题及怎么在一定的语言观指导下去做语言研究等问题。为了方便今后类似问题的探究与思索，这里，笔者将在答问时对一些问题的看法与认识择要作一辑录。

一、关于对相关语言观念如何认识问题

问：您能否大致说一下您是怎么评价索绪尔的语言观的？

答：索绪尔作为现代语言学之父，这些年来关于他的语言观到底该怎么认识与评价的问题，一直是学术界十分关注的话题之一。学术界不仅有相关方面

---

* 笔者所在的工作单位早年创建时期，著名文学家吴伯箫、修辞学家吴士文等曾先后在此弘文励教。这里用"伯文堂"来代指笔者所在的工作单位的工作场所。

的一些讨论，还出版了一些专门研究索绪尔的著作，如赵蓉晖编的《索绪尔研究在中国》、裴文的《索绪尔：本真状态及其张力》等。关于怎么看索绪尔的语言观问题，涉及的头绪挺多，我以前在一些相关研究中曾不同程度地有过触及，这里择要说一下我的一些观点。

语言观本是对语言的一种本质性的认识。作为语言符号论这种语言观的一个重要的代表，索绪尔的这种语言观主要是从语言的自然属性出发来认识语言、看待语言的。他认为语言是一个符号系统，肯定了语言的符号性、系统性等特征，比较充分地展现了语言所具有的特殊的本质，开了语言符号论这种语言本质理论思想及系统论思想的先河，并由此而建立了一个相对比较完整、系统的语言理论体系。从这个意义上说，索绪尔的语言符号论这种语言观无疑具有重大的理论意义与开拓意义，这是毋庸置辩的。但不可否认的是，由于时代的局限，索绪尔的语言符号论这种语言观也不可避免地存在着自身的一些弱点与不足。这些弱点与不足，在我看来，主要反映在这样几个方面：

第一，索绪尔的语言符号论这种语言观实质上是对语言自然属性层次与意义上的本质的一种揭示与说明，而并不是整体上对语言本质的全面揭示与说明。

第二，索绪尔的语言符号论这种语言观是建立在他把语言看成是一个静态的共时系统的基础上的，这不仅忽视了语言的历时状态与语言中的人的存在，而且导致言语又被排除在他所建立的语言学的研究对象的大门之外，脱离了活生生的语言实践。

第三，索绪尔的语言符号论之语言观实际上存在着会导致人们更多地把语言看成是一种为人所支配的符号的一面，而在一定程度上遮蔽了语言对人所具有的能动作用的一面。

关于这几个方面问题的具体分析等，可以参看我对语言符号论及索绪尔有关学说的一些相关分析文章。这儿我就不再多说了。

问：您能说说造成索绪尔语言符号论这种语言观存在着弱点与不足的主要原因是什么？

答：这是一个很有探讨的意义与价值的问题。海德格尔曾经在《形而上学导论》中说过："能够学习以能够发问为前提条件"，发问就是愿知。你这个问题可以说是问到更深层次的、关键性的地方了。

165

谈原因，是有多种层面与角度的。在语言学界，索绪尔往往是作为一个著名的语言学家来被认知的。而在哲学界，索绪尔则通常是作为一个著名的语言哲学家来被认知的。从哲学的层面来挖掘原因，往往相对要更理性、更内在一些。这里，我想主要从哲学的层面与角度来扼要说说我的一些认识。

我认为，造成索绪尔语言符号论这种语言观存在这些弱点与不足的主要原因，应当是与索绪尔在对语言进行理性思索时的哲学思维方式有着很大的内在联系（注意：我说的是索绪尔学说的哲学思维方式，不同于以往有些人所讲的索绪尔学说的哲学基础所说的某些内容）。可能是受时代的影响等原因吧，索绪尔的语言观在涉及对语言的本质认识上的思维方式，很大程度上还停留在传统本体论哲学追求抽象同一的本质与抽象同一的原则、将决定一事物为该事物的本质理解为是单一性的这种思维方式上。本来，事物的本质应该是一个具有一定的内在统一性与内在逻辑联系的多层次的结构，具有层次性。本质的这种层次性，指的是某一事物的本质可能在事物的不同层次上表现出来、反映出来，或者是揭示本质时，可能有不同层次的本质。它源于事物的层次关系与属种关系的相对性与多样性及人们对事物本质认识的过程性。而索绪尔的符号论之语言本质观，不仅在将语言的本质归结为单一性质的"符号"上，尽显其追求抽象同一的本质与抽象同一的原则、将决定一事物为该事物的本质被理解为是单一性的这种传统的本体论哲学思维方式，而且在其一系列的语言与言语、共时与历时等二元对立思维后的对语言学研究对象的"语言""共时"等选择中，也可以明显地体味出传统本体论哲学的那种追求抽象同一的本质与抽象同一的原则之思维方式的影响。我早年在我的博士论文中，就对这种思维方式的不足已有过比较具体的分析（可以参阅我的《语言本质理论的哲学重建》一书，以及谈语言观建设问题的相关文章）。可惜的是，传统本体论哲学的这种理解事物本质的思维方式，至今在某些语言学研究者的相关认识或研究中不仅仍存在，并不鲜见，而且对此种理解事物本质的思维方式中存在的问题往往缺少相应的理性自觉，仍习惯于在传统的语言学研究的层次上与意义上就索绪尔来谈论索绪尔，甚或是仍以此看问题的维度、方式与眼光来品鉴、评议一些新出现的、非此类思维方式下的有关索绪尔学说的相关研究，一直影响到了其对索绪尔语言观及其后来的他人的一些新的语言观的理解认识的视野、维度与深度。

任何学术思想都是一定时代的产物。应该说，上述这种传统的本体论哲学思维方式及这种思维方式下的一些有关语言观念，已不能适应当今人们对语言理解认识的客观实际了。今日索绪尔语言符号论思想研究的发展进步与相关语言本质理论研究的发展进步，需要在汲取当今语言哲学发展的新成果及索绪尔相关学说精髓的同时，跳出这种传统本体论哲学思维方式的窠臼与羁绊，代之以适应时代发展需要与语言学理论发展需要的、新的哲学思维方式去认识研究索绪尔、认识研究相关语言理念。我认为，认识事物的观念问题涉及对事物的本质认识，这不仅与事物本身的特性密切相关，而且也跟对事物分析的哲学思维方式密切相联。而在有关事物观念问题的研究上，哲学思维方式问题是一个具有前提性与基础性意义的问题。目前我们的相关语言观念问题的研究，很大程度上忽视了对这一具有前提性与基础性意义的相关哲学思维方式问题的探究与思考。转变传统的本体论哲学思维方式，代之以适应时代发展与语言学理论发展需要的新的哲学思维方式，这是今日在索绪尔的语言观念研究及相关语言理念研究上所必须要引起重视并注意解决的一个重要问题，相关研究者必须要有相关方面的理性意识与理性自觉。

问：您曾在不同的文章中对语言工具论做过不同侧面的发掘，分析过语言工具论的优点与不足。但在不少实际生活中涉及语言是什么时，感觉好像人们经常都在用"工具"来论说语言。您能不能结合语言工具论的发展现状，说说您对这种状况的理解？

答：我确实曾经在一些相关语言观念发展、演进历程的研究中，对语言工具论这种语言观的历史发展状况做过不少比较具体的梳理与研究，包括对语言工具论的产生、发展的脉络及存在的问题等梳理、分析与研究。一些相关研究成果这些年也曾在课上或课下不同程度地跟大家有过交流。

你提出的好像人们经常都在用"工具"来论说语言这个问题，确实存在。为什么会出现这种情况，我想主要可能有这样几个原因：一是语言工具论本身对语言实质的反映有一定的合理性因素；二是它有认知上的相对便于理解、把握等优点；三是它有古老、悠久的历史，已为许多人所熟悉，以及相关思维惯性的影响。

以近年来新出现的习近平"语言钥匙论"这种语言观为例，其理论基础主要是传统的、以语言工具论之语言观为代表的相关语言理念。由于语言本身确实有"器"的性能的一面，所以用工具（包括用"钥匙"这种工具）来揭示语言的性能，自然有一定的合理性因素。同时，用工具来揭示语言的性能，也是顺应了早在柏拉图时即已出现的、早已为人们所熟悉、相对也比较便于理解把握的这种古老的揭示语言性能的方式。只不过是传统的语言工具论之语言观在对语言的工具性的认识与阐发上，很少触及语言到底是一种什么样子的具体性工具上。即便是偶有触及，如"纽带""钥匙"等之类的比较具体的工具，也往往都是在某一特定的意义与层次上而言的。如说语言是"纽带"时，通常是在纽带的"联系""维系"的意义上而言的；说语言是"钥匙"时，通常是在钥匙的语言与文化关系的意义上或语言与解开我们心智之谜的意义上而言的等。而习近平语言钥匙论之语言观在对语言工具性的认识与阐发上，则不仅主要侧重在语言的一般意义与价值的层次上语言到底是一种什么样的具体性的工具，而且是在用"钥匙"这一具体的工具及其所内蕴的相应的内涵——"打开"或"开启"及"方法""手段""途径""关键""法宝""守望者""收管""常用的""属于人的""独具的"等，以隐含的方式进一步揭示了语言的性能，从而深化了对语言的认识，并且也很便于理解、把握。"钥匙"所具有的上述这些内蕴，也在一定程度上顺应了当今学界对语言的功能与价值认识的一些相关状况，这都是传统的语言工具说中的"工具"的内蕴所不具备的或难以相对明晰地体现出来的。从这个意义上说，用"工具"来论说语言，本身是有其一定的存在的缘由的。

当然，说到要"结合语言工具论的发展现状"来谈问题，还有一个有关语言工具论的发展现状中的问题，这里我顺便也说一下：近年学界有人在报刊上提出了一个外语教学要"回归语言作为知识工具的本质"的观点，我想在这里顺便也说几句我对这种观点的一点儿看法。我对这种观点的理解是：语言可以"作为知识的工具"，但人类语言的本质是否就是一个"作为知识的工具"，或者说"作为知识的工具"是否就是人类语言的真正本质，外语教学究竟是不是就以"作为知识的工具"为旨归来进行等，这里恐怕还是一个尚需要认真分析、探讨、论证的问题。相关理念的提出者在对语言的真正本质到底是什么、外语教学的旨归到底应该是什么、知识与能力的关系等这些前提性的问题未在学理上进行过全面、细致的梳理分析与充分、深入的科学论证前，提出外语教学要"回归语言作为知识工具的本质"，这在学理上恐怕是很困难的。

问：通常来说，我们日常在使用的语言都是属于人的语言。而语言本体论这种语言观则把语言看成是独立于人的本体。那么，在您看来，我们日常在使用的语言到底是属于人的呢，还是像语言本体论这种语言观所认为那样是独立于人的本体呢？

答：这个问题要细究起来挺复杂，涉及哲学与常识的关系等问题。若是简单一点说，我们人类日常所使用的语言，按照一般的理解，当然是属于人的语言了。常见的一些语言学理论著作中，在讲到有关语言的性质时，不是常常都讲"语言是人类独有的交际工具"吗？强调的就是语言的这种属于人的本性。当然，"语言"的内涵可以有广义与狭义之分——狭义的语言是指人类的自然语言，广义的语言可以是指包括人类的自然语言及其相关语言行为、人类与非人类的非自然语言及其相关非自然语言行为（如人的态势语、形式语言，动物的"语言"、各种情态符号等）。这里，我们讲的语言是指狭义的人类的自然语言。而就人类的语言而言，按照非神话式的一般理解，没有人自然是没有语言的，语言显然是属于人的，是人的一种属性。当然，我们这么理解语言，并不意味着否认语言对人还具有的能动作用。语言本体论者把语言看成是本体，让语言以独立于主体与对象的形象而出场，当然有其如此理解与解读的原因，主要还是为了克服原有的哲学中存在的一些难以解释的问题而提出来的。比如为了克服当代主体性哲学中所存在的一些难以解释的问题，海德格尔等建立了本体论的主体间性（交互主体）理念，语言与人的交往之间的关系实际上在某种程度上也被看成是相互内在、互为前提的关系等。尽管语言本体论的出现从哲学的角度而言自有其一定的出现背景与相关认识为依托，也有一定的启发性意义，我们也不能完全用常识的经验性的理解去对待哲学的超验性的追求，但在就"我们日常在使用的语言"到底还是不是属于人的语言这种现实性上来说，我并不认为语言本体论这种认识是很正确的一种认识。个中原因，除了我曾在《语言本体论之语言本质观论析》一文中已有的、对语言本体论之语言本质观所存在的一些问题的分析不提，而仅就我们日常在使用的语言本身来说，也不太好说它就是本体。因为早在亚里士多德时就曾区分过：实体（本体）是独立的存在，属性是依赖实体而存在的存在（关于这一点，哲学家高文新教授在我的《语言本质理论的哲学重建》一书的序言中曾有过部分相关阐述）。通常而言，语言也并不是人本身之外的、可以独立于人的一种伴随之物。丹麦著名语言学家叶尔姆斯列夫就曾认为：语言并非身外伴随之物，它沉藏于人类心智之中。正因为这样，无论理论上还是事实上，把我们日常在使用的语言看成是独立于人的本体的这种认识，都是存在着一定的问题的。

问：您曾在您的研究中提出了一种被称为"语言实践表现符号论"的语言观。您能不能联系目前语言学的实际情况，说一下这种语言观的提出有什么实践意义与价值，或者是在这方面有哪些我们将来可以去思考研究的内容？

答：我曾在我的相关语言观念研究中，提出语言本质上是一个由底层本质、一般本质、特殊本质而构成的系统：语言的底层本质是人类的实践活动（简称"实践"），语言的一般本质是表现，语言的特殊本质是符号，语言实际上就是人类实践活动音义结合的表现符号。这一观点就是后来被称为"语言实践表现符号论"的语言观。

一种思想观念提出的意义与价值，不仅仅在于它在理论上解决了什么样的观念上的问题，更在于它因此而又能引发出哪些有价值的、需要解决并因此而可能获得解决的问题来。某种程度上说，一种思想观念跟其实践意义与价值间的关系，如同种子与粮食的关系：种子是生产粮食、维护粮食生产健康发展的根基与关键，通常而言，一粒种子可以生产、收获多粒粮食，不同品质的种子可以生产、收获多粒不同品质的粮食。语言观念跟其实践意义与价值间的关系，道理上也是如此。

语言观是指导语言实践的灵魂，不同的语言观下的对语言问题的认识与思考，必然会导致出现与之相应的不同的语言理念及不同理念下的阐发语言问题的不同的实践操作路径与方法。这也是语言观念创新的魅力之所在、实践意义与价值之所在。你提出的语言实践表现符号论的实践意义与价值问题，可以反映在许多层次与方面，比方说反映在对具体的语言观的理论建设实践上、对语言的社会发展与规范等相关问题的认识实践上、对语言学相关课程的内涵建设实践上等。这里，我想就语言实践表现符号论对你们相对比较熟悉的语言学理论、现代汉语等课程的内涵建设上的实践意义与价值，来扼要说一下这个问题。

我们目前的语言学理论、现代汉语等课程建设，在有关语言本质问题的理性认识上，主要是列宁、斯大林加索绪尔，也就是主流的语言本质观念主要是列宁、斯大林的语言工具论思想加索绪尔的语言符号论思想。这种语言思想观念尽管有一定的合理性因素，但也有自身的局限性，存在着一定的问题。其中，最主要的问题是对语言本质认识的层次与深度尚显不足，忽视了语言中的人的存在、在一定程度上脱离语言生活实际。关于本方面的一些具体状况，我在我的相关研究中及我的一些相关课程教学中，都曾不同程度地有过一些比较具体的分析，听过我的相关课的同学应该都不太陌生，这里我就不再赘述了。而这种语言观念下的语言学理论教材及相关教学通常又是一种什么样的状况呢？这种语言观念下的语言学理论教材及相关教学往往是：先总论语言的本质——诸如先讲语言的工具性，包括"语言是人类独有的最重要的交际工具""语言是思维的工具""语言是认知的工具"等，再讲语言的符号性，包括什么是符号、符号的特点、组合关系与聚合关系等，然后再分章节去讲语言这种符号的语音、词汇、语义、语法及记录语言的符号——文字等都是什么样的构成状况（主要是语言意义上的讲述）。这一实践操作体例，我们可以明显地感受到是列宁、斯大林的语言工具论思想加索绪尔的语言符号论思想影响下的结果。同样，这种语言观念下的现代汉语教材及相关教学也往往是：先从语言是什么（包括语言是工具、符号等）说起，引出什么是现代汉语来，然后再分语音、词汇、语义（有的语义在词汇中讲）、语法及记录汉语的符号——汉字，或者再加上修辞或语用等去讲解现代汉语。这尽管跟语言学理论教材及相关教学状况有一定的区别，但还是可以从中看出二者在大体相似的语言观念影响下的、大体相似的实践操作理路的影子。语言学理论、现代汉语等课程建设的这种实践操作，尽管自有其一定的合理因素，但同时也存在着不少问题。其中所存在的一些问题，一如吕叔湘早就指出的那样："语言是什么？说是'工具'。什么工具？说是'人们交流思想的工具'。可是打开任何一本讲语言的书来看，都只看见'工具'，'人们'没有了。语音啊，语法啊，词汇啊，条分缕析，讲得挺多，可都讲的是这种工具的部件和结构，没有讲人们怎么使唤这种工具。"语言工具知识、语言符号知识，与人如何在语言实践中去更好地把握与运用语言这种工具、这种符号，是既有联系又有区别的两种不同的层次与状态的内容。语言工具知识或符号知识的掌握，并不等于人的语言运用实践能力的掌握。多年前在一些学习过上述语言类课程的人中就曾有过一种言论，说是学了一些语言学理论、现代汉语等知识，怎么感觉对于提高自己的语言实际运用能力好像作用不大似的。这话说得虽然不一定完全合乎实际，但却从一个侧面反映了这其中值得我们深思的一些问题。那么，能够导致产生这些问题的根源到底是什么？我认为，尽管这可能涉及不少层面，但最主要的，是设计这种实践操作体系者的语言观念问题。因为语言观念是引领语言实践操作的灵魂，你有什么样的语言观念，必然就会有什么样的语言实践操作设计。你的语言观念相对越科学、越合理，你的语言实践操作设计或者说是语言课程建设就相对越科学、越合理。

我所提出的"语言实践表现符号论"这种语言观，是在对人类历史上包括语言学、语言哲学等在内的已有相关语言观念进行过相对比较系统的梳理分析的基础上而提出来的，其得以建立的理论基础与前提，是我所提出的层次语言本质论思想。即语言本质上是一个由底层本质、一般本质、特殊本质而构成的系统：语言的底层本质是人类的实践活动，语言的一般本质是表现，语言的特殊本质是符号。这一语言观的确立，本就是意在尽可能地摆脱传统语言观所存在的一些弊端，特别是摆脱已多为后人所诟病的传统的语言工具论、语言符号论所存在的一些弊端，以便更好地为语言学的理论与实践服务。这种语言观与我们现有的流行的语言观念最主要的不同是：揭示了语言本质上是由底层本质"人的实践活动"、一般本质"表现"、特殊本质"符号"这样几个层次构成的系统，从理念上揭示了被传统语言观所忽视的语言中的人的存在及语言的实践性、表现性等特性，从而在实践上为我们上面提到的语言学理论、现代汉语等语言类课程的建设提供了可以进一步开拓、发展的理论基础与生长空间。若是用我的语言观念看，我们现在的语言学理论、现代汉语等课程，在教材建设及相关教学中，有许多地方值得我们未来去重新审视、思索与开掘。比方说，语言观念上的语言实践本质、表现本质如何把握与融入问题，语言实践运用中的语言与人的关系如何把握与融入问题、语言的表达与呈现如何把握与融入问题，以及因语言观念的转变而带来的对语言的社会发展与规范准则等如何再认识等问题。这些都是由语言观念的这种创新与转变而带来的未来我们可以去再开拓、再创获的一片大有可为的沃野，希望你们这样的青年才俊，未来能够在相关方面的思考探究上推陈出新，有所作为。

二、关于如何做好相关语言观念研究等问题

问：您能不能举一个您相关语言观研究的实例，从怎么具体操作上来给我们说说您是怎么样写相关研究文章的？

答：语言观念问题的研究，是我近些年来在相关语言哲学研究方面所着力进行探索的一个方面。这里，我想结合我对语言本质理论问题的研究——主要是后来被称为"语言实践表现符号论"这一语言观念的研究——当初是如何产生的过程情况，扼要说说我在写相关研究文章时是怎么操作的。

首先，我先说一下这个内容的选题是怎么选定的。

任何一个有价值的、相对比较重要的学术选题，从酝酿到提出来作为一个选题来进行研究，往往都是有一个过程的。我对有关语言本质到底是什么这个问题的思索，其实也经历了一个很长时间的酝酿的过程。早在20世纪90年代初我在北京师范大学中文系读语言专业硕士研究生的时候，在翻阅一些理论语言学、文化语言学及语言哲学等著作以及一些相关问题的研讨中，关于语言的本质到底是什么问题，曾引起了我的关注与思索。记得当时语言学界的相关说法除了传统的语言工具说、语言符号说等一些说法之外，语言人文性的说法一度也比较热。像语言本体说这样的说法，当时好像除了哲学界探讨得相对比较多以外，在中文所属的这些专业里，主要是文艺学、美学等涉及得相对比较多一些，语言学涉及得相对很少。在这之后的很长一段时间里，语言本质上到底是什么一直作为一个问题萦绕在我的脑海中。这个问题作为一个研究选题提出来，是我在高校语言学工作岗位上工作了多年后又去读博的时候。当时，在教授读博挺流行的那个年代，我也计划着要去读博。可能是由于当时单位干活的人手相对紧张、我还在学院行政上兼了点职等原因吧，我是在几次申请要去外地读博后，才获得了单位组织部门的同意，所以还是很重视这个机会的。在备考时，因为我硕士是在北京师范大学读的，所以，当时我本来曾计划要再往北京这边考个语言方面的博士的。曾在硕士研究生阶段时教过我的老师、北京师范大学中文系语言学理论教研室的伍铁平先生认为我长于理论思维，曾建议我如能多读点跟语言哲学等方面内容相关的东西，把它能与现有的语言学理论结合起来，可能对我将来的语言学研究与发展会更有益处。伍先生还给我介绍了中国社会科学院涂纪亮的《现代欧洲大陆语言哲学》《现代西方语言哲学比较研究》等一批有关语言哲学研究方面的基础著作让我先阅读。记得当时这当中的一些书在书店一时没买着，还是请在北师大的友人帮我从馆藏文献中复印来读的。后来我选择吉林大学哲社学院读博并走上了语言哲学研究的道路，与包括伍先生在内的几位师长的指点、鼓励、帮助有很大的关系。在我读博前后的很长一段时间里，我有机会研读了一批以海德格尔、伽达默尔、维特根斯坦等为代表的语言哲学著作，浏览了一批以柏拉图、亚里士多德、奥古斯丁、培根、洛克、莱布尼茨、孔狄亚克、哈曼及马克思主义经典作家、中国的诸子百家等为代表的相关著述，以及以张岱年、高清海等为代表的有关哲学思维等方面的著述，对人类历史上与语言哲学观念等相关的问题有了多侧面的理解体悟，也进一步深化了我对一些相关问题的理性认识。我在博士学位论文选题选择的时候，本来可以有研究某一人物的语言哲学思想、研究某一人物相关语言哲学思想中的某一具体观点、研究语言哲学中的某一理论问题等多种选择。后来从选题本身的研究现状与开拓性、选题本身的重要性与价值性、研究内容建构上的创新性、自己已有的研究基础积淀等几个方面综合考虑，我选择了直面更有意义与价值的具体问题去做研究的思路，将语言本质理论问题研究作为自己的博士学位论文的选题。当时我开题的题目叫《语言底蕴的哲学追索——从传统语言本质论到层次语言本质论》，后来在博士学位论文出版时，将其简化为《语言本质理论的哲学重建》而予以出版。

关于怎么选题更合适问题，每个人可能有每个人的体悟，具体操作时可能会有一些差别。就一般情况而言，我个人的一点体悟是：一是先看选题的已有研究情况，同等情况下尽量先选前人较少涉猎过、没涉猎过的题目，这样的选题在开拓性上相对比较好；二是看选题本身是什么性质的题目，比方说是核心理论、核心技术性质的，还是非核心理论、非核心技术性质的，其重要性与价值性如何。同等情况下当然尽量先选重要性与价值性相对较大的题目；三是要考虑对这个问题的研究在内容上或方法上、材料上等你有没有能创新的地方，即你的研究有没有创新，或者说创新性如何。同等情况下当然是要尽量先选有创新性且创新性相对较大的题目，一点创新都没有的东西当然是不能选的；四是要考虑你对这个问题的驾驭能力，有没有相关研究基础、你的能力能不能驾驭得住这个问题。这个也是同等情况下当然尽量先选你的研究基础相对较好、驾驭起来相对更便利的题目。我主要就是按这几个原则来选择选题的。

其次，我再说一下我是怎么去写的。

写文章的第一步是先认真搜集、查阅已有的相关研究资料，包括已有的相关著作、相关论文等。这方面的工作需要认真，不能马马虎虎或含含糊糊的。比方说，前期国内相关研究论文的检索，这个可能不同的人有不同的检索选择，并不见得一定相同。有通过相关目录索引去检索的，有通过上网搜索的办法去检索的等。我写这篇文章的时候，对文献检索的具体方式通常是通过目录索引中所收录的文献题目去检索，或者是通过网上查关键词或相应的文献题目去检索等，还没有可以直接通过检索所有文章具体内容的办法去筛查相关文献有哪些的检索手段，我当时主要是用了比较传统一些的查阅《全国报刊索引》的办法去检索相关文献。因为这个索引所收录的文献题目相对还是比较全的，比通过网上用关键词等检索相关文献所呈现出的检索题目要相对丰富很多。由于要检索的一些前期的相关研究文献的题目有的可能跟你要研究的题目在表述所用的关键词上一致性较强，这样的当然容易检索到该文献，但有的相关研究文献用的题目可能跟你要研究的题目在表述所用的关键词上一致性不强，甚至有的题目里就没用你要检索相关文献时所用的那个关键词，这样的文献你用关键词查找时怎么办？要是用跟你要研究的题目完全一样的题目去检索，能检索到的相关文献就更少了。但如果这样检索不到多少相关文献，你就可以认为是再没有前期相关研究了吗？假如你用检索关键词的办法或者是用跟你要研究的题目完全一样的题目去检索而没检索到相关研究文献，就能认为是没有前期相关研究、你的研究要填补空白了吗？这样思考问题显然是有问题的。检索、查阅前期相关研究文献的目的是为了了解前人已有的研究状况，要尽量细致，尽可能少遗漏相关研究文献。这样，你对前人已有的研究才可能真正地是心中有数，说起以往的情况来才真正地有底气。所以，在还不能直接通过检索所有文章具体内容的办法去检索相关文献有哪些的情况下，我们在检索相关文献时，一是要尽可能用网罗文献题目相对比较全的索引去搜集相关文献信息，二是要学会从已有文献题目中判断哪些题目的文献可能有你需要的内容，把这样的文献题目也筛录下来，并找出原文看一看到底是不是相关研究文献。这里我不举你们以前可能不太熟悉、不太便于理解的语言哲学研究的例子，举一个你们以前相对比较熟悉、便于你们理解的现代汉语的例子：说我要检索一下关于汉语动宾短语的研究文献有哪些，这个固然可以用关键词"动宾短语"去检索相关文献题目，但文献题目中不带"动宾短语"字样的就一定不是你要查阅的研究文献吗？这当然不一定了。比方说，题目是研究动词结构的文献里可不可能有"动宾短语"？题目是研究短语的文献里可不可能有"动宾短语"？题目是研究句法的文献里可不可能有"动宾短语"？这就需要你在检索相关文献题目时，要学会从已有文献题目中判断哪些题目的文献可能有你需要的内容，把这样的文献原文也找出来看一看，才能清楚它到底是不是相关研究文献。这个得细心，不能粗枝大叶地去做。当然，如果将来有了可以直接通过检索所有文献具体内容的办法去直接筛查相关文献的手段时，这就另当别论了。

我在按上述办法完成搜集已有的相关研究文献题目后，再尽可能地逐一去查找到这些资料的原文来仔细阅读、研究，看看前人都研究到什么程度了。该复印的资料就复印，该买的资料就买，并分别记录下一些重要的阅读、研究的心得，以为将来所用。这一过程需要注意两个问题：一是一些题目的文献资料的原文可能在某些单位的资料室或图书馆查阅不到，这时不要轻易放弃对这些文献资料原文的查找，要尽可能地想办法查阅到，不要轻易地漏阅了这些重要的文献资料。现在的学术条件解决这类问题的办法很多，比方说没找到纸质版的文献资料，有的可以用电子文献查阅、到馆藏更丰富的图书馆查阅或通过相关专业人员进行馆藏部门间的调阅等。我所需要的一些文献在地方单位图书馆查不到原文时，就适当使用了其他查阅方法，包括从国家图书馆查阅、从国外相关图书馆查阅等。二是一定要认真研读相关文献的原文，并对其观点做好梳理、札记，注意记录好一些重要的相关阅读、思考的心得。出于方便查看等考虑，我在记录相关心得时，凡是属于我自己所有的资料，常常都直接记录在资料相应的位置上；凡是不属于我自己所有的资料，一般都以笔记的形式记录下来，或以记录条的方式夹在资料的相应位置上，或者用可以贴在书上、不用时还可以揭下来的那种便利贴，把心得写在它上面，贴到资料的相应的位置上。

第二步是编写文章写作提纲，按提纲进行写作。这是很重要的一个文章写作环节，也是很关键的一个文章写作环节。写作提纲既是文章的主要内容的脉络与结构布局的框架，又是文章具体动手写作时的路径与抓手。写作提纲的编写，应该在对所研究的问题是什么、存在什么问题、怎么解决等已有了全盘的考虑与基本的把握的基础上来进行。写作提纲应结构层次清楚，内容表述相对简明，合乎相应的规范要求。按照一般文章的基本结构顺序及逻辑理路，我的这篇文章的写作提纲具体分为四章来编写的：第一章是绪论，主要说的是我所要研究的东西是什么、有什么意义与价值（这一章我用的具体题目是"绪论：语言本质的内涵及对语言本质问题研究的意义"）；第二章主要说的是我所要研究的东西是什么样的、存在什么问题（这一章我用的具体题目是"解构：传统语言本质论论析"）；第三章开始进入解决问题阶段，这一章先说我要遵循什么原则去解决问题（这一章我用的具体题目是"回归：探讨语言本质问题的逻辑起点"）；第四章开始进入解决问题的第二个阶段，这一章主要说的是怎么具体地解决这一问题、核心观点是什么（这一章我用的具体题目是"重构：层次语言本质论"）。每一章下面又分为若干节，每一节下面又分为若干个具体内容来阐述。这四章内容以后是附录、主要参考文献等。这就是我这篇文章的写作提纲的大致情况。这里，我想强调说明的是：编写写作提纲的一个重要目的，是为了提纲挈领地把握问题的脉络，为写好文章服务。因而，这个写作提纲不能写得太笼统、空泛，应写得相对翔实一些，以管用、好用为佳。我在编写这类文章的写作提纲时，常常根据具体用途区分为两种不同情况的提纲：一是作为向读者呈现文章的主要内容是什么的提纲，或者是可以在文章前面做目录用的提纲，这类提纲一般编写到文章的章、节、具体内容标题这样三级目就基本可以了；二是作为作者自己在文章的具体写作过程中起提示作用用的提纲，这类提纲则是力求在上一类提纲的基础上，尽可能地向下再细致一些，有的甚至是一个小要点的后面准备写哪些内容、用什么例子、要引证什么材料、排列的顺序等，都在这个提纲上做出标记，以便于文章写作的流畅进行。对于作者的具体文章写作来说，这后一种状态的提纲更为重要，基本上是把要研究的问题是什么样的、做什么分析、怎么去写等，从前到后都想清楚了，想明白了的产物。有了这样的可以在文章具体动手写作过程中起提示作用的比较详细的提纲，动手写起文章来往往是既比较得心应手，又很有效率，跟那些对所研究的问题事先没思考清楚、写作提纲比较粗糙与空泛就急于动手操作，甚或是边想边写、下笔迟滞等状况相比，自然是流畅、便捷多了，可以达到随时就可以拿起笔来，按照提纲马上就能往下写的状态。尽管在文章具体动手写作的过程中，我们还可能随着对问题思考的加深而对相关提纲内容做出一些必要的调整。我主张在文章进入写作这个阶段，功夫要下在前面，下在文章要进行具体动手写作的前面，要在文章要进行具体动手写之前，对所研究的问题事先都尽可能地思考清楚，文章具体写作用的提纲要尽可能地翔实，对文章写作有通盘的整体考虑。这样，在文章要进行具体动手写作时，你才可能心中有数、胸有成竹，才可能行稳致远、少走弯路，少出现一些诸如写一写就写不下去了，写一写就不知道怎么写了，写一写不知不觉就写跑题了，文章写作放下一段时间后再续写时还需要先想一想往下该写点什么了等之类的状况。别舍不得在这儿下功夫。老话说得好，"磨刀不误砍柴工"嘛！

　　文章进入具体动手写作阶段，需要注意的问题很多，有内容的、方法的、材料的等，不少东西三言两语很难说清楚。这里，我主要强调注意两点：一个是文章一定要有自己的东西，即有自己的新创见或新认识、新发现，这是所有学科的学术研究文章的基本要求。何况，"语言学"从词形上看，本来就是"言吾言学"嘛！就是要说我自己的东西、不能人云亦云嘛！另一个是一定要注意相关学术规范要求，行文前一定要注意仔细研究相关行文的一些具体规范要求，特别是注意像文献怎么标注等之类的这样一些具体规范要求，按照相应的具体规范要求去进行写作。像已作为我们国家标准的文献著录规则中的"顺序编码制"与"著者－出版年制"，这本是两种不同的文献著录方式，不少单位的主管部门对相关文章的文献著录方式都有自己的比较具体的要求。但不少相关文章的文献标注，实际上往往是不甚清楚地、正文行文中的文献表述方式跟文后对文献的标注方式前后不相匹配地在混淆使用着两种不同的著录方式

（如正文行文中的文献表述方式用的是"著者－出版年制"，文后对文献的标注方式却是"顺序编码制"等）。类似的细节问题，在我们的学术论文写作中，大家一定要注意尽可能地避免。

第三步是文章初稿完成后的修改、完善。写学术论文，通常很难一遍就能够完全写好，就不再需要修改、完善了。许多优秀的文章，其实都不同程度地经历过修改、完善的过程，都是在不断地修改、完善的过程中而逐渐地优秀起来的。文章修改、完善的方法有多种形式，比方说可以是从前到后一次性地、整体上齐头并进式地修改、完善，也可以是分项式地、一项一项地从前到后修改、完善等。当然，不同的方法自然是各有各的长处，可能不同的人有不同的喜好与体悟。我个人的体悟是：对于学术研究类的这种科学性、严谨性要求比较高的论文而言，在其后期的修改、完善上，最好是将上面提到的这两种方法结合起来综合运用。因为学术文章检查的过程，涉及方方面面的因素，需要考虑并照顾到的问题的层次、角度很多。比如有文章框架、结构层次、内容表述、行文规范等层面的，有理论、实践层面的，有前与后的关系、整体与局部的关系、继承与创新的关系等层面的，有语法、修辞、逻辑、标点符号等层面的，有字体、字号、间距、图表、引用、注释等层面的等。如果只运用从前到后一次性地、整体上齐头并进式地修改、完善的方法，尽管有整体观照、简便快捷等好处，但有时也难免有百密一疏、顾此失彼之忧（尤其是语言表述、图表、用例、引文、注释、参考文献等方面）。如果只运用分项式地、一项一项地从前到后修改、完善，尽管有具体、细致、易于把握等好处，但有时也难免有只见树木不见森林、惜指失掌之忧。因而，适当地将上述两种不同的方法结合起来，以取得整体观照与具体观照互为补充、相得益彰的效果，还是很有必要的。科学研究需要脚踏实地，不能要小聪明、投机取巧。凡是靠要小聪明、投机取巧等办法去搞科学研究的，一定是走不了多远的。

问：如果将来我们也想要像您这样从事一些与语言观念等有关的研究工作与教育工作，您能不能从您的经验体会的角度给说说我们大致该怎么做？

答：这个问题问的内涵挺大，感觉要大概把它去区分一下的话，起码涉及怎么做与语言观念等有关的语言研究工作及怎么做老师去进行相关教育工作等两大方面。这里，我就从这两大方面概要地说一点儿我的理解与体悟。

（一）怎么做与语言观念等有关的语言研究工作

要想真正地做好相关方面的研究工作，可能会涉及许多方面的因素。择要而言，我认为起码要注意把握好这样两大方面：

1.必须要有一定的相关方面的研究基础

语言观念研究属于对语言的理性研究，相比较其他的基础性研究而言，尤为需要有相对比较深厚的相关方面基础知识、基本理论的积累、积淀做基础。比方说，相关研究的本体论方面的基础、认识论方面的基础、方法论方面的基础等。这可能在不同层面上，起码涉及本体语言学、应用语言学、理论语言学、语言哲学等不同学科的相关方面的知识基础，以及哲学思维方式、认知科学等不同层面的相关认识论方面的知识基础，乃至相关科学的方法论方面的知识基础等。上述所涉及的每一方面学科都有一些基本的文献需要阅读、把握。到底应该读哪些文献及如何把握某些内容等，可以向有关方面的专业老师请教，或自行查阅相关文献阅读书目，去学习、掌握。这些相关研究基础涉及应该阅读的古今中外、不同学科的相关研究文献很多，根据我的体悟，这些文献的阅读说起来好像还挺容易，要真正地做起来并达至相应层次的理解、把握，实际上并不容易，往往需要经年累月的发愤与努力，需要老老实实地坐若干年冷板凳的功夫，才有可能接近或达到相应的目标要求。特别是在搜寻、梳理、把握人类历史上曾有的一些相关理念的内涵、萌生与发展等问题上，在了解、掌握一些有关哲学思维方式、语言哲学等方面文献的相关理念及发展状况上，没有若干年扎实的冷板凳的功夫，是很难登堂入室的。古人有一句名言说："大木百寻，根积深也；沧海万仞，众流成也；渊智达洞，累学之功也。"说的就是这种基础积累、积淀的重要性及其作用。

当然，我这是就一般状况而言的。如果说自己是天才，那就另当别论了。其实，一个人的为学的基础怎么样、学问怎么样，不用他自己说，行家听一听他说的话、看一看他写出来的东西，大体上就能品味出他在某些问题上是什么基础、什么层次与什么水准的了。即便是同在某一方面都颇有声名的一些专家那里，实际上也可能有层次之别。拿跟我们靠得比较近的一些人文学科的研究来说，研究成果有没有深刻的形而上的哲学层次上的思考和人类高度的精神背景，是区别是不是学术"大家"的重要标志。行家只要去看一看、品一品，大体上就知道了。这就是所谓的"外行看热闹，内行看门道""行家一伸手，就知道有没有"这些说法的道理所在。凡是一知半解又总喜欢炫耀、表白的，轮子越不圆声音越尖噪的，甚至是好像什么方面的东西都挺明白、都敢随便去张扬评说的，去忽悠忽悠不明白的外行还可以，内行的基本上一听或一看差不多就明白你是什么样层次的一个人了。只不过是在比较讲究情面的文化人那里，不愿意将其直接点破罢了。你得有点儿自知之明，懂得谦虚谨慎、虚怀若谷的道理。学人做学问做到一定程度比的是内功与做人，真正有大学问的人往往都是很有内涵而又很内敛的人。你见过几个真正有大学问的人是经常招摇于市、忽忽悠悠的人？因而，学人要不断地提升自己的内力并谦虚谨慎、踏实做人，还是很有它的道理的。前人说的"有真才者，必不矜才；有实学者，必不夸学"的道理，以及像"修行三年，口出狂言。再学三年，不敢妄言。又学三年，沉默寡言。再过三年，无需多言。又过三年，静口无言。再过三年，无言即言"中的一些道理，想必大家都明白吧。

关于研究基础，这里需要注意几个问题：

（1）我在这里所说的为学要有一定的相关方面的研究基础（注意我说的是"一定的……研究基础"），实际上说的还只是一个能够维系相关研究的基本性的要求，并不是为学上能达至最理想境界意义上的那种很高层次的研究基础的要求。为学理想的研究基础追求，当以能更广泛地博览群书为上。这一点，大家一定要清楚。尽管这种理想的境界可能是一个让人感到很难企及的境界，我在研究基础里也没有把对研究基础的要求提到这么高的境界，但我们在理性上还是要对此保持一份应有的清醒。因为从理论上说，你读的书越多、涉及的面越广，相关积累与积淀相对就越深厚，相关研究的基础也就越坚实、牢固。这个道理相信大家都懂的。读书多读一些对你所要从事的研究内容密切相关的著作当然不错，但要是从更阔大的视域上来审视问题的角度说，适当地也读一些眼下看似对相关研究没有直接用处的书籍，未来对相关研究也未必就一定没有什么用处。眼下看似对相关研究没有直接用处的一些阅读，未来说不定就可能会在你所思索的某一问题的某一视点与维度上，偶然起到镜鉴、启迪的作用。这方面内容的积累、积淀，属于是一种类似于"无用之用"方面基础的积累、积淀。比方说，某一著作通常本不属于我们要研究的东西的研究基础范畴，或看起来本就是不相搭的不同范畴的东西。但这类著作阅读了解后，有时会意想不到地对我们要研究的东西的某些思路起到一定的镜鉴作用或灵光偶得的启迪作用。这种"无用之用"状况的出现，无疑是对博览群书效应的一种昭示与表征。而博览群书到一定程度的时候，有时你会发现，一些本属于不同领域的知识竟不由地发生了联想、联系与联通，好像你所读到的很多东西都对你

所思考的东西不无关联与益处、都不白读似的，从而使你对某一问题的认知
豁然开朗了起来，在新的视角与维度上获得了新的启发、感受与认知。这也是
只有读书才能获得的一大快乐与享受，使你越发地热爱读书，更理解"展卷有
益"的道理。这种情况的出现，往往是在读书读到博富、通达的时候。

　　当然，我这里所强调的这种相关研究基础，并不是说语言观念这个东西
无论是谁去研究，唯有达到我认为的这种基础才有资格去触及，而没达到这种
基础的其他别的什么人就一定没资格去研究、不能研究或不能在某种层次上尝
试一些本方面的思考与探索。而是说，学术研究是有不同的层次与水准的，同
样去做某一研究，不同基础与不同素养的人所研究出来的东西通常是不一样
的、有差别的，就看你所做的研究是什么层次、什么水准的研究了。我的说法
主要是针对研究生这个层次与水准的人说的。你们现在都已经是研究生的层次
与水准了，研究生应该是在老师的指导下接受过正规的学术研究培训、具有相
应的层次与水准的人才才对，得有点儿研究生的素质。"素质"是什么？它可
不是什么吃素的性质，它是事物本有的性质。按照我的理解，这里的"素"的
内涵与《黄帝内经·素问》中的"素"的内涵有类似之处，都有"本来的、原
有的"意思在里面，尽管人们对《素问》里的"素"的内涵还有其他的一些解
释。研究生从事相关学术研究，要与你们作为研究生本应达到的基本水平要求
相适应、相匹配。尽管原则上什么人都有选择去做学问的权利，但人和人的素
质不都是一样的，所做出来的学问也不可能都是一样的层次与水准的。研究生
从事相关学术研究不能像未接受过正规的相关学术研究培训的一样，不能"学
文虚作"——有学历没学问、有文凭没文化、有虚名没虚心、有作秀没作为。
而比较理想的、有一定层次与水准的学术研究，通常都是需要有一定的相关知
识基础与相关学术素养为前提的。比方说，目前学界同样都被称为语言哲学研
究的，从研究成果上看，有的实际上是侧重于语言学意义上的语言哲学研究，
有的实际上是侧重于哲学意义上的语言哲学研究，有的则实际上是侧重于语
言学、语言哲学等相联通意义上的语言哲学研究，即存在着不同层次与水准的
语言哲学研究。我是倾向于最后一种状态的语言哲学研究的。因此，要我来谈
从事语言观念等相关研究的基础，我觉得这个问题不能囿于语言学跟语言哲学
等缺少联通的方式来探究，应当在更广阔的视域中看问题，特别是要注意在语
言学与语言哲学等学科相联通的视域中去看问题。这样，我所认为的从事语言
观念等相关研究的基础可能比有的人所认为的研究基础相对要更阔大一些，为
此所需要的积累、积淀的功夫可能相对要更长一些。我自己从事语言学研究工

作，也并不是一开始就在做语言观研究的。我是在高校从事了近二十年的语言学基础教学与研究（主要是汉语语言学、应用语言学等方面的一些基础性的研究）后，在对相关基础知识与基本理论有了一定的积累、积淀，对相关语言规律、哲学思维方式及相关语言哲学理念等也有了一定的体悟的基础上，才开始着力进行一些与语言观念相关的语言哲学研究的。对这其中的一些酸甜苦辣，我还是有一定的感知与体悟的：从事这种理念性的东西的研究，特别是理念创新性的研究，如果视野不够开阔，基础打得不宽厚、不扎实、不牢靠，就想能成就一番大学问来，那不过是不切实际的幻想与一厢情愿罢了，除非你是神。这实际上也是合乎相关方面的基本常识、基本规律的，我们做事情得尊重基本常识、基本规律。

（2）相关研究基础的积累、积淀，一定要注意汲取相关经验与方法。比方说，不少人在说到怎么做学问时都强调说"学问学问，要学要问"，这"要学要问"就不仅只是一种为学的经验，而且更是一种为学的方法。以怎么"学"为例，比如说怎样学习、把握众多相关文献合适，可能不同的人有不同的体会。我的体会是：一定要注意先多读经典、原典，并注意用追问的方式去进行思索性的阅读，以便能相对更准确、深入地理解、把握经典、原典。有的人面对林林总总的各类不同层次与不同水准的著述，不管是经典还是非经典、原典还是二手的材料，不分主次轻重、不加区分地碰到什么就读什么。这种读书的方式，虽然可能也读了很多书，知道很多东西，但如果因此而造成杂七杂八的一般书籍读了不少而本该系统通读的经典还没读过、二手的材料读了不少而本该读的原典还没读过，这就有些不得要领、缺少章法了。我们提倡同等情况下要先多读经典、原典。关于读经典、原典对治学的重要性，想必大家都有所了解，我在过去的相关教学中也没少提过。我还在我的一首《志学》小诗中，曾用"自古文人耻学空，一真悟得累年功。芸台寄语簪门客，研典精深学自通"来说明过其重要性。这里，你知道"研典精深学自通"这个道理就行了，我对此就不再多解说了。我这里想强调的是：多读经典、原典，多通过原典来了解、把握原著，而不是都通过别人解读的二手资料来了解、把握原著，这对于治学来讲是非常重要的，会避免许多不必要的讹误（我不是一概反对二手资料，不分青红皂白地抹杀二手资料的价值，而主要是意在说明做学问怎么做相对更科学、更严谨）。比方说，国内语言学界曾有学者在著述中解读意大利哲学家维柯的相关语言思想时，认为维柯在1725年出版的《新科学》一书中"把语言作为开启人类社会文化起源和发展的奥秘的钥匙"，并认为"在维柯看来，语言是人类科学的万能钥匙"。实际上，从我们看到的维柯《新科学》的原著上看，维柯虽然确实在书中从语言（特别是从一些词）出发去探讨过一些有关问题，也几处用"钥匙"来阐述过一些问题，但却未曾在本书中表述过"把语言作为开启人类社会文化起源和发展的奥秘的钥匙""语言是人类科学的万能钥匙"这种意义上的语言钥匙说。这种说法不过是解读者的一种带有自己的理解、发挥倾向的解读之言而已。如果你没认真地阅读过原典便对此深信不疑，认为维柯在这本书里明确地提出了解读者所说的上述这种语言钥匙说，这在某种程度上是很容易误导他人的。即便是一些二手资料在对原作的一些表述的直接引用中，存在错讹的情况也不乏其例，何况是别人根据自己的理解对原作进行解读的这类二手的、间接性的东西了。至于像头些年国内几本不同名称的语言学教学用书中曾不止一回出现的、说是东汉许慎在他写的《说文解字》中曾说过"实字易训，虚字难释"这样的话，类似这类的张冠李戴之说，更是不能不叫熟悉原典的人感到惊讶。如果你要是引用了本为二手的东西，再私自地、自欺欺人地给标注为是一手的、出自原典的引用，则这种要小聪明的伎俩又会把本为二手人的错误变成自己的错误了，典型的"聪明"反被"聪明"误。历史上的这种经验教训很多，这也是我们为什么在治学上强调要读原典的一个重要原因。

（3）相关研究基础的积累、积淀，在范围上与深度上通常都不是一次性就能完成的，它有一个不断深入、完善、提升的过程。比方说，需要阅读掌握的典籍的范围，不同时期、不同的学术理念与学术风尚，可能会有不同的调整、变化；许多经典的东西往往不是一次性阅读就能完全吃透并把握住的，同一个内容在不同时期、不同的知识背景、不同的阅读方式下阅读，感受往往是有差别的、不尽相同的，存在着一个常读常新、渐入佳境的感受过程，有的甚至需要反复阅读多次，才可能透彻地理解、把握其内蕴的精神内涵。以对经典的阅读理解把握为例，这种逐步深入的过程，某种程度上很有点类似于目前语文阅读教学中常见的对一篇文章进行课堂阅读教学的基本操作过程——"感读"（感受性阅读）→"品读"（品味性阅读）→"究读"（探究性阅读）的这种渐进性的深入的过程。比方说，你初次读索绪尔《普通语言学教程》，对索绪尔在本书中对语言学对象的选择的理解，可能只是一个大概的索绪尔关于语言学对象是什么的认识，至于他为什么选择的是"语言""共时"，其背后的深层原因到底是什么等，往往可能一时难以吃透。随着阅历的增加与知识能力的不断增长，你再去读索绪尔的《普通语言学教程》时，你可能对上述问题就会又有不同于初次阅读时的理解感悟，并不断地在后来的相关阅读的叠加中（特别是研究性阅读中），逐步深化你对相关问题的理解、认识，包括对索绪尔语言学对象选择背后所折射出来的思维方式的理解、认识。拿我读《庄子》的例子来说，早年我在初次读到《庄子·杂篇·外物》中的"言者所以在意，得意而忘言"这句话时，只是粗枝大叶地理解了"言者所以在意，得意而忘言"的意思就是"言语是用来表达思想的，得到了意思就忘却了言语"，便自以为已完全弄清并把握了此中的内涵与意蕴，很快就轻轻松松地翻过去了，根本没有感悟到它还有别的什么其他的内蕴。这可能与一定时期的阅读人的知识能力结构及阅读时的关注点、兴奋点有关。《庄子》的不同版本我有好几种，挺长一段时间我对这句话的内蕴的理解都是大体类似于上述的状况。后来我在梳理、研究中国古代的语言哲学观时，又仔细地研读《庄子》，才注意到《庄子·杂篇·外物》中的"言者所以在意，得意而忘言"这句话的上下文语境是这样的："筌者所以在鱼，得鱼而忘筌；蹄者所以在兔，得兔而忘蹄；言者所以在意，得意而忘言。"这段话的大意是说：筌是（一种）用来捕鱼的（工具），得到鱼就忘了筌；蹄是（一种）用来捕兔子的（工具），得到兔子就忘了蹄；言语是（一种）用来表达思想的（工具），得到思想就忘了言语。从这段话中的"筌"与"鱼"、"蹄"与"兔"、"言"与"意"这三者的类比表述关系上看，这里的"言者所以在意"之说中，明显地蕴有言语是一种表达思想的工具这种"语言是工具"的意识于其中的。而这一感悟，我在初读《庄子》时及后来翻阅几个不同版本的《庄子》时，并未感悟到，而是在后来的一次研究性阅读中才感受到的。联想到学界多少年来多少研究语言哲学、研究语言观念、研究庄子的人对此都鲜有论及的状况，这其中的令人深思的意味使我很是吃惊，也很是感慨，一下子从中领悟了不少关于到底该怎么去读书、怎么去治学的道理。读与语言哲学等有关的书是这样的一个理解把握的过程，读其他类别的书通常也是这样的一个理解把握的过程。比如，我少年时初次翻看从同学手中借来的一本《西游记》，基本上是在看热闹，关注的基本上是孙悟空是怎么来的、怎么打妖精等一些引人入胜的故事情节，一些一如在听说书人说书时关注的、可以拿来在没听过也没看过《西游记》的人面前显摆一下的故事情节。等大学本科时配合相关文学课程的学习而再读《西游记》，看出了不少写作上的结构布局等方面的门道及对许多社会现象的揭示与讽喻等。及至工作了一段时间后有闲暇时间再来品读《西游记》，则体悟到了作品中更多的细节描绘的奥妙及作者深厚的文化功力。如作者对宗教文化、阴阳五行等文化的把握功力，以及像第七回中孙悟空在八卦炼炉中躲火于"巽宫"位置（"巽"在八卦中为"风"）、第二十一回老妖怪行风时先望着"巽地"张口而吹起黄风、第四十五回掌管风的一个名叫"巽二郎"的人等细节所内蕴的奥妙等。我年轻时初看《红楼梦》，看到第七回中写贾府的下人焦大醉酒骂人时说的"再说别的，咱们红刀子进去白刀子出来"这句话，还以为这或许是这部书的作者的笔误或印刷错误。后来工作时，在一次阅读中看到有红学研究者提出应将这句话改为正常的"再说别的，咱们白刀子进去红刀子出来"时，我又带着我的修辞学、语用学的底子重读了《红楼梦》中的这段描写，深感这恰恰属于是曹雪芹在书中非常适切的、很得体也是很高明的人物醉态的写法。若真给改成正常的表述形式了，那才是非醉态的、不得体的写法了。上述这些例子，大家应该可以从中领悟到读书实际上是怎么样的一个过程了。

2.要有执着、勇毅的治学精神

真正的学人，一旦在认定了某一研究方向后，往往都会焕发出一种不畏艰辛、执着进取的精神气质与超越世俗、勇毅前行的精神状态，具有一种只问耕耘不问收获、为学问而学问的精神。没有点儿这种持之以恒、坚持不懈的执着精神与超然于世俗、敢于独立前行的勇毅精神及为学问而学问的精神，没有点儿这样的精神品格、精神定力，是很难真正地做好学问、做出有深度与有影响度的学问的。像历史上荀子说的"锲而舍之，朽木不折；锲而不舍，金石可镂"、熊十力说的"凡有志于根本学术者，当有孤往精神"，说的就是这类为学的精神。至于章太炎说的"古来有大学问、成大事业者，必得有精神病才能做到"，其实很大程度上说的也是为学上的这种精神，不过是说到了极处罢了。

关于治学精神问题，说法挺多，我这里不过是说了我所认为的几个重要方面。大家在理解、把握时，还需要注意几个相关的问题：

（1）这里所说的执着精神，除上述基本内涵外，还意味着："执着"是有一定的相对稳定的向度的，治学要有自己的相对稳定的研究方向（这个当然要结合自身的特点与优势等来确定），既不能东一下子、西一下子地游移不定、盲目流窜，某种程度上把自己变成了一个可能不少方面都杂七杂八地涉猎了一点儿、什么都做得不精的混儿，也不能一味地跟风赶时髦，什么时尚就跟着吆喝什么、什么能现得利就去拥抱什么，某种程度上把自己变成了一个只注重眼前现实利益的市侩。这往往会因没有相对稳定的研究方向与目标而导致相关研究的短期行为与难以深入，这是很难能做出像十年磨一剑甚至是几十年磨一剑那样的、能够经得起历史长河大浪淘沙般的洗礼仍可以存在的、真正有分量的学问的。学问也是有生命的，比方说，有的学问只是活在眼下的一种学问，过了这个时候可能就没有生命力了；有的学问可以是活在历史的长河中的一种学问，几百年甚至上千年后，还能为后人所敬仰。前者大体上属于类似于"过把瘾就死"之类的短暂型的，后者大体上属于类似于"你已不在江湖，江湖却依然有你的传说"之类的长久型的。你要是想做学问的话，你会推崇什么样的做学问的类型呢？倘若你也推崇能踏踏实实地做出点儿为后人所敬仰的真正的学问、能做出点儿"你已不在江湖，江湖却依然有你的传说"之类情状的学问，那么你在为学上就需要有一定的超然于世俗喧嚣的精神定力。你要想真正地做好学问，就得有这种精神定力。这也是古语"何其久也，必有以也"所内蕴的、之所以被后人所推崇的精神实质。学人可以是淡泊名利、只问耕耘的智者，却不可以是急功近利、唯利是图的奸商。学人就是要有为学所需要的精神与风骨、志向与追求。人各有志，我对许多一味跟风赶时髦的学问、缺少底蕴的快餐式的学问、不管有没有相关学术素养就敢顺便揽入怀中去做主持的学问等，向来是不怎么看好的。有学问与有本事是有区别的，学问的大小与本事的大小是不宜随便画等号的。

（2）这里所说的勇毅精神，除上述基本内涵外，还意味着：做学问是不能怕前行中的艰辛与付出的。大家都知道，有一个词叫"舍得"。什么是"舍得"？有"舍"才有"得"嘛！得到的前提是舍去。人生的许多本事其实本都是从艰辛与付出中磨砺出来的、换来的。同时，为学要有勇毅精神也意味着：治学要敢于知难而上，克难出新。由于难度大的问题往往学术价值也大，所以提倡治学上的知难而上、克难出新，无疑具有十分重要的意义。当然这不是说可以不顾条件地去蛮干，这可以逐步创造条件去做。清代思想家魏源曾在他的《古微堂内外集》中说："学问之道，其得之不难者，失之必易；惟艰难以得之者，斯能兢业以守之。"魏源的话，从一个侧面，部分地道出了治学上艰难玉成的意义与价值。治学上，特别是在一些核心理论与核心技术的攻克上，我们是很需要有这种知难而上、克难出新的精神的。

大家可能都明白，学人学术上的强大与否，与其学术能力息息相关，特别是与其在某一领域的核心理论与核心技术上的学术造诣与建树息息相关。道理很简单：因为学术能力是有层次的，比方说，在某领域最核心、最关键内容上能够起到引领作用的这种学术造诣与建树所带来的学术影响及所显示出的学术能力，能够跟不属于本领域最核心、最关键的内容，而只是一些外围边缘性质内容的研究所带来的学术影响及所显示出的学术能力是在一个层次上的吗？如果这里可以把在某一领域的核心理论与核心技术上的学术造诣与建树称为是一种"核心学术能力"或者是一种重要的"核心学术能力"的话，那么，我们完全可以说：核心学术能力，实际上就是学术上的核心竞争力；学人学术上的强大与否，与其核心学术能力息息相关：核心学术能力强大，学术上自然可以称得上强大；没有核心学术能力的"强大"，是大而不强的"强大"、大而平庸的"强大"，跟人的虚胖不壮是一个道理。正因为如此，提高核心学术能力必然上升为学人治学上的重要目标与诉求。而语言观念作为一种对语言的本质性的理性认识，作为一种统摄对语言的相关理性认识与科学应用的灵魂的东西，历来就是语言学、语言哲学研究中的一个核心问题，一个带有艰深性、艰涩性、复杂性等特征的核心问题。从一定意义上说，从事这方面问题的研究，特别是从事语言观问题的创新研究，实际上就是在从事跟这一领域具有统摄性、灵魂性意义与价值的核心理论相关联的研究，其重要性是不言而喻的，其所面临的问题与困难也是不难想见的。从这个意义上说，从事这种与核心学术能力的锻造有关的学术研究，是很需要有知难而上、克难出新的这种治学精神的。

当然，我这里所说的治学上的知难而上、克难出新，主要指的是学人在其所要探索、研究的某一具体问题上的知难而上、克难出新，而不是指像报项目、报奖等之类问题上，若实力不足就私下里去有关方面上下活动、运作的"跑项目""跑奖"等之类的"知难而上"。做学问毕竟最终还是要凭真功夫、真功力说话的。我希望你们做学问要做真正的、有点儿真功夫真功力的真学问，让人打心眼里佩服而不是表面上佩服的、有水准有底蕴的真学问；做学术家也要做一个真正的、老老实实地在做学问的学术家，而不要做以学术为粉黛，学问上平平却把主要精力都用在跑上跑下、靠跑拉忽悠等活动去谋求利益、成就一番名声的"学术活动家"。做好学问的前提是学会做人，当然是学会堂堂正正地踏实做人，不要做我曾半开玩笑式地批评中文圈里个别虚伪的人时所说的"你怎么好像虚词研究多了，人也跟着虚了起来了"那样的人。

（二）怎么做老师去进行相关教育工作

想将来从事相关方面的教书育人工作，这个想法不错。特别是师范大学的毕业生，应该是基本的看家本事本就在这个地方嘛！但你提的这个问题一是感觉有点大，恐怕不是几句话就能说清楚的事，二是感觉这个问题虽然与我这个主要做语言学的老师也有一些关系，毕竟工作了这么多年了，也不能说没有一点相关方面的体悟，但这个问题大方向上是属于教育学范畴的问题，我感觉自己是不适宜在这样的问题上多说话的。面对你们可能是很想听听在这个问题上我的体悟是什么样的这样一种提问，我又不太好随便拒绝，所以，在这里，我就依我的一点经验、体悟，来大概地说一下我对这个问题的一些认识与看法。

我想，这个问题可以分为两个方面来说：一是要努力提升自身的素养，以为将来能够胜任本工作奠定坚实的基础；二是要掌握基本的为师之道，以便更好地做好自己的工作。

1.作为一名专业教师，到底应该具备哪些基本的素养（比方说本专业的基本知识与能力，教育学等相关专业方面的基本知识与能力）、怎样形成这些素养，大家已经都是研究生了，应该从一些相关专业课程设置的知识结构中及相关学习中，对此已有基本的感知与体悟，或者说已有一个大概轮廓的理解与把握，剩下的主要就是你怎么去下功夫具体操作及深入、完善等问题了。对于这个问题，涉及的头绪挺多，学界也不乏相关方面的一些探讨，这里我就暂不多说了，也确实不是简单地、用三言两语就能够说清楚的。

2.我这里主要想依我的一些从教的经验、体悟，概要地说说教育上的为师之道问题。

关于为师之道问题，学界不同层面的相关探讨林林总总，很难一下子就都能说得清楚。但不管怎么说，为师之道的基本精神、基本内核还应该是清楚的、一贯的。在我看来，要想做好一名教师，起码有三个基本的为师之道必须要谨记于心：

第一，教师的根本任务，是做好立德树人工作。不少人都明白"为教之道，必本于根"的道理，这"根"是什么呢？可以是相关基础，更是事物的根源或最重要的根本性的部分。教育的根本目的是立德树人。对于教师而言，教师的根本任务，就是怎样扎扎实实地做好立德树人工作。这也是教师之所以为教师的立身之本。教师必须要用正确的人生观、世界观、价值观去教育学生、影响学生、带动学生，使之成长为我们的社会发展所需要的人。

第二，教育的艺术，在于激发鼓励、点燃火焰。教育艺术水平的高低，不仅仅在于教师向学生传输了多少知识，更在于教师如何激起学生在本方面学习的兴趣。教师必须在教育教学的过程中，善于激发、鼓励学生的兴趣，点燃其求知的欲望与热情。这也正是教育的艺术之所在。教师对学生的一堂精彩的授课、一场生动的解惑、一本好书的推荐、一句鼓励的话语、一次倾心的沟通，甚或是一个赞许的眼神、一份尊重的倾听，常常都可能成为激发起学生学习兴趣的火种。而能依据学生的特点而知生善引，因势利导，则更是一种需要注意把握的重要的激发、鼓励与引导方法。

第三，教师的全部尊严，就在于教书育人的效果。教育是一项既要有"教"，又要有"育"的工作。而一个教师的全部尊严，就在于其教书育人的效果，即教师在引导、培养学生在励志成才方面所取得的成效。这也应该是评价一个老师教书育人工作情况的核心指标。

我体会，作为一名老师，上述这几个基本的为师之道是必须要对其有一个清醒的把握的。

史论篇

上古时期人类有关语言本质问题的
探索历程

摘要：上古时期人类对语言本质问题的理解与认识，初迹于东西方的一些与之相关的神话传说，生发于哲学意义上的古人对世界的认识与思索的开启。以古希腊、古印度、古代中国为代表的古代先哲们在这一时期不同程度地对其所触及的有关语言本质问题进行了十分有益的探索，并不同程度地萌生出诸如语言工具说、语言符号说、语言本体说等诸多意识，取得了不少为后世语言哲学理论所瞩目的卓越成果。

关键词：上古时期；语言本质；语言哲学

人类对语言本质问题的探讨与思索，往往与对语言的起源、语言的发展变化、语言与事物的关系及语言的功能等认识交织在一起。

一

上古时期，人类对语言本质的理解与认识，我们今天仍可以从东西方的一些与之相关的神话传说中觅到某些踪迹。

在东方，有不少与人类对语言本质的理解与认识相关的神话传说。如在中国古代"女娲造人"的神话传说中，有天神女娲用黄泥掺水捏成小泥人，再向地上的小泥人吹一口气，小泥人马上便活了起来，并开口喊"妈妈"的传说[1]14-23。在中国古代的另一个传说——"洪水潮天"中，有住在地上的居木伍午不会说话的三个儿子——老大斯沙、老二拉伊、老三格支——根据小黄雀从掌管天地一切的天神恩梯古兹那里偷听到一个秘密方法：通过一棵神秘的竹子燃烧时爆出的火星一烫，便立即会说话。并且，受了不同竹节烧爆时火星之烫的三个儿子，说的都是不同民族的话，他们三人也都从此分别成了藏、汉、彝三个不同民族的祖先[2]4—68。而在古印度上古时期文献总集《吠陀》（Veda）之一部分的古印度宗教典籍《教义集》（Bráhmanas）中，"语言"是作为母牛的形象而出现的，它与作为公牛的形象而出现的呼吸一起生出了人心[3]2。婆罗门教圣典《梨俱吠陀》中，"语言"是作为人间和天上的秩序维护者、一个威力巨大的神——婆柯，而存在于所有的事物之中的[4]124。其他诸如古巴比伦尼亚（Babylonia）的那布神（Nabû）与语言的传说、古埃及的索斯神（Thoth）与语言的传说、古日本的太阳女神天照神（Amaterasu）与语言的传说等，所流传的，都是关于神赐语言或神造语言的传说。

在西方，也有不少类似的神话传说。如在《圣经》中的《旧约·创世纪》里，就有一个关于"巴别塔"（The Tower of Babel）的故事①，说的是原本都说一样的话的天下人，要协力建一座城和一座通天塔。上帝耶和华见他们成为一样的人民，都说的是一样的言语，怕他们以后会齐心做他们想做的事，于是便变乱了他们的口音，使他们的言语彼此不能传情达意，并将他们从那里分散开来，分散到了全地上。"巴别"即"变乱"的意思。在《圣经》中的《旧约·创世纪》里，还有一个有关语言的产生的传说：一方面说当初在创造天地时，上帝自己已说出了要造的许多事物的名字，显示的是上帝已掌握了语言；另一方面又说上帝又让由上帝所创造的人——亚当来给上帝所造的各种各样的飞禽走兽起名（即"直接指证意义"），显示的又是上帝所创造的人——亚当创造了语言②。在西方流传的另一个神话传说——"语言雨"的故事中，原本都是不会说话的人们，在喝了忽然落到地上的一阵大雨的雨水后，便开始会说话了，并且是喝了不同的地点的雨水的人们，说的是不同的话。而在澳大利亚流传的另一个相关方面的神话故事中，则又有很早以前人们在庆幸他们所痛恨的一个专门在夜晚捅灭人们的篝火的坏老太婆——布鲁利之死时，兴奋得发狂，在争食了她的尸体后，开始说起了人们不懂的话来。并且，不同种族的人会因吃的是她的肉还是她的肠子之不同，而开始说起不同的话来[5]21。而在古

---

① 参见《旧约·创世纪》第十一章，中国基督教协会、中国基督教三自爱国运动委员会印《新旧约全书》，1982年版。需要说明的是，也有人将"巴别"（Babel）译为"巴比""贝伯尔"。分别参见：1. 徐志民著《欧美语言学简史》（修订本），学林出版社2005年版，第2页；2. 岑运强著《趣味实用语言学讲话》，北京师范大学出版社2003年，第20页。

② 分别参见《旧约·创世纪》第一章、第二章，中国基督教协会、中国基督教三自爱国运动委员会印《新旧约全书》，1982年版。

希腊的一个神话中，"言论"还曾作为一个女神米娣司（Metis）而出现，米娣司就是"言论"。君王久辟特娶了米娣司为妻，显示了帝王或君权与言论的一体[6]75。其他诸如柏拉图《克拉底鲁篇》中的诸神定名、腓尼基人的Cadmus神创造字母说等，说的其实也都是神造语言符号的传说。

纵览人类神话传说史，几乎每一个民族都有自己的一段与语言相关的神话传说。这正如德国哲学家、美学家卡西尔（Ernst Cassirer，1874—1945）在《人论》中所说的那样："语言与神话乃是近亲。在人类文化的早期阶段，它们二者的联系是如此密切，它们的协作是如此明显，以致几乎不可能把它们彼此分离开来。"[7]152

神话能给予人以智的启发。意大利著名哲学家、美学家巴蒂斯塔·维柯（Giovanni Battista Vico，1668—1744）曾经在其传世名作《新科学》（1725）中说过："一切古代世俗历史都起源于神话故事"，"各异教民族所有的历史全部从神话故事开始，而神话故事就是各异教民族的一些最古的历史。凭这种方法，就可发现各民族及其科学（知识）的起源"，"可以说，各民族在这些神话故事里通过人类感官方面的语言以粗糙的方式描绘各门科学的世界起源"①。上述东西方的这些不同的神话传说，尽管情节有别，形式多样，但我们却可以透过这些不同的神话传说，觅到潜隐于这些故事中的、古人对语言本质的一些基本的认识与理解。就总体状况而言，这些神话传说所透露出的一些古人对语言本质的认识与理解，大体上可以分为两种情况：一种情况认为，语言是由无所不能的神或上帝赋予人的，包括由神或上帝所创造的某个直接与神相联系的、非同一般的"人"（如《圣经》中的亚当）或是具有某种神奇的特性的、不平常的"人"（如上面提到的奇特的老太婆布鲁利）所掌握并赋予人的；另一种情况认为，语言是由带有某种神奇特征或神秘力量的事物所掌握并赋予人的（如上面提到的神奇的雨水、神秘的竹子）。这两种情况的一个共同特点，是把语言的涌生归结为超出常人的能力之外的神或上帝，或某种神奇之物的神秘力量，甚至由此而导致出现把语言作为一种具有某种神力、能够显灵的咒语来使用。这种明显地带有在科学不发达的远古时代人类所特有的"万物

---

① 分别参见［意］维柯著《新科学》，朱光潜译，商务印书馆1997年，下册第462页，上册第55、435页。需要说明的是，此处维柯的名字——Giovanni Battista Vico，依据的是辞海编辑委员会编《辞海》（普及本，上海辞书出版社1999年版，第3348页）、冯契主编《哲学大辞典》（分类修订本，下，上海辞书出版社2007年版，第1679页）中所标示的相对比较完整的写法。在朱光潜译的维柯《新科学》中，维柯的名字为"Giambattista Vico"。

有灵"观念意识的拜物教式的神秘语言观，显然还谈不上是什么真正的、科学意义上的对语言本质观念的认识与理解，尽管我们可以从一些神话传说中部分地体味出一丝诸如语言是人、是一个民族的重要标志，语言或命名具有任意性等意味来。

二

真正意义上的古人对于语言本质问题认识的开启，往往与哲学意义上的古人对世界的认识与思索密切相联。

（一）古希腊是西方文明的摇篮，也是西方哲学与西方语言学的发源地，古希腊人"有一种善于对旁人认为当然的事，加以怀疑的才能"[8]2。我们"在希腊哲学的多种多样的形式中，几乎可以发现以后的所有观点的胚胎、萌芽"[9]287。古希腊的许多哲学家早就在自己的实际研究中，不同程度地涉及了语言问题①。

古希腊人走上语言分析的道路，本是由哲学家们研究思想与词的关系、研究事物与名称的关系而引起的。他们对语言问题的探讨的兴趣，主要集中在两个有一定联系的、比较接近于对语言本质问题的思考与论争上：一是事物的名称同事物本身之间的关系（即名与物的关系）到底是按本质（phýsei）形成的还是按习惯或规约（thései）形成的，二是语言本身到底是有规则的现象还是无规则（即变则）的现象。

关于第一个问题，一般认为，这个问题争论的观点源于赫拉克利特与德谟克利特（Demokritos，盛年约公元前420年。一说公元前460年—公元前370年）。赫拉克利特是哲学史上第一个从各个角度阐释过逻各斯（logos）的哲学家，曾提出人类世界中与语词密切相联的逻各斯无处不在，不但具有普遍的宇宙真理性，是"必须遵从的共有的东西"[10]5，而且是"不要听从我，而要听从语词——逻各斯，并且承认一切是一"[7]156等认识。赫拉克利特认为，名字是与所表示的事物不可分割地联系在一起的，它揭示了事物的实质，像事物的

---

① 古希腊早期的这些有关语言问题的探索（主要集中在希腊语上，并且用哲学的形式来阐述。这一方面与人类早期不分哲学与其他科学思想、其他科学思想都归在哲学的名下有关，另一方面也与古希腊人所认为的希腊语的结构体现了人类思维的普遍形式，或许还体现了整个宇宙秩序等有关。）隶属于"philosophía"。"philosophía"这个词在古希腊比今日的"philosophy"（哲学）一词所涵盖的领域要广泛，当时基本上包括人类的全部知识。

影子一样，跟树的影子映在河中、自己的形象反映在镜子中相似。德谟克利特则持相反的观点，认为用什么词表示什么事物是根据习惯而不是根据事物本身的性质，是由人来确定的。这可以从事物与其名称间有许多不一致之处得到印证。如（1）很多词有几个意义，即它可以表示不同的事物；（2）很多事物有几个名称，如由本质决定，就不可能有这种情况；（3）事物名称可能随时间推移被另外的名称所替代；（4）很多概念没有词来表示。这样，在（1）情况下词不够用，在（2）情况下词过剩，在（3）情况下词不稳定，在（4）情况下词又是贫乏的。因而，唯有名称是人为的产物而不是自然的创造，才会有如此多的缺陷[11]7。柏拉图在其《克拉底鲁篇》中，也有相关方面辩论的记录：克拉底鲁（Kratylos）与赫谟根尼（Hermogen）两人的观点针锋相对：克拉底鲁认为，名称是自然的，而不是约定俗成的，即名称不是人们一致同意使用的那种声音的一部分，名称的真实性或正确性原始地存在于希腊人和野蛮人中，对一切人来说都是一样的；而赫谟根尼则认为，名称是按习惯产生的，"除了说它是约定俗成的和人们一致同意的"，"无法相信名称的正确性还有其他什么原则"，"因为自然并没有把名字给予任何事物，所有名称都是一种习俗和使用者的习惯"。而《克拉底鲁篇》中的苏格拉底在本问题的态度上有些调和，他既认为克拉底鲁与赫谟根尼两人的意见各有正确的一面，又不完全同意名称总是反映事物的本质以及名称与事物间的联系好像是偶然的意见，没有十分明确的结论。但从苏格拉底认为名称是通晓事物本质的人创造的，因为"事物的名称是自然的，并非每个人都可以提供，而只有那些能够看出事物天然名称的人才能这样做"等情况看，苏格拉底在本问题的认识上，应该还是有相当程度的自然说或"按本质"论倾向的。但随着对话的进展，苏格拉底又举出了一些有利于约定说的例子，逐步调整了自己前面所认为的词语是模仿事物本质的主张，认为若是语词能完全模仿事物本性的话，我们就可以得到完善的语言了，而实际语言却总是由约定来加以补充的。值得注意的是，在柏拉图的《克拉底鲁篇》中，苏格拉底和赫谟根尼两人都认为"名称是一个工具"[12]56-133，人类语言哲学史上第一次明确地出现了语言工具说之意识。同样还值得注意的是，在柏拉图的《克拉底鲁篇》中，苏格拉底还认为："o是圆的符号，……立法家把一切事物都还原为字母和音节，用它们构成名称和符号，然后再通过对它们的模仿，复合出其他符号。……这就是我对名称真相的看法。"[12]116显然，苏格拉底在这里已比较明显地有了语言是一种符号的意识，人类语言哲学史上也比较明确地出现了语言符号说之意识①。苏格拉底还认识到，"言语表达一切事物"[12]92，"言语的本质就是名称的结合"[13]32，这又反映了苏格拉底对言语的表达功能及其本质的认识。柏拉图的态度在这些讨论当中虽然没有直接地展现，但一般认为，他实际上是借苏格拉底的名义而出现的。在柏拉图那里，一般哲学问题始终是和语言问题交织在一起的，这篇对话实际上是讨论了人是否可以只凭或不借助语词来认识事物本性及不变的本质和流变的现实间的关系等问题。柏拉图在《泰阿泰德篇》中，否定了可以不通过任何媒介对事物进行直接认识，认为知觉是通过逻各斯成为思想的，即思维和语言应是同一的。柏拉图之后的古希腊哲学杰出代表、举世公认的历史上第一个百科全书式的思想家——亚里士多德坚持规约论的观点，认为"语言是约定的，因为没有一个名称是按本质产生的"；斯多葛派则偏爱本质论的观点，认为"名称是按本质形成的，最初的声音就是模仿所称呼的事物"。而伊壁鸠鲁（Epikourus，公元前341—公元前270年）则倾向于中性立场，认为词的形式是按本质产生的，但又因约定而发生变化的[14]22—23。

关于第二个问题，亚里士多德坚持语言规则现象论（类比论），斯多葛学派则坚持语言不规则现象论（变则论）[14]23—26，并讨论了语言这种符号所包含的音、义与所代表的外界事物三个方面[15]28。同时，斯多葛学派的大多数人还同意"辩证法的研究应该从其涉及言语的那部分着手"[16]49。而亚历山大里亚学派的学者们的看法既与斯多葛学派的语言不规则现象论相反，又不完全等同于亚里士多德的语言规则现象论。在亚历山大里亚学派看来，语言中有严格的规律及和谐的体系，虽然其中也有变则（即偏离规律性现象的例外）。在他们看来，语言之所以有严格的体系，是由于类比居于统治地位，人们追求同一性和规律性。而语言这种复杂的现象是具有规律性与系统性的[11]12—13。

值得注意的是，亚里士多德已较苏格拉底更明确地有了语言是一种符号的认识与理念。他在《解释篇》中认为："口语是心灵的经验的符号，而文字则是口语的符号。"[17]55尽管亚里士多德及斯多葛学派关于语言符号的认识不能与现代语言符号论的有关认识相提并论，但在上古时期，古希腊的先哲们能

① "符号"在古希腊语中本通"征兆"，"符号学之父"——古希腊医学家希波克拉底（Hippocrates，约公元前460—公元前375至377）所著的西方文化史上的第一部有关符号学的著作《论预后诊断》中，"符号"的概念就是用在关于人体的症状上的。毕达哥拉斯学派曾单纯从哲学的角度论及过数字符号等。参阅：1. 俞建章、叶舒宪著《符号：语言与艺术》，上海人民出版社1988年版，第13—14页；2. 荀志效《符号学的由来及其发展》。见王铭玉、宋尧编《符号语言学》，上海外语教育出版社2005年版，第108—113页。

对语言本质的认识达至如此之境界，也实在是难能可贵了。亚里士多德还认识到："人是唯一具有语言的动物。"[①]这也是十分难能可贵的。另外，与之相关的是，伊壁鸠鲁学派的重要人物菲洛泽穆斯（Philodemus，生于公元前1世纪，卒年不详）还曾写有《符号论》（*De Signis*）一书，可惜这一著作因维苏威火山喷发而被埋没于庞贝城下。人们曾在庞贝古城的灰烬下面，发现过该著[②]。

这一时期，古罗马学者瓦罗（Marcus Terentius Varro，公元前116—公元前27年）曾在其《拉丁语语法》一书中，也论述了他对类比论与变则论的认识。瓦罗认为，词形变化遵循类比，而词的构成遵循变则[11]16。

上述古希腊、古罗马人关于语言本质问题的这些探讨，虽还不能达到系统、深入的境界，但却意义重大。这些探讨的本身，不仅透露出或反映出古希腊及古罗马人的一些有关语言本质问题的基本认识与基本看法，而且更重要的是，它开启了西人对语言本质问题探讨的先声，并不断地在后来的语言哲学家们中间引起回响，不断地刺激着后来的人们对语言本质问题做出更进一步地深入思索。而透过古希腊与古罗马人在语言本质问题上的这些思考与论争的状况，我们还可以看到，此时的古希腊与古罗马先哲们已经摆脱了人类早期的拜教物式的神秘语言观的蒙昧与束缚，走向了人造语言观的思索征程。

（二）古印度人也很早就出现了有关语言本质问题的思索。如在作为印度上古时期文献总集《吠陀》之一部分的古印度哲学典籍《奥义书》（*Upanisád*，形成于公元前8世纪—公元前6世纪）中，就有关于语言本质问题的比较深入的思索。如在其《考史多启奥义书》中，就有"此呼吸之精神即大梵也，意识为其使者，语言为其侍女"之说，即认为语言为大梵的侍女。而在《唱赞奥义书》中，又有"人之本质为语言。语言之本质为《梨俱》""天、地、风、空、水、火、诸天、凡人、家畜、飞鸟、草、木、野兽，……皆以'言'而为可知者也""其敬拜'语言'为大梵者，凡语言之所届，彼皆得无限自由""有如是名，斯有此相也"等之说，即认为语言不仅可以成为理解一切事物的条件，而且也是世间其他事物得以实现为"此相"的基础，显现了《奥义书》时代的古印度人已由早期的吠陀崇拜而部分地走向了一种趋向于以

---

① 亚里士多德著《政治学》，颜一、秦典华译，见苗力田主编《亚里士多德全集》第九卷，中国人民大学出版社1994年版，第6页。需要说明的是，根据译者原注释，此处的"语言"，原为"logos，依不同的语境可作原理、原则、道理以至理性"。

② 参阅：1. 俞建章、叶舒宪著《符号：语言与艺术》，上海人民出版社1988年版，第14页；2. 荀志效《符号学的由来及其发展》。见王铭玉、宋尧编《符号语言学》，上海外语教育出版社2005年版，第109页。

语词作为世界之本体的意识①。只不过是由于当时的古印度人对于语言与事物（或事物的名称与事物本身）间的差异还缺乏足够的认识，因而在涉及对语言本质的揭示上，往往还带有一丝不甚明晰的模糊特征。

约公元前7世纪左右古印度逐渐形成的"史波达说"（sphotavada）②中，不仅重点探讨了语言的形而上学之本质，主张语言为实在性之有，从而相对更明晰了语言与事物间的差异，而且将语言理解为现象世界的本质形式，并由此产生了两种不同的认识：一是认为语言具有一种自身独立的此在，事物就存在于语言中，因而我们只要有了关于某物的语言，就获得了有关它的一切知识；二是认为语词完全没有自身独立的存在，它的存在只是对于外在事物的指称——而且在很多派别看来，这种外在事物还是虚幻的东西[4] 123。史波达说对古印度人对语言的理解与探索影响巨大，它不仅对古印度早期的诸如巴尼尼（Pānini，约公元前4世纪—公元前3世纪，亦有著作译为"波尼尼""波你尼""帕尼尼""潘尼尼"等）等语法学家对语言的认识产生过重要的影响，而且对其后的古印度人关于语言的思想发展，也产生了很大的影响。史波达说之后的古印度人，基本上已把语言看成是一种与其他事物并列而存在的现实的东西，从而也使此后的古印度人对语言本质问题的思考与追问，演化成了对语言的实体属性的探究。

值得注意的是，在这一时期，古印度著名语法学家巴尼尼在其于公元前4世纪问世的《八章书》中提出："语言有两种，一种是在具体场合讲出的话，即外显即时表达（dhvani），一种是抽象的语言原则，即内含永久实体（spnota）。"[15] 28这种颇类似于现代语言学有关语言与言语之别的认识，无疑已触及了与语言的本质特征相关联的层次。

远在公元前若干世纪的上古时代，古印度人就能在有关语言本质问题的认

---

① 参阅吴学国著《境界与言诠——唯识的存有论向语言层面的转化》，上海人民出版社2003年版，第124—128页、第162—163页。

② "史波达说"为古印度研究吠陀的文典学家们所提出，至语法学家伐拉呵利（Bhartrhari，6—7世纪之间）时代，史波达说已成为一种有巨大影响的、体系完整的哲学思潮。所谓的"史波达"，系由字音而开显，并同时开显言声（意义）之超感觉原理。字音是声的媒介，声则指谓事物。史波达说认为在组成言声的众多字音之外，还有一种不是由字音构成、而是为其所显的全声形式。史波达思想形成较早，在古印度语法学家巴尼尼和数论派学者巴丹遮梨（Patanjali，约公元前2世纪）的著述中，已有比较清晰的表述。二者将史波达看作是声的本质。到语法学家伐拉呵利时，他采取吠檀多思想，认为史波达系潜藏在现象之内之超越的实在，即视史波达与宇宙最高原理"梵"同一。参阅吴学国著《境界与言诠——唯识的存有论向语言层面的转化》，上海人民出版社2003年版，第128—132页。

识上，达到如此深邃的程度，不能不令人感到钦佩。

（三）中国古代也很早就出现了有关语言本质问题的思考与探索。早在中国的春秋战国时代，儒家、道家、墨家、名家等不少代表性的人物，在涉及语言与事物间的关系的论述中，就出现了颇为类似于古希腊人关于名与物之间的关系到底是"按本质"还是"按习惯"论争一样的有关"名"与"实"的关系（即名称与事物的关系）的争鸣性探讨，并在这些探讨中，部分地透露出了中国古代先哲们对语言本质问题的一些思索。

孔子（公元前551—公元前497）在历史上早早地就提出了"正名"的思想。他认为："必也正名乎"，"名不正，则言不顺；言不顺，则事不成；事不成，则礼乐不兴；礼乐不兴，则刑罚不中；刑罚不中，则民无所错手足。故君子名之必可言也，言之必可行也。君子于其言，无所苟而已矣" [18] 133—135。在孔子看来，"名"（语言）与"实"（世界）是必须要维系其一致的秩序的。他之所以主张"正名"，不过是希望通过对"名""实"不一致状况的"正名"（即"名"与"实"关系的调节），来达到其希望整肃社会秩序、维系旧有的"名""实"关系系统秩序之目的。因而，严格说来，孔子的"正名"思想并不是主要来探讨语言哲学意义上的"名"的问题，他所关注的中心是社会问题，他要"正"的是有关社会政治伦理乃至文物制度上的"名"。只不过，孔子在其"正名"思想中，也隐约地透露出了一些他对"名"（语言）的功能的认识：孔子对语言功能的认识，显然认为语言具有一定的调节性。

老子（生卒年不确，一说认为与孔子同时代但年长于孔子）在从其所关注的超越经验与语言的"道"的观点出发来铺陈其无名思想的同时，对"名"与"实"的问题进行了一定程度的思索。老子认为，"始制有名" [19] 62，即人类社会自建立制度起，名就产生了。而名又是可以"名天地""名万物"的 [20] 1，即名是对实的称谓，亦即老子的"同出而异名"之论。老子在第一次提出"道"这一哲学理念时，曾围绕着其"道"的理念的阐发而涉及了他对"名"与"实"关系的一些看法。老子说："道，可道，非常道；名，可名，非常名。无，名天地之始；有，名万物之母。故常无，欲以观其妙；常有，欲以观其徼。此两者同出而异名，同谓之玄。"①按照老子的理解，"道"（超越经验的）说得出（经验领域的），就不是永恒的道了；"名"（超越经验

---

① 《老子·道经一章》。参阅沙少海、徐子宏译注《老子全译》，贵州人民出版社1989年版，第1—2页。需要说明的是，目前学术界对老子这段话的理解并不完全相同，因而对老子这段话的断句标点也不相同。这里依沙少海、徐子宏说。

的）叫得出（经验领域的），也不是永恒的名了。"无"是用以称述天地之始原的，"有"是用以称述万物之根本的。因此，应从万物永恒的始原状态去观察"道"的微妙，从万物不变的根本之处去观察"道"的显豁。这"无"和"有"两者同出一源而名称互异，都称得上是深远莫测的。显然，老子在这段言论中所透露出的对"名"与"实"关系的理解，是名形相应、名实相称、名是对实的称谓这样一种认识的。同时，老子又认为"名"是有限度的，还有"名"不可说明和表达的，"名"也不是永恒的。这正如老子所说的"道恒无名"[19]62—64 "信言不美，美言不信"[21]162—164等，显现了老子对"名"到底能否把握形上之域与经验存有的一份怀疑。也就是说，老子对常道与可道之道、常名与可名之名已有了超越经验的形而上与经验领域内的形而下之区分意识，也显现了他对以名去把握存在的理解，不仅仅认为只可以指向形下之域的经验对象，而且也可以指涉形上之域的超经验对象的两重性意识。

管子（？—公元前645）认为："循名而督实，按实而定名，名实相生，反相为情。名实当则治，不当则乱。名生于实，实生于德，德生于理，理生于智，智生于当。"[22]360, 362按照管子的理解，"名"与"实"的关系是依从名称来督察实际，按照实际来确定名称的。"名"与"实"是互相作用、能反过来互相说明的。"名""实"相符则治，不相符则乱，"名"是产生于"实"的。显然，管子在这里所说的"名"产生于"实"的说法，还是不甚准确的。

墨子（约公元前468—公元前376）在把"名"与"实"的关系作为一个哲学问题提出而加以讨论的过程中，部分地揭示了他对语言本质特征的认识。墨子认为，"名"与"实"是不同的东西，"名"不具备永恒的意义。因此，人就不能够根据事物的"名"来判断事物，而是要根据实际内容或经验来判断事物。这一点，可以从盲人虽会说"钜者白也，黔者黑也"，但在黑白两种东西混合到一起而让盲人择取时盲人却不知道怎么择取这一现象中领悟到。这说明，"瞽不知白黑者，非以其名也，以其取也"①。也就是说，盲人不知

---

① 《墨子·贵义第四十七》。需要说明的是，"钜者白也"一语中的"钜"，王焕镳在《墨子校释》一书中认为此字为"钜"，并认为"'钜'疑'银'字之误"（见王焕镳著《墨子校释》，浙江古籍出版社1987年版，第352页）；胡奇光著的《中国小学史》一书中此字写为"皑"（见胡奇光著《中国小学史》，上海人民出版社2005年版，第24页）；辛志凤、蒋玉斌等译注的《墨子译注》一书中认为此字为"钜"，但认为"'钜'，当作'皑'，即白"（见辛志凤、蒋玉斌等译注《墨子译注》，黑龙江人民出版社2003年版，第384页）。这里依辛志凤、蒋玉斌等说法。

道怎么从黑与白的混合体中选出黑与白来，不是因为盲人在名称上说不清什么是白、什么是黑，而是因为盲人在实物选取时，由于看不到什么是白、什么是黑的实物，没有实际经验而不会选择。同时，墨子还认为，在"名"与"实"的关系中，"实"是先于"名"而存在的，第一性的；"名"是后于"实"而存在的，第二性的。这就是墨子所说的"有文实也，而后谓之；无文实也，则无谓也。不若敷与美，谓是则是固美也，谓也则是非美。无谓则报也"①。墨子的这段话的意思是说，事物首先是要有其实体，然后才有一个名字来称谓它；如若没有事物的实体，就不能有名字来称谓它。这就好比花与美这二者，称其为花是因为它本身就是美的，而称谓别的名称则是因为该名称所对应的事物不是美的。如果没有名称，万物就疑而难定了。显然，在"名"与"实"的关系上，墨子是既认为"名""实"有别，又认为"实"是第一性的、"名"是第二性的。而在"名"与"实"之间的联系上，墨子则已经意识到了二者间没有必然的联系，可以随意命名，且还意识到名称是一种约定。这也分别就是《墨子·经下第四十一》所谓"一偏弃之，谓而固是也"与《墨子·经上第四十》所谓"君，臣萌通约也"之意。墨子还在其有关语言的本质性揭示与阐发中，进一步注意到了语言、思想与实际存在的客观事物间的关系。他在《墨子·经上》中曾说："举，拟实也"，"言，出举也"。意思是说，称名要与"实"相合，言说就是反映事物之"名"的[23]245—246。而根据胡奇光先生的解释，这里的"举"可训为"意"，可扩大为指"思想"②，因而，墨子这两句话的意思还可以进一步理解为：思想就其本质而言，在于摹写客观事物（亦即所谓的"举，拟实也"）；而语言是表达思想的（亦即所谓的"言，出举也"）。墨子是中国语言哲学史上比较科学地阐明语言与逻辑思维之间关系的先行者。墨子关于"举""言""实"关系的认识，与远在其后的西晋文学家陆机（261—303）《文赋》中所说的"意""文""物"及南朝梁文学理论批评家刘勰（约466？—539？）《文心雕龙》中所谓"情""辞""事"等认识，是一脉相联的。中国当代大学者钱锺书（1910—1998）在《管锥编》中，更是认为墨子此说与现代西方语言学家所倡导的"语

---

① 《墨子·经说下第四十三》。需要说明的是，"有文实也""无文实也"中的"文"，有的著述为"之"字。辛志凤、蒋玉斌等在其《墨子译注》一书中将此字写作"文"，但认为"文"当作"之"（见辛志凤、蒋玉斌等译注《墨子译注》，黑龙江人民出版社2003年版，第283—284页）。这里依辛志凤、蒋玉斌等说法。

② 参见胡奇光《〈墨经〉语言学理论探讨》，《语文论丛》第2辑，上海教育出版社1983年版，第63页。另见胡奇光著《中国小学史》，上海人民出版社2005年版，第27页。

义三角形"学说（Semantic Triangle）相吻合 [24] 1177，实为中国古代先哲们在本问题上所取得的不逊于其他民族先哲们的重要成果。从这个意义上，我们也可以说，墨子是中国古代在有关语言本质问题探索上卓有建树的一位先行者与开创者。

孟子（约公元前372—公元前289）以降，名家蜂起，把"名"与"实"之争推向了一个新的高潮。名家的代表性人物尹文子（约公元前360—公元前280）和他的学生公孙龙子（公元前320？—公元前250？）在"名"与"实"关系问题的理解上，较墨家对"名"与"实"的关系的理解又有了相对更进一步的认识。尹文子认为："名者，命形者也；形者，应名者也。然形非正名也，名非正形也，则形之与名，居然别矣，不可相乱，亦不可相无。" [25] 256在尹文子看来，"名"是用来命名"形"的，"形"是与"名"相对应的。但"形"的存在不是为了"正名"，"名"的出现也不是为了"正形"。"形"与"名"是有区别的，既不可以混为一谈，也不可以以一个而否定了另一个。这里，尹文子不仅看到了"名"与"形"（按文意，实指概念）的不同，而且也比较好地阐释了"名"与"形"二者间的关系。尹文子的学生公孙龙子在自己的著述中，不但已经看到了名称或语词可以区分不同的事物，即"其名正，则唯乎其彼此焉"，而且已有"夫名，实谓也。知此之非此也，知此之不在此也，则不谓也。知彼之非彼也，知彼之不在彼也，则不谓也"之述 [26] 50—52。按公孙龙子的看法，名称是事物的指称，当某个名称已经不再指称原来的事物时，我们就不要再去用它指称那个事物了。公孙龙子这段话的意思实际上也就是说，名称是要随着事物的发展变化而变化的。公孙龙子在这里强调了名称与事物间的发展变化关系①。

到了战国末期的荀子（约公元前313—公元前238）时，他不仅对"名""实"问题作了比较精辟的总结概括，而且提出了不少涉及对语言的本质性认识的论述，从而把中国古代先哲对语言的理性认识推向了一个新的高度，奠定了中国语言哲学史上有关语言自身及语言本质问题理性认识的第一座丰碑。在《荀子·正名》中，荀子先在阐明了他对名与实的基本看法——"故王者之制名，名定而实辨"，亦即"名以定实"之认识——后 [27] 279，有这样一段触及语言本质问题的精辟论述：

---

① 需要说明的是，公孙龙子在有关事物本质问题的认识上，存在割裂事物的个别与一般关系的错误认识。这比较典型地反映在他的"白马非马"论中。

　　然后随而命之：同则同之，异则异之；单足以喻则单；单不足以喻则兼；单与兼无所相避则共，虽共，不为害矣。……故万物虽众，有时而欲遍举之，故谓之"物"。"物"也者，大共名也。推而共之，共则有共，至于无共然后止。有时而欲遍举之，故谓之"鸟"、"兽"。"鸟"、"兽"也者，大别名也。推而别之，别则有别，至于无别然后止。名无固宜，约之以命，约定俗成谓之宜，异于约则谓之不宜。名无固实，约之以命实，约定俗成谓之实名。名有固善，径易而不拂，谓之善名。物有同状而异所者，有异状而同所者，可别也。状同而为异所者，虽可合，谓之二实。状变而实无别而为异者，谓之化；有化而无别，谓之一实。此事之所以稽实定数也。此制名之枢要也[27]282—283。

　　在这段论述中，荀子首先把事物的"名"区分为单名、兼名与共名、别名，认为同类的事物应给予相同的名称，异类的事物应给予不同的名称，亦即所谓的"同则同之，异则异之"。由于荀子已经意识到名称所用的语言符号与所表示的概念并不完全等同，所以在命名的方式上，便可以有用单音节的单纯词（即"单"）来表现的，也可以有用双音节的复合词（即"兼"）来表现的，亦即所谓的"单足以喻则单，单不足以喻则兼"。荀子的"共名""别名""别则有别，至于无别"之说，脱胎于《墨子·经上》中的"名：达、类、私"三分说。墨子关于"名"的"达""类""私"三分说，分别指最概括的名称、一类事物名称、某一事物的专称。荀子对于"名"也作了类似于墨子的三分，即"大共名""大别名"及"别则有别，至于无别"等三类。荀子"大共名"即相当于墨子的"达"名，荀子的"大别名"即相当于墨子的"类"名，荀子的"别则有别，至于无别"即相当于墨子的"私"名。著名语言学家王力（1900—1986）先生曾对此评价说：荀子"把'范畴'叫做'大共名'，把'种'叫做'大别名'，把'属'叫做'别则有别'。这和西洋的形式逻辑不谋而合"[28]5。显然，荀子的这种承接自墨子而来的"共名""别名""别则有别，至于无别"之说，已经达至对名称的概括性、层次性乃至名称与概念、名称（语言）与思维关系的比较科学地认识与把握的程度。同时，荀子还论述了"名"与"实"相结合的三个原则——"约定俗成""径易不拂""稽实定数"。"约定俗成"是承上句"名无固宜"而来的，意即名称源于人们的共同约定而形成。荀子这里是把《墨子·经下》中所述的事物名称形成之先的任意性，与《墨子·经上》中所述的事物定名之后的约定性统为一体而称之的，强调了名称的社会性。荀子是中国语言哲学史上比较全面、科学地阐明语言的社会本质、"名"与"实"关系的第一人。"径易不拂"是承上句"名有固善"而来的，意即名称要明确，不使人产生歧解或误解。显然，荀子在这里又看到了语言符号的理据性（制约性）一面。也就是说，荀子既从"名无固宜"中看到语言符号有任意性的一面，又从"名有固善"中看到了语言符号还有理据性的一面，这是相当辩证的。远比几千年后指出"语言符号具有任意性"的索绪尔说的要全面而辩证。"稽实定数"意即"名"之数与"实"之数多少相合与否，要视事物的具体情况而定。荀子还强调："辨说也者，不异实名以喻动静之道也。……辨说也者，心之象道也。"[27]285荀子这里是说，辩论与解说，是不使名家之名相乱的阐明动静之道。而辩论与解说，则是心灵对道的认识的一种表象。这说明，荀子已经注意到在用"名"表现"实"上，不仅有"名以定实"的情况，而且也有"名以喻道"的情况。也就是说，荀子已经注意到了老子时就已注意到的以名（或言说）去把握存在时的两重性——名（或言说）经验领域的对象与名（或言说）形上之域的对象——之不同的意识。但荀子已经注意到，"心也者，道之工宰也"，要"心合于道，说合于心，辞合于说"[27]285，这说明，荀子已经注意到了语言、心灵和道之间的关系。荀子在同文中还指出："散名之加于万物者则从诸夏之成俗曲期。远方异俗之乡，则因之而为通。"[27]278这表明，荀子已意识到了名称因民族而异。荀子还看到："若有王者起，必将有循于旧名，有作于新名。"[27]280这又让我们看到，荀子已意识到名称会随着历史的发展变化而变化。荀子的上述认识，与现代语言学理论在对语言本质认识上的诸如"语言符号具有任意性""词语的概括性""语言是人们约定俗成的，具有社会性""语言随着社会的发展而发展"等论断，明显地具有某种程度上的一致性。荀子在几千年以前，就对有关语言本质问题能有如此深邃的理性认识，达到如此的境界与高度，不能不让我们感到惊叹。

同时，上古时期，中国古代先哲们还在相关问题的阐发与探讨中，从语言与人、人的心灵间的关系上，从语言与世界的关系上，不同程度地触及了与语言本质相关联的问题。从语言与人、人的心灵间的关系上看，中国上古时期许多论述中都涉及了此问题。如《周易·系辞传下》中说："将叛者其辞惭，中心疑者其辞枝，吉人之辞寡，躁人之辞多，诬善之人其辞游，失其守者其辞屈。"[29]604这段话的中心意思是说，人的心思与人的语言是一致的，由其言辞可看出其心思。《礼记》中也有大致相似的论述："凡音者，生人心者也。情动于中，故形于声，声成文谓之音。"①孔子认为："不知言，无以知人也。"[30]211也就是说，由言语可以认识人。孟子则明确指出，言辞"生于其心"，自信能"诐辞知其所蔽，淫辞知其所陷，邪辞知其所离，遁辞知其所穷"[31]62。从语言与世界的关系上看，中国上古时期的一些论述不同程度地涉及了这个问题。如《尚书》中说："志以道宁，言以道接。"[32]233意思是说，志向合乎道才安宁，言论合乎道才易被接受，显示了语言是道的体现之意。《墨子》中也有"告以文名，举彼实也故"之谓[23]245，意思是说，告诉此名，就是为要联系那个与名相合的实物，这又体现了语言是把握世界之本的意味。这些说法，从一个侧面透露出中国古人对语言与世界关系的认识及隐含着的对语言的本体地位之意识。

到了西汉时期，扬雄（公元前53—公元18）在前人已有的基础上，在其《法言·问神》中提出"故言，心声也"之论，出现了所谓的"言为心声"之说②。实际上，后世的许多人都把扬雄在此处的有关论述仅仅看成是提出了"言为心声"之说，这种概括的本身是不甚全面的，尚不能完全概括出扬雄的有关思想。扬雄这段话是这样表述的：

> 故言，心声也；书，心画也。声画形，君子小人见矣。

这段话的意思是说，言语是思想（心灵）的反映，文辞是思想（心灵）的表现，从一个人的言语、文辞（或说的、写的）所映现出的思想映像中，可以看出他是君子还是小人。也就是说，扬雄在这里所阐述的，实际上并不仅仅只是一个简单的"言为心声"问题，还有建立在语言中的"言""书"相对意识上的"书为心画"以及"言""书"与"心声""心画"及"人"的关系等问题。跟西方亚里士多德时即已开启的"口语是心灵的经验的符号"[17]55之类的语言与心灵（思想）关系的思索相比，中国古代先哲不仅在语言与人的思想

---

① 出自《礼记·乐记》。《礼记·乐记》在这一部分的论述中，还论述了语言与社会政治的关系："是故，治世之音安以乐，其政和。乱世之音怨以怒，其政乖。亡国之音哀以思，其民困。声音之道，与政通矣。"

② 于根元先生认为"言为心声"是我国古代提出的关于语言的一个很好的定义，其中的"心"是"本我、真我、心灵"之意；郭龙生把扬雄的"故言，心声也"视为我国古代出现的关于语言是"交际工具"类的一个重要的定义。分别参阅于根元等著《语言哲学对话》，语文出版社1999年版，第173、170页。笔者认为，将"故言，心声也"视为中国古代有关语言与思维关系类的一个重要论述，可能更为恰切。另参阅[40]。

（心灵）相一致的认识上起源较早，而且在后来以扬雄为代表的相关阐释中，也较西方同时期的有关阐释更为概括，更为言简意赅，影响也更为阔大、深远。如在文学艺术领域，循着中国上古时期即已萌生的语言与人及人的思想相映观的走向，我们不难理解为什么中国历代出现了那么多的诸如"诗言志"[33]19 "心生而言立"[34]2 "情以物迁，辞以情发"[35]555 "文如其为人"[36]1427 "诗品出于人品"[37]82 "我手写我口"[38]42等文艺思想来。而跟语言与人的关系的探讨紧密相联的中国古代又一触及语言本质问题的重要成果是：中国古代先哲早在战国时期的《春秋谷梁传》中，就认识到了"人之所以为人者，言也"[39]88，即语言是人之为人的标志。西汉的《淮南子》中，还有"夫言者，所以通己于人也"之论[40]1087。这应该是中国古代比较典型的一个从语言的交际功能角度来解说语言的论述。

这使我们看到，中国古代自先秦时起，就对语言与客观事物的关系及语言自身性质等问题进行了十分有益的探索，并取得了不少与现代语言学对语言本身及语言本质问题的认识基本相合的、影响深远的卓越成果。①

参考文献：

［1］中国神话故事大全4［M］. 杭州：浙江少年儿童出版社，1990.

［2］中国神话故事大全2［M］. 杭州：浙江少年儿童出版社，1990.

［3］徐志民. 欧美语言学简史［M］. 修订本. 上海：学林出版社，2005.

［4］吴学国. 境界与言诠：唯识的存有论向语言层面的转化［M］. 上海：上海人民出版社，2003.

［5］岑运强. 趣味实用语言学讲话［M］. 北京：北京师范大学出版社，2003.

［6］培根. 培根论说文集［M］. 水天同，译. 北京：商务印书馆，2003.

［7］恩斯特·卡西尔. 人论［M］. 甘阳，译. 上海：上海译文出版社，2004.

［8］布龙菲尔德. 语言论［M］. 袁家骅，赵世开，甘世福，译. 钱晋华，校. 北京：商务印书馆，1980.

［9］恩格斯. 自然辩证法［M］//中共中央马克思恩格斯列宁斯大林著作编译局. 马克思恩格斯选集：第4卷. 2版. 北京：人民出版社，1995.

［10］陈嘉映. 语言哲学［M］. 北京：北京大学出版社，2003.

［11］H·A·康德拉绍夫. 语言学说史［M］. 杨余森，译. 祝肇安，校. 武汉：武汉大学出版社，1985.

① 本文收入本书时补注：关于上古时期人类有关语言本质问题的探讨，还有一些内容可以参阅收入本书中的《语言交际理论研究需要注意澄清的几个基本问题》《语言钥匙论之语言观论析》等文章中的相关部分。

［12］柏拉图. 克拉底鲁篇［M］∥柏拉图. 柏拉图全集：第2卷. 王晓朝，译. 北京：人民出版社，2003.

［13］维特根斯坦. 哲学研究［M］. 李步楼，译. 北京：商务印书馆，2002.

［14］R·H·罗宾斯. 语言学简史［M］. 上海外国语学院外国语言文学研究所，译. 合肥：安徽教育出版社，1987.

［15］裴文. 索绪尔：本真状态及其张力［M］. 北京：商务印书馆，2003.

［16］伍铁平. 语言学是一门领先的科学：论语言与语言学的重要性［M］. 北京：北京语言学院出版社，1994.

［17］亚里士多德. 范畴篇 解释篇［M］. 方书春，译. 北京：商务印书馆，1986.

［18］论语·子路篇第十三［M］∥杨伯峻. 论语译注. 2版. 北京：中华书局，1980.

［19］老子·道经·三十二章［M］∥沙少海，徐子宏. 老子全译. 贵阳：贵州人民出版社，1989.

［20］老子·道经·一章［M］∥沙少海，徐子宏. 老子全译. 贵阳：贵州人民出版社，1989.

［21］老子·德经·八十一章［M］∥沙少海，徐子宏. 老子全译. 贵阳：贵州人民出版社，1989.

［22］管子·九守第五十五［M］∥刘柯，李克和，译. 管子译注. 哈尔滨：黑龙江人民出版社，2003.

［23］墨子·经上第四十［M］∥辛志凤，蒋玉斌，等. 墨子译注. 哈尔滨：黑龙江人民出版社，2003.

［24］钱锺书. 管锥编：第3册［M］. 北京：中华书局，1996.

［25］尹文子·大道上［M］∥朱前鸿. 先秦名家四子研究. 北京：中央编译出版社，2005.

［26］公孙龙子·名实论第六［M］∥吴毓江，校释. 吴兴宇，标点. 公孙龙子校释. 上海：上海古籍出版社，2001.

［27］荀子·正名第二十二［M］∥张觉，校注. 荀子校注. 长沙：岳麓书社，2006.

［28］王力. 中国语言学史［M］. 上海：复旦大学出版社，2006.

［29］周易·系辞传下［M］∥金景芳，吕绍纲. 周易全解. 修订本. 上海：上海古籍出版社，2005.

［30］论语·尧曰篇第二十［M］∥杨伯峻. 论语译注. 2版. 北京：中华书局，1980.

［31］孟子·公孙丑章句上［M］∥杨伯峻. 孟子译注：上册. 北京：中华书局，1984.

［32］尚书·周书·旅獒［M］//李民，王健. 尚书译注. 上海：上海古籍出版社，2004.

［33］尚书·虞夏书·尧典［M］//李民，王健. 尚书译注. 上海：上海古籍出版社，2004.

［34］刘勰. 文心雕龙·原道第一［M］//龙必锟. 文心雕龙全译. 贵阳：贵州人民出版社，1996.

［35］刘勰. 文心雕龙·物色第四十六［M］//龙必锟. 文心雕龙全译. 贵阳：贵州人民出版社，1996.

［36］苏轼. 答张文潜县丞书［M］//苏轼. 苏轼文集：第4册. 孔凡礼，点校. 北京：中华书局，1986.

［37］刘熙载. 艺概［M］. 上海：上海古籍出版社，1978.

［38］黄遵宪. 人境庐诗草笺注：上册［M］. 钱仲联，笺注. 上海：上海古籍出版社，1981.

［39］春秋谷梁传·僖公二十二年［M］//范宁，注. 杨士勋，疏. 黄侃，经文句读. 春秋谷梁传注疏. 上海：上海古籍出版社，1990.

［40］赵宗乙. 淮南子译注：下［M］. 哈尔滨：黑龙江人民出版社，2003.

（原刊《沈阳师范大学学报》社会科学版2009年第2期）

中近古时期人类有关语言本质问题的
探索历程

摘要：中古至近古时期，东西方不乏一些有关语言本质问题的思考与探索，尤以西方相对较为突出。这一时期人们有关本问题的探索，在继上古时期人类即已开启的语言工具论、语言符号论、语言本体论之语言本质理念继续得以向前发展的同时，又出现了语言天赋论等语言本质理念，也出现了不少对后世有关语言本质理念的发展与深入有着一定程度影响的、重要的思想火花。

关键词：语言本质；语言工具论；语言符号论；语言本体论；语言天赋论

中近古时期（这里主要指中世纪至18世纪末[①]），东西方不乏一些对有关语言本质问题的思考与探索。这些思考与探索，尤以西方相对较为突出。

一

欧洲的中世纪，是人类历史上有名的黑暗时代。在这个宗教思想与势力占据统治地位的时代，一方面，由于罗马帝国的影响以及早期教会文献和罗马天主教会仪式、行政等用语对拉丁语的影响，使拉丁语的学习与掌握占据了当时

---

① 关于中古近古时期的时间界定，中西语言学史中的有关认识并不完全一致。西方语言学史家的相关界定往往指中世纪到18世纪末，中国语言学史家的相关界定虽并不与之完全一致，但不少界说大体上也能涵盖这一时段。参阅［英］R·H·罗宾斯著《语言学简史》（上海外国语学院外国语言文学研究所译，安徽教育出版社1987年版）、岑麒祥著《语言学史概要》（北京大学出版社1988年版）、王力著《汉语史稿》（上册，中华书局1980年版）、何九盈著《中国古代语言学史》（广东教育出版社2005年版）、邓文彬编著《中国古代语言学史》（巴蜀书社2002年版）等著述中的有关叙述。

社会的主流地位，学者们研究语言主要集中在对拉丁语的研究上；另一方面，由于传播基督教的实际需要，又使不少传教士需要学习掌握拉丁语以外的语言或方言以传播《圣经》①，从而也在客观上部分地促进了对欧洲的一些语言材料的搜集与掌握。但他们在关涉语言本质问题的某些研究与探讨上，不仅往往墨守成规，鲜有新的突破与创获，而且所出现的一些带有探讨性质的结论，多带有蠡测的性质。如把语言的源起仍解释为远古流传而来的上帝变乱人类语言的神话；在对原始语言的追索上，偏执于追问亚当当初说的语言是什么语言，乃至追问天堂语言，追问上帝在天堂里说的是什么语言，追问上帝对亚当及蛇对夏娃说的是什么语言、天使说的是什么语言。并且，他们还在这种追索中，得出了诸如天堂所说的语言是荷兰语、上帝对亚当说话用的是瑞典语、亚当答话用的是丹麦语、蛇对夏娃说话用的是法兰西语，或者是亚当和夏娃说话用的是波斯语、蛇用的是阿拉伯语、大天使加勒里耶尔（Gabriel）用的是土耳其语等种种缺乏科学根据的结论来[1]64—65。这些所谓的对语言问题的探讨，对于科学意义上的对语言本质问题认识的深入，既缺乏理论价值，也没有多少助益。倒是在中世纪的古罗马基督教思想家奥古斯丁（Aurelius Augustinus，354—430）、托马斯·阿奎那（Thomas Aquinas，约1224—1274）那里及中世纪后期的经院哲学繁荣时期，经院哲学内部围绕着共相（一般）和殊相（个别）间的关系的论争而出现的实在论与唯名论的不同争论中，还可以看到当时人们对涉及语言本质问题的一些比较有启发性质的思索。

奥古斯丁在其于公元400年左右问世的《忏悔录》一书中，把《新约全书》中的《约翰福音》开篇之句理解为是"太初有言"，明确提出了言语创生万有的认识②。他说："天主，你怎样创造了天地？当然，你创造天地，不是在天上，也不在地上，不在空中，也不在水中，因为这些都在六合之中；你也不在宇宙之中创造宇宙，因为在造成宇宙之前，还没有创造宇宙的场所。你也不是手中拿着什么工具来创造天地，因为这种不由你创造而你借以创造

---

① 有的宗教教义规定不能译为其他语文去宣教，如伊斯兰教的《古兰经》就规定不能译为其他语文来宣教。佛教和婆罗门教的有些咒语和经文也不便翻译。基督教的《圣经》没有这种规定，倒是要求"到全世界去向一切人宣传福音"。所以，基督教的各地传教士需要学习掌握当地的语言或方言，以便传教。

② ［古罗马］奥古斯丁著《忏悔录》，周士良译，商务印书馆1982年，第236—237页。需要说明的是，《约翰福音》开篇之句，其上下文一般的通行本作："太初有道，道与上帝同在，道就是上帝。这道太初与上帝同在。万物是藉着他造的。凡被造的，没有一样不是藉着他造的。"参见《新约·约翰福音》第一章，中国基督教协会、中国基督教三自爱国运动委员会印《新旧约全书》，1982年版。

其他的工具又从哪里得来的呢？"因此，是"你一言而万物资始，你是用你的'道'——言语——创造万有"[2]235—236。而"这'道'是'和你天主同在'的天主，是永永不寂的言语，常自表达一切"，"你唯①有用言语创造，别无其他方式；但你用言语创造的东西，既不是全部同时造成，也不是永远存在"[2]237。奥古斯丁的这些理解，已明显地很是有些语言本体论的意识与味道。奥古斯丁还认为声音与意义是两回事：不同语言的声音因人因时而异，意义却是同一的。他有时把意义也称作内在的语词，认为内在的语词无须通过声音的表达而存在，外在的语词却总是依赖于内在的语词的预先存在而存在。托马斯·阿奎那继承了奥古斯丁的这一区分，主张内在的语词是上帝的语词，体现着上帝的创造力量，外在的语词则是一种受创物；上帝既可以通过外在的语词对人说话，也可以直接通过内在的语词对人的内心说话[3]10—11。而在经院哲学内部围绕共相（一般）和殊相（个别）间的关系的论争上，实在论者认为一般概念是先于事物或是在事物之中而存在的东西，唯名论者则认为一般概念既不先于事物存在，也不在事物中存在，而是在事物之后产生的个别事物的名称。这导致在语言认识上，实在论者认为词是思想的体现，词和思想间存在着内在的关系。而唯名论者认为词不是事物本身，词是事物的名字、符号，是通过协商而确定的[4]33。另外，在中世纪以思辨语法而著称的摩迪斯泰学派（Modistae），曾提出语言是约定俗成的、词形和词义间无天然的内在联系、自然界和语言都有自己的系统等观点[5]28。至于达到像法国神学家、哲学家阿贝拉尔（Pierre Abélard，1079—1142）的"语言不仅是由理性（raison）产生的，它本身也产生理性"②之类的认识深度的，则更为鲜见了。

欧洲在14—16世纪的文艺复兴时期，随着古代希腊与罗马文化的恢复及其逐步又由古典文学领域扩及俗文学的领域，在推动了各民族文学发展的同时，其本身也较好地促进了各民族语言的交流、发展与研究。而与文艺复兴运动相随而来的宗教改革运动、思想启蒙运动的兴起，在除旧布新的同时，也都在一定程度上为后来的对有关语言本质问题认识的进一步推进与深入，提供了相应的条件与基础。在这个曾被恩格斯称作"需要巨人而且产生了巨人"的时代[6]262，欧洲的许多学者在自己的相关探索中，陆续不同程度地触及了有关语言本质的认识问

---

① 此处的"唯"原文为"惟"，这里按现在规范改为"唯"。

② 伍铁平编著《语言学是一门领先的科学——论语言与语言学的重要性》，北京语言学院出版社 1994 年版，第 51 页。原见若利《思想、词和比喻——用哲学阐明的语义学问题》，基辅，1984 年，第 168 页。

题。如16世纪初，英国思想家托马斯·莫尔（Thomas More，1478—1535）于1516年出版了《乌托邦》一书。在该书中，莫尔在赞美乌托邦人的语言语音悦耳、语汇丰富时，明确表达了语言"是表达思想的准确工具"的认识[7]71。

二

17世纪初，曾被马克思和恩格斯称为"英国唯物主义和整个现代实验科学的真正始祖"[8]163的英国著名哲学家弗兰西斯·培根（Francis Bacon，1561—1626），在其于1620年出版的《新工具》一书中认为："人们相信自己的理性管制着文字，但同样真实的是文字亦起反作用于理解力。"[9]30—31培根的这种有关语言与理性的辩证认识，显然与中世纪经院哲学家、法国神学家阿贝拉尔的有关认识是一脉相连的。

17世纪中期，法国唯理语法学派的代表人物——神学家兼哲学家安托万·阿尔诺（Antoine Arnauld，1612—1694）和让森派教士克洛德·朗斯洛（Claude Lancelot，1615—1695）于1664年合出了《普遍唯理语法》（亦称《波尔·罗瓦雅尔语法》①）一书。该书是一部以唯理主义的哲学观为基础来解释传统语法的经典力作，它继承了历史上自柏拉图开始即已出现的寻求一种能说明事物本源的普适性的"原型"（Ideas）或"形式"（Form）②之思维方

---

① 有人认为《普遍唯理语法》之所以又称《波尔·罗瓦雅尔语法》，与该书是作者在波尔·罗瓦雅尔女修道院里编成的有关。如徐志民著的《欧美语言学简史》（修订本）就持此看法。见该书第 37 页，学林出版社 2005 年版。胡明扬在《西方语言学名著选读》（第二版）中，对此已明确说明：这本书的"波尔·罗瓦雅尔"名称并不是因为这部著作是在女修道院内写成的，而是因为该书因作者（还包括一些志同道合的学者）曾生活在巴黎郊区的塞纳－瓦兹（Seine-et-Oise）乡下的女修道院波尔·罗瓦雅尔（Port-Royal）附近，并自称"乡村波尔·罗瓦雅尔先生"，他们的著作往往加上"波尔·罗瓦雅尔"，所以本书也称《波尔·罗瓦雅尔语法》，有想以此表明作者属于波尔·罗瓦雅尔学派或教派之意。见该书第 15—16 页，中国人民大学出版社 1999 年版。

② 这里的"原型"，即柏拉图的"ιδεα"，亦即我们目前通常所译的"理念"。辜正坤认为，将 ιδεα 译为"理念"是错误的。辜正坤说："柏拉图不屈不挠地想要找到一种普遍适用于说明宇宙万物的本源的东西。他把这种东西叫作'原型'（Ideas）或'形式'（Form）。顺便要提到的是，西方人错误地将柏拉图的 ιδεα 不加区别地译作 Idea，造成了西方若干普通读者对柏拉图 ιδεα 的误解。同样的学术误解发生在中国，由于中国学者错误地将 Idea 译作'理念'，造成了大量中国学者对柏拉图 ιδεα 的误解。ιδεα 这个词绝不能翻译成'理念'。在柏拉图的理论中，它不属于主观的东西，而是客观的东西；它虽然可以存在于人的思想中，但不从属于人的思想，因为从根本上来说，它是脱离人的思想而存在的。我曾经在 1985 年的讲课中，反复强调过这一点。但是，时至今日，全国上下的哲学书几乎无一例外地使用'理念'这个术语来表达柏拉图的 ιδεα。"参见辜正坤《对索绪尔和乔姆斯基的批判与语言学新定律》，《外语与外语教学》2004 年第 4 期，第 5 页。

式，主要从逻辑角度来研究普遍语法，在其论述中，有不少地方触及了对语言本质的认识。作者在本书中认为：

> 说话是用符号来表达自己的思想，这些符号是人们为此目的而发明的。
> 人们发现这些符号中最有用的是声音（sons）和嗓音（voix）。
> ……
> 因此，我们可以从两方面来考虑这些符号。首先，符号的性质，也就是说，作为语音和文字来考虑。
> 其次，符号的意义，也就是说，人们运用这些符号来表达他们的思想的方式[10]4。

显然，作者在这里已经比较明确地认识到：语言是一种符号，是一种用来表达思想的符号；语言符号有声音、有意义；符号中最有用的是声音，即第一重要的东西。正由于语言是表达思想的符号，所以作者在该书中还认为，思维的内容和方式决定着语言形式，亦即思维第一性、思维决定语言形式；语言形式中的名词、冠词、分词、前置词、副词等表示思维的对象，即表示概念，语言形式中的动词、连词、叹词等表示思维的方式，即表示判断[10]1—23。从上述这些内容上看，《普遍唯理语法》对语言本质的认识应该说是比较深入的。

17世纪末期，英国著名哲学家洛克在其1690年问世的传世名作《人类理解论》一书中，比较明确地论述了语言是表达思想、交流思想的工具。洛克认为，人的语言是"组织社会的最大工具，公共纽带"，"人天生宜于发出音节分明的声音"，"声音必须成为观念的标志——因此，人不仅要有音节分明的声音，而且他还必须能把这些声音作为内在观念的标记，还必须使它们代表他心中的观念。只有这样，他的观念才能表示于人，人心中的思想才可以互相传达"。同时，"声音还必须是概括的标记才行……因为每一个特殊的事物如果都需要一个特殊的名称来标记它，则字眼繁杂伙多，将失其功用。为了避免此种不利起见，语言中恰好又有进一层的好处。就是，我们可以应用概括的字眼，使每一个字来标记无数特殊的存在。……因为各种字眼所表示的各种观念如果是概括的，则那些字眼亦就成了概括的"。而"人们所以要利用这些标记，一面为的是要把自己的思想记录下来，以便帮助自己的记忆，一面是为的是要把自己的观念表示出来，呈现于他人之前"[11]413—414, 416。在洛克看来，人有天生的声音能力，只有声音同观念发生了关系时，才出现语言。在这一点上，他既不同于在他之前的勒内·笛卡儿（René Descartes，1596—1650，也有人译为"勒内·笛卡尔"），也不同于后来的美国语言哲学家乔姆斯基。而语言不仅是人组织社会的最大工具、公共纽带，而且还是互相传递人的思想的工具，记录、表现思想的工具，又"是知识的工具"[11] 513，语言（声音）要想成为这种工具，必须要标记观念、具有概括性。换言之，洛克认为语言（语词）这种工具具有标记观念（而不是事物）的特征、概括性的特征。洛克在触及语言本质认识上的另一个贡献是，洛克继承了古希腊柏拉图、亚里士多德等延续下来的语言是一种符号的理念，论述了语言文字作为一种符号在思维活动中的作用。洛克在其《人类理解论》第二十一章《科学的分类》中，对他把科学所分成的三种类别中的第三种情况——达到和传递前两种知识的途径——曾解释说："第三种学问可以叫做Semiotic，就是所谓符号之学①。各种符号因为大部分是文字，所以这种学问，亦叫做λογικη，logicll。这种学问的职务，在于考察人心为了理解事物、传达知识于他人时所用的符号的本性。因为人心所考察的各种事物既然都不在理解中（除了它自己），因此，它必须有别的一些东西，来作为它所考察的那些事物的符号和表象才行。这些符号就是所谓观念。……我们如果想互相传达思想，并且把它们记载下来为自己利用，则我们还必须为观念造一些符号。音节清晰的声音是人们所认为最方便的，因此，人们常常利用它们。"②洛克还强调，我们除了要考察"各种名称直接所表示的"以外，还要注意考察名称"所表示的这些种和类究竟是什么东西，并且它们是怎样形成的。这一层如果彻底清楚，（这是应当做到的），则我们便比较容易发现出字眼的正当功用"了[11] 415。这里，洛克强调要注意考察名称的种和类是什么，实际上就是强调要注意考察语言的本质问题，并强调了考察这一问题的重要性，显示了洛克对本问题的重视。洛克曾经说过："我们如果不先来考察语言的本质、功用和意义，则我们便不能明白地、清晰地谈论我们的知识。"[11] 412洛克还注意到语言具有任意性的特征及语言与所反映的观念间的

---

① "符号学"这一术语Semiotics，按其最古老的含义，也可称作Semiotic等（参见[英]戴维·克里斯特尔编《现代语言学词典》（第四版），沈家煊译，商务印书馆2000年版，第320页）。洛克著《人类理解论》商务印书馆2009年中译本将此处的Semiotic译为"标记之学"，而在本书的商务印书馆1981年中译本中，将此处的Semiotic译为"符号之学"。笔者认为，此处的Semiotic还是译为"符号之学"似更能顺应"符号学"这一学科术语的历史走向。

② [英]洛克著《人类理解论》下册，关文运译，商务印书馆2009年，第777-778页。本段中的"符号"一词原译为"标记"，这里依Semiotic的原义及商务印书馆1981年本书中译本所译，统一用"符号"一词。

关系。他说："语言所以有表示作用，乃是由于人们随意赋予它们一种意义，乃是由于人们随便来把一个字当做一个观念的标记。"[11]416这里，洛克显然既注意到了语言具有任意性的特征，又在语言与所反映的观念间的关系上，明显是持"按规约"论的观点的。

三

18世纪初，德国著名自然科学家、哲学家莱布尼茨针对洛克《人类理解论》（陈修斋译为《人类理智论》[12]1）一书中的经验论的观点，从自己的唯理论立场出发，撰写了与之相辩驳的《人类理智新论》一书（该书完成于1704年，在莱布尼茨去世五十年后的1765年公开发表）。莱布尼茨在该书的第三卷《论语词》中的有关论述里，部分地表达了他有关语言本质问题的一些认识。莱布尼茨认为，语言是认识的手段，是社会的工具及逻辑分析的工具。他既同洛克一样，认为语言是一种符号（标记），也并不反对语言是一种工具，认为语言是一种标记思想的手段[12]297—299，可以反映人的愿望、思想、心灵[12]382—383。但不同于洛克的是，莱布尼茨在有关语言的任意性与非任意性、语言与所反映的事物间的关系问题上，虽然也认为"语词的意义……并不是为一种自然的必然性所决定的"，但他也认为"它们也还是受一些理由所决定"的，而"这些理由有时是自然方面的，在这里偶然性有某种作用，有时是精神方面的，在这里就有选择在起作用"[12]303—304。在莱布尼茨看来，语言中有无数称呼"证明在语词的起源方面有某种自然的东西，标志着在事物和声音以及发声器官的运动之间有一种关系"，"可是不能以为这理由是到处可见的"。这其中的一个重要原因是"由于许多偶然的原因和变化，大多数语词已比起它们的发音及原本的意义来有了很大改变和离得很远了"[12]311—312。即莱布尼茨认为语言是任意性与非任意性的统一。同时，莱布尼茨对洛克所认为的语词是指示事物观念的认识，也提出了质疑，认为"是我们的需要迫使我们离开了观念的自然秩序"[12]300，每个人的观念或心像均不尽相同，语词不好说代表何人观念。因而，莱布尼茨倾向于把语词看作是语言共同体共享的符号，把语言看作是一种"天赋"的心理禀赋，认为"语言犹如大理石中的纹路，这些纹路原来虽然不大清楚，但是适宜于把它雕刻成什么样的东西，却早已由'天赋'的纹路决定了"[5]30。而英国哲学家、唯心主义经验论的主要代表贝克莱（George Berkeley，1685—1753）与英国哲学家、历史学家、经济学家休谟（David

Hume，1711—1776）虽然也认为语词所指示的不是事物而是观念，但前者认为名称不直接指称任何对应于实体的观念，而是指称对应于现象的特殊观念，后者则倾向于语词所指的是简单观念 [3] 13。

18世纪中叶，法国的孔狄亚克（Etienne Bonnot de Condillac，1715—1780）、狄德罗（Denis Diderot，1713—1784）、卢梭（Jean Jacques Rousseau，1712—1778）也曾在其有关语言等诸问题的探寻中，部分地涉及了语言的本质问题。孔狄亚克在其于1746年出版的《人类知识起源论》一书中，循着洛克从人类认识发展的视角探寻问题之路线，不仅注意汲取了历史上已有的语言符号观、语言工具观之理念，而且在语言符号的性质上、语言符号与我们的观念间的关系（亦即语言与思维的关系）上，做出了十分有益的理性探索。首先，孔狄亚克在把语言的起源归结为人类"自然的呼声"（语言理论上亦称感叹说）的同时，在关涉语言的本质的认识上，继承了历史上已有的语言符号观与语言工具观思想，触及了包括语言这种符号（信号）①在内的"符号的使用及其必要性" [13] 90等诸多问题，不仅把"心灵活动的运用归诸于符号"，而且认为"符号就是心灵活动所使用的工具" [13] 267。其次，孔狄亚克比较明确地表述了语言符号具有任意性与约定俗成性的特点。孔狄亚克认为："在人们开始使用符号的时候，符号全都是随意制定的" [13] 233，相应地揭示了语言符号具有任意性的特点。同时，孔狄亚克又看到，能把人们观念组合起来的"这些组合是根据其长期的使用习惯而形成的，它们恰恰就是构成一种语言的特性的东西" [13] 234，而"这种特点完全不是一个人的能力可以彻头彻尾地加以改变的。一旦离开了这种特点，人们所说的言语就会变成一种陌生的外国语，从而也就不再能为别人所理解了" [13] 234。这又相应地揭示了语言符号具有约定俗成性的特点。再次，孔狄亚克探讨了语言符号与我们的观念间的关系，认为语词是观念的符号，我们"发明出某些符号来固定我们的观念"，对观念的考察是"要靠符号的帮助来完成的事情" [13] 93，"要是没有这些符号使这些观念同样地集结起来的话，事物的观念也不会同时共存于我们的精神之中" [13] 94。而这些"由我们自己选定的"符号（信号），"和我们的观念之间只有一种人为的联系" [13] 39。值得注意的是，孔狄亚克还在本书中明确地看到了语言与言语的不同，并将二者之不同作为自己在此论证问题的重要基础。

---

① 孔狄亚克本书的中译本——洪洁求、洪丕柱译本中，对原文 le signe（意即"符号""信号"）的翻译，"符号"和"信号"这两种情况都有。参见 [法] 孔狄亚克著《人类知识起源论》，洪洁求、洪丕柱译，商务印书馆 1997 年，第 90 页脚注。

他说："我给自己定下来的目标是按这样的假设，即一种言语往往是直接先于它的语言为样板而被创制出来的，来进行阐述的，除此而外我便什么也不阐述了。我已在动作言语中见到了语言的萌芽。"[13]235狄德罗在其于1751年编纂出版的《科学、艺术和手工艺百科全书》中，把"语言"定义为："借助词、手势和表情，并适应社会的习俗和交际行为所处的环境，使人们得以互相交流思想的工具。"①显然，狄德罗的这一表述，已明确地昭示了他的语言工具论意识与倾向。

卢梭在其于1755年出版的《论人类不平等的起源和基础》以及1782年出版的《论语言的起源——兼论旋律与音乐的摹仿》等著作中，在孔狄亚克的基础上，也相应地涉及了语言的本质问题。卢梭基本上也继承了语言是一种符号、工具的思想，认为语言具有约定性的一面，不同于言语[14]1，并且也探讨了语言与观念间的关系。卢梭认为，一个人对另一个人"交流感觉与思想的渴望或需要，会促使他寻找交流的方式"，于是"有了表达思想的感性符号"[14]1，即语言。而"如果说人们为了学习思维而需要语言，那么②，他们为了发明语言的艺术则更需要先知道如何思维。而且纵然我们可以理解声音的音响是怎样被用作传达我们观念的约定工具，我们仍须进一步探讨，当初对于那些不以感性实物为对象、既不能用手势又不能用声音表示出来的观念，又将约定什么样的工具来传达呢？"[15]90-91卢梭认同孔狄亚克提出的人类最初的语言始于一种由本能而来的"自然的呼声"[15]91，但不同于孔狄亚克的是，孔狄亚克把人创造语言的动机看成是"为了表达他们的需要"，卢梭则认为语言的最初发明源于"精神的需要（moral needs），亦即激情（passion）"[14]15。卢梭进一步认为，当人类的观念逐渐扩展、增多及人们之间建立起更为密切的往来时，由于"制定更多的符号和一种更广泛的语言"的需要，人们便增多了声音的抑扬并加上了手势。但因手势自身所限，人们最终没法使用声音的音节来代替手势。而"这些音节虽然同某些观念并没有同一的关系，但它们却更适于作为制定的符号来代表所有这些观念"[15]91-92。按照卢梭的社会契约论思想，一个社会要用"制定的符号来代表所有的这些观念"，是一定要经过社会约定的，一如卢梭所言的"真正的语言不会起源于家庭，它们只能产生于更广泛的、更持久的约定"[14]71，这也就是说，在卢梭那里，语言的起

---

① 丁一夫译《法国语言学家论语言的社会本质》，《国外语言学》1984年第4期，第35页。
　另见卫志强著《当代跨学科语言学》，北京语言学院出版社1992年版，第208—209页。
② 此处的"么"原文为"末"，这里按现在规范改为"么"。

源实际上是由两部分构成的：一部分是与语言起源的自然阶段相关的"自然的呼声"，即感叹论；另一部分是与语言起源的理性阶段相关的社会约定，即社会契约论。不过，卢梭由于看到通过约定而"制定语言的时候，语言的使用似乎是已经成为十分必要的了"[15] 92，即此时似乎语言又应当先存在以说明理由，受类似一些难题的困扰及他的"野蛮人是孤独的"因而不需要交际的错误假定所限，卢梭在语言起源问题上最终陷入了不可知论的泥潭。尽管如此，我们还是可以从卢梭的上述思想中，明显地看到他对语言本质问题的思考。特别是在语言与观念的关系上，卢梭实际上比洛克、孔狄亚克等把词和观念的联系看得更为紧密，认为"概括的观念只有借助于词才能输入人的心灵中，而理解概括的观念则必须通过词句"[15] 93。卢梭后来还曾在他于1777年问世的《语言起源论·交流思想的各种手段》一书中，阐述了语言是交际工具及语言起源于社会契约的思想。卢梭的这一思想，曾对后世学者产生过较大的影响，并被法国社会学派的语言学家们所承袭[16] 11。当然，由于语言与思维关系的复杂性，在孔狄亚克、卢梭的时代，他们还不能够对此问题做出更深入、明晰的阐发。

在这一时期，英国思想家、普遍语法哲学理论在英国的杰出代表詹姆士·哈里斯（James Harris，1709—1780）在其于1751年出版的《交通技艺之神赫耳墨斯或语言和普遍语法的哲学研究》一书中，也部分地触及了对语言本质的认识。詹姆士·哈里斯把亚里士多德的理论作为自己的普遍语法理论的基础，认为词是按规约与其所指的事物发生联系的，语言就是"按规约而具有意义的分节音系统"[17] 188—189。这里，詹姆士·哈里斯显然已经注意到了语言的约定俗成性质，并把语言看成是一种有音有义的构造系统。

18世纪下半叶，德国哲学家哈曼（Johann Georg Hamann，1730—1788）曾经在自己的著述中提出："语言是理智唯一的工具（Organon）和标准。"[18] 134他还曾在1784年给当时的德国艺术批评家、哲学家赫尔德（Johann Gottfried von Herder，1744—1803）的信中说，他在试图去道说何谓理性时，找到了语言。他说："倘若我像德莫斯提尼斯那样口若悬河，那么，我顶多也只能把一个唯①一的词语重复三遍：理性就是语言，就是λόγος［逻各斯］。"[19] 3显然，哈曼不仅认为语言是一种工具，而且也看到了语言与思维间的密不可分的关系。赫尔德在其于1772年出版的《论语言的起源》一书

---

① 此处的"唯"原文为"惟"，这里按现在规范改为"唯"。

中，在阐释其关于语言起源的摹声说与人本说时，部分地触及了与语言的本质认识有关的问题。与此前已有的认为语言是黏附于思想（观念）上的符号之看法不同，赫尔德认为，语言与思维不可分离，两者有共同的起源，是平行发展的。赫尔德还认为，语言是"理智的自然官能（Organ）"，"我们在语言中思维"[18] 134；"一个民族怎样思维，就怎样说话，反之亦然，怎样说话，就怎样思维"。民族精神与民族语言是紧密相联的[10] 43。但语言不是神造的或人为的东西，是个人心灵的创造行为。语言能力是一种天赋的认识倾向，一种对观念、印象进行区分和组织的人类心灵的自然禀赋，一种天生的能力①。显然，赫尔德在有关语言一些问题的认识上，同莱布尼茨、孔狄亚克一样，都有在一定程度上忽视了语言的社会性的一面。但赫尔德这些看法，对当时及后来的以德国哲学家、语言学家洪堡特（Wilhelm von Humboldt，1767—1835）②等为代表的一些学者都产生过比较深刻的影响。如在语言与思维密不可分关系的认识上，赫尔德所认为的语言是"理智的自然官能（Organ）""我们在语言中思维"等认识，就对洪堡特相关认识产生过重要影响。

四

中国古代有关语言本质问题的思索，自走过先秦时代的辉煌之后[20]，在很长一段时间的历史发展中，陷入了重实用而忽略了对语言的理性研究的窠臼。特别是在经历过焚书坑儒、罢黜百家之后，创造性思维多半已失去了进一步发展的社会环境与条件，致使我们在有关语言问题的研究上，具体事实问题方面的成果十分丰硕，而在与语言本质方面相关的理性思索上，则相对薄弱。虽然魏晋以降至18世纪末，中国也曾出现了南朝刘勰的"心生而言立，言立而文明，自然之道也"③"夫文象列而结绳移，鸟迹明而书契作，斯乃言语之体

---

① 参阅：1. 徐志民著《欧美语言学简史》（修订本），学林出版社 2005 年版，第 47—48 页；2. 裴文著《索绪尔：本真状态及其张力》，商务印书馆 2003 年版，第 11—12 页。

② 洪堡特的译名较多，有"洪堡""洪堡尔特""洪堡尔""洪堡特"等多种。哲学界译为"洪堡"的较多，语言学界则译为"洪堡特"的较多。参阅姚小平著《洪堡特——人文研究和语言研究·后记》（外语教学与研究出版社 1998 年）及冯契主编《哲学大辞典》（分类修订本，下，上海辞书出版社 2007 年版，第 1881 页）等。

③ ［梁］刘勰著《文心雕龙·原道第一》。参阅龙必锟译注《文心雕龙全译》，贵州人民出版社 1996 年，第 2 页。

貌，而文章之宅宇也"①，以及南宋哲学家朱熹（1130—1200）的"道者，文之根本；文者，道之枝叶。惟其根本乎道，所以发之于文，皆道也。三代圣贤文章，皆从此心写出，文便是道"②等有关语言本质的本体性意识，出现了明清之际的思想家王夫之（1619—1692）对"名言"与"体"等有关语言本质的形上体悟③，但却往往以散珠碎玉的形式间或出现，既缺乏系统完善的专门性质的理论论证，又鲜有较大的推陈出新，难免给人以拓新不足、不尽如人意之感④。

上述这种状况，颇有些类似于英国著名的数学家、哲学家怀特海（Alfred North Whitehead，1861—1947）对古希腊、罗马后来的科学发展衰落所做的评述那样："阿基米德死于一个罗马士兵之手，是一个世界发生头等重要变化的标志；爱好抽象科学、擅⑤长推理的古希腊在欧洲的霸主地位，被重实用的罗马取代了。……罗马是一个伟大的民族，但是他们却由于只重实用而导致了创造性的缺乏。"[21]46

参考文献：

［1］岑麒祥. 语言学史概要［M］. 北京：北京大学出版社，1988.

［2］奥古斯丁. 忏悔录［M］. 周士良，译. 北京：商务印书馆，1982.

［3］陈嘉映. 语言哲学［M］. 北京：北京大学出版社，2003.

［4］徐志民. 欧美语言学简史［M］. 修订本. 上海：学林出版社，2005.

［5］裴文. 索绪尔：本真状态及其张力［M］. 北京：商务印书馆，2003.

［6］恩格斯. 自然辩证法［M］//中共中央马克思恩格斯列宁斯大林著作编译局. 马克思恩格斯选集：第4卷. 2版. 北京：人民出版社，1995.

［7］托马斯·莫尔. 乌托邦［M］. 戴镏龄，译. 北京：商务印书馆，1997.

［8］马克思，恩格斯. 神圣家族［M］//中共中央马克思恩格斯列宁斯大林著作编译局. 马克思恩格斯全集：第2卷. 北京：人民出版社，1957.

---

① ［梁］刘勰著《文心雕龙·练字第三十九》。参阅龙必锟译注《文心雕龙全译》，贵州人民出版社1996年，第465页。

② ［宋］黎靖德编《朱子语类》（第八册）卷第一百三十九《论文上》，中华书局1994年版，第3319页。

③ 参阅［明］王夫之著《船山全书》第一册、第六册，岳麓书社1996年版。

④ 这种状况直至晚清仍鲜有较大的改变。即便在中国语言学发展由传统语言学进入到现代语言学阶段的标志性之作——清代语言学家马建忠（1845—1900）的《马氏文通》那里，其对"天皆赋之"之语言普遍性、对"文以载道而非道，文以明理而非理"等一些有关语言本质的形上体悟（参阅马建忠著《马氏文通》，商务印书馆1983年，第13页），亦仍未完全摆脱这种状况。

⑤ 此处的"擅"原文为"善"，这里按现在规范改为"擅"。

［9］培根. 新工具［M］. 许宝骙，译. 北京：商务印书馆，1986.

［10］胡明扬. 西方语言学名著选读［M］. 2版. 北京：中国人民大学出版社，1999.

［11］洛克. 人类理解论：上下［M］. 关文运，译. 北京：商务印书馆，2009.

［12］莱布尼茨. 人类理智新论：上下［M］. 陈修斋，译. 北京：商务印书馆，2006.

［13］孔狄亚克. 人类知识起源论［M］. 洪洁求，洪丕柱，译. 北京：商务印书馆，1997.

［14］卢梭. 论语言的起源：兼论旋律与音乐的摹仿［M］. 洪涛，译. 上海：上海人民出版社，2003.

［15］卢梭. 论人类不平等的起源和基础［M］. 李常山，译. 东林，校. 北京：商务印书馆，1982.

［16］李葆嘉. 中国语言文化史［M］. 南京：江苏教育出版社，2003.

［17］R·H·罗宾斯. 语言学简史［M］. 上海外国语学院外国语言文学研究所，译. 合肥：安徽教育出版社，1987.

［18］姚小平. 洪堡特：人文研究和语言研究［M］. 北京：外语教学与研究出版社，1998.

［19］海德格尔. 语言［M］∥海德格尔. 在通向语言的途中. 孙周兴，译. 北京：商务印书馆，2004.

［20］于全有. 上古时期人类有关语言本质问题的探索历程［J］. 沈阳师范大学学报（社会科学版），2009（2）：47—54.

［21］邓东皋，孙小礼，张祖贵. 数学与文化［M］. 北京：北京大学出版社，1999.

（原刊《沈阳师范大学学报》社会科学版2010年第2期）

19世纪人类有关语言本质问题的
探索历程

摘要：19世纪，人类有关语言本质问题的认识，在已有语言工具论、符号论等有关理论继续得以向前发展的同时，又出现了语言世界观说、语言生物机体说，以及语言的本质在于交际等一些新的思想火花。

关键词：语言本质；语言世界观说；语言生物机体说

随着在17世纪末即已出现的、出于研究语言的目的（不同于中世纪的一些传教士出于传教目的）而对世界各地语言材料收集工作的逐步深入，以及由自然科学的发展进步而带来的发展的观点与比较的方法为语言研究的发展进步提供了借鉴，19世纪初，以语言为专门研究对象的语言学开始建立起来。这使语言科学的发展，由前语言学时期，开始步入了语言学时期。在19世纪这一历史时期，人类有关语言本质问题的认识，又出现了语言世界观说、语言生物机体说，以及语言的本质在于交际等一些新的思想火花。

一

语言科学的真正建立是以历史比较语言学的诞生为标志的。历史比较语言学的奠基人为丹麦语言学家拉斯克（Rasmus Christian Rask，1787—1832）、德国语言学家葆朴（Franz Bopp，1791—1867，也有人译为"波普"等）和雅各布·格里木（Jarob Ludwig Karl Grimm，1785—1863，也译为"雅各·路德维希·卡尔·格林"等）。这三者与洪堡特一起被誉为"19世纪初语言科学界最著名的四个学者"①。拉斯克、葆朴、格里木率先使用历史比较法研究一些语言的同源关系，进而在欧洲掀起了一股历史比较语言学的浪潮。虽然历史比较语言学所取得的主要成就在于寻求建立语言的同源关系或亲属关系，找出其中的对应规律与演变规律，但历史比较语言学家们在这种方式的研究过程中，实际上已向人们展现了这样一种与对语言的本质认识相关联的新的语言观念：一方面，语言被看成是由声音和意义结合而成的符号系统，音义之间是约定俗成的关系；另一方面，语言被看成是既有产生、发展，也可能有死亡的东西，有自己的发展规律[1] 35。也只有从这样一种理念出发，历史比较语言学家们才能在发现不同的语言的许多基本词汇音义间存在着有规律地对应时，判断为并非巧合，必有共同的来源，才可能建立起某些语言间的亲属关系及有关规律。

历史比较方法的应用，不仅极大地促进了语言研究的进步，而且促使人们不再满足于具体语言历史的描述，走向对整个人类语言本质与规律的整体思索。洪堡特作为普通语言学的奠基人、19世纪在普通语言学思索方面最为深刻的思想家之一，他"对语言本质的反思，比其前任何一位哲学家或语言学家都更抽象"[2] Ⅳ。他虽然身处历史比较方法在语言研究中据主导地位的时代，但却能跳出历史倾向的局限，致力于探究语言的本质、功能、语言与思维的关系及语言的文化内涵等具有普遍理论意义的问题，为普通语言学的建立与现代语言学的开启，奠定了坚实的基础。洪堡特的有关语言本质问题的思想，主要体现在于他去世后的第二年（1836年）由其弟弟亚历山大·洪堡特（Alexander von Humboldt，1769—1859）和布什曼（J. Buschmann）整理出版的他的未竟之作《论爪哇岛上的卡维语》的导论部分——《论人类语言结构的差异及其对人类精神发展的影响》这部有"第一部关于普通语言学的巨著"[3] 19"语言哲学的教科书"②之誉的名著中。

洪堡特深信，语言应被视为人的天赋属物，"因为如果把语言看做人的知性在清晰的意识状态下造就的产品，那它就根本无法得到解释。要知道，发明语言决不需要成千上万年。假如语言的原型（Typus）并未先存于人的知性之中，那语言就决不可能被发明出来"[2] 20。他认为，"人因有语言才成为

---

① ［英］R·H·罗宾斯著《语言学简史》，上海外国语学院外国语言文学研究所译，安徽教育出版社1987年版，第210页。其中，"19世纪"原译著为"十九世纪"，这里统一用"19世纪"的表述形式。

② 转引自胡明扬主编《西方语言学名著选读》（第二版），中国人民大学出版社1999年版，第41页。原见《简明不列颠百科全书》第3卷，中国大百科全书出版社1985年版，第805页。

人"[2] 20，即语言是人不可分割的部分。而语言与人类的精神发展深深地交织在一起，它产生于人类本性的深处，在任何情况下都不能把语言看作是一种真正的产品，看作是各民族的产物。对此，洪堡特曾这样表述说："语言具有一种能为我们觉察到，但本质上难以索解的独立性，就此看来，语言不是活动的产物，而是精神不由自主的流射。"[4] 21在洪堡特看来，"语言就其真实的本质来看，是某种连续的、每时每刻都在向前发展的事物"[4] 56，"将现象世界的质料铸塑成为思想的形式，乃是语言的本质所在"[2] 22—23，"语言绝不是产品（Werk［Ergon］），而是一种创造活动（Thätigkeit［Energeia］）。因此，语言的真正定义只能是发生学的定义。语言实际上是精神不断重复的活动，它使分节音得以成为思想的表达"[4] 56。正因为把语言活动视为人类精神的基本特性，洪堡特把语言的产生首先归为"语言产生自人类的某种内在需要，而不仅仅是出自人类维持共同交往的外部需要，语言发生的真正原因在于人类的本性之中"，并认为语言对人类精神力量的发展及世界观的形成是不可缺少的[4] 25。洪堡特的这种看法，一方面不同于以往的一些把语言仅仅看作是一种机械的、人为的创造物的认识，把语言看作是一种不断重复进行的活动、一种精神创造，显示了他对语言本质的新的理解，对于促进人们从不同的视角去认识语言，无疑具有启发意义；另一方面，洪堡特显然有过分强调语言的思维功能的首要地位，从而将语言的交际功能置于从属的地位的倾向，反映了他对语言的社会本质的理解尚欠深入。洪堡特还认为，语言不仅是一种表达手段，还是一种认知手段。他在继承哈曼、赫尔德的语言与思维密不可分思想的基础上，提出"语言是构成思想的器官（das bildende Organ des Gedankens）"①"语言不仅是表述已知真理的手段，而且在更大程度上是揭启未知真理的手段"[5] 135，把语言看作是一种世界观，认为"个人更多地是通过语言而形成世界观"，"每一语言都包含着一种独特的世界观""学会一种外语就意味着在业已形成的世界观的领域里赢得一个新的立足点"[4] 72。但洪堡特同时还说："我们可以把语言看作一种世界观，也可以把语言看作一种联

---

① ［德］威廉·冯·洪堡特著《论人类语言结构的差异》，见［德］威廉·冯·洪堡特著《洪堡特语言哲学文集》，姚小平编译，湖南教育出版社 2001 年版，第 266 页。又见［德］威廉·冯·洪堡特著《论人类语言结构的差异及其对人类精神发展的影响》，姚小平译，商务印书馆 2004 年，第 65 页。需要说明的是，"Organ"一词在洪堡特这儿及前文所引的赫尔德那儿，也都可以译为"工具"。这种"工具"不是外在于人的意义上的那种"工具"，而是人的具有自主能动性的内在附属物。参阅姚小平著《洪堡特——人文研究和语言研究》，外语教学与研究出版社 1998 年，第 134 页。

系起思想的方式，实际上，语言在自身中把这两种作用统一了起来。但不管我们怎么看，语言始终必然依赖于人类的全部力量。"[4]49这又显现了洪堡特在语言是一种世界观学说上，虽然不免有一些片面性的倾向，但他还是为语言保留了一份非世界观的弹性余地。由于受到赫尔德提出的语言和民族之间存在着某种同一关系之认识的影响，洪堡特还更进一步地提出了民族语言等同于民族精神的看法。在洪堡特看来，"语言和精神力量并非先后发生，相互隔绝，相反，二者完全是智能（das intellectuelle Vermögen）的同一不可分割的活动。语言是一个民族从事任何一项人类活动的工具"。而"民族的语言即民族的精神，民族的精神即民族的语言"[4]52。他从探讨语言活动与思维的关系开始，把对语言的主观性及民族语言与民族精神的一致性的认识综合到一起，认为世界的客观性是由语言的主观性所赋予的，不同的"世界图景"是由语言的差异而造成的。最后，洪堡特认为，语言决定思维，语言构成世界，人和事物完全受语言——这一处于思维与客观现实之间的特殊中间世界——的制约。显然，洪堡特在这里又有夸大了语言的作用的倾向①。

洪堡特对有关语言本质问题的探讨是多方面的。他的许多有关思想，包括语言是一种有机体问题［如"语言是（人这一）有机生命体在感性和精神活动中的直接表现（unmittelbarer Aushauch），所以语言也就很自然地具有一切有机体的本性"[2]13］、对语言所做的语言与言语的区别问题（如"语言不同于每次所讲的话，它是讲话产品的总和"[4]74）、语言只能唤醒问题（如"语言是不可教授的；语言只能够在心灵中唤醒"[4]49）等，不仅"标志着语言哲学史上的一个新纪元"[6]168，而且对后来的施莱歇尔（August Schleicher，1821—1868。也有人译为"施莱赫尔"等）的语言有机体论、博杜恩·德·库尔德内（Baudcuin de Courtenay，1845—1929）与索绪尔等语言和言语的区分，以及中国学者于根元（1940—　　）"唤醒语言"说的提出②等，都产生了直接或者间接的重要影响。以博杜恩·德·库尔德内、施坦塔尔（Hermann Steinthal，1823—1899）、乔姆斯基等为代表的许多知名语言学家，都以洪堡

---

① 也有研究者认为，尽管洪堡特的一些论述使人觉得他把语言对思维的影响绝对化了，但他更多地讲到了语言与思维的相互影响。从他要探讨问题的过程——"语言从精神出发，再反作用于精神"——上看，语言终须要回到精神本源，因而，洪堡特归根到底还是主张精神（思维）决定语言的。参阅胡明扬主编《西方语言学名著选读》（第二版），中国人民大学出版社1999年版，第44—45页。

② 参阅：1. 于根元著《唤醒语言》，中国经济出版社2004年版，第1—13页；2. 于根元著《应用语言学前沿问题》，中国经济出版社2006年版，第84页。

特的学生或他学说的继承者而自居。20世纪20—30年代在德国出现的以魏斯格贝尔（Leo Weisgerber，1899—1985）为代表的"新洪堡特主义派"，更是把洪堡特的学说发挥到了一个新的高度，以至波及了教育等领域。如魏斯格贝尔一开始就反对把语言看作是交际手段，并将之完全抛开，认为语言本质上是一种能力，是一种"作用力"，是"一个民族总的精神能力""一种精神构成力"，属于"人类历史的主要创造力"，而不简单地只是一种行为。他对语言主动力的过分强调，还导致他把本质上存在于说话人思维和意识过程中的一些精神功能归于语言[7]352—363。另如德国哲学家、美学家卡西尔对洪堡特"内在语言形式"含义上所做的每一语言的内在形式都表达了一种独特的世界观之内涵的强调、美国人类学家与语言学家萨丕尔及其学生沃尔夫（Benjamin Lee Whorf，1897—1941）所提出的"萨丕尔——沃尔夫假说"中对语言决定论的强调，德国著名哲学家海德格尔对洪堡特由语言去探索人类精神发展的思考方式及论说的解剖，无一不映现出洪堡特语言世界观的影子与影响。洪堡特的民族语言与民族精神思想、语言是一种世界观的思想，还对20世纪80年代以申小龙为代表的中国文化语言学学者的语言观产生了重要的影响。

值得注意的是，在这一时期，曾被威廉·李卜克内西（Wilhelm Liebknecht，1826—1900）称为"卓越的语言学家"[8]37的马克思和被保尔·拉法格（Paul Lafargue，1842—1911）称为对语言学"兴趣始终如一""经常熟悉这些科学方面的新成就"[9]28并享有同样殊誉①的恩格斯，也曾在他们的论著中部分地触及了有关语言本质问题的认识。马克思、恩格斯在其于1845—1846年写就的《德意志意识形态》一书中曾经指出："语言是一种实践的、既为别人存在因而也为我自身而存在的、现实的意识。"[10]81即出现了语言是一种实践的、现实的意识之有关语言本质说②。恩格斯还曾在其于19世纪70年代问世的《劳动在从猿到人的转变中的作用》一文中，提出了"语言是从劳动中并和劳动一起产生出来的"著名论断[11]376。马克思恩格斯的这些见解，对20世纪以原苏联与中国等国家为代表的有关语言本质问题的认识与理解，产生了重大的影响。

---

① 参阅：1. 宋振华著《马克思恩格斯和语言学》，吉林人民出版社2002年版，第8页；2. 爱琳娜·马克思－艾威林《弗里德里希·恩格斯》。见保尔·拉法格等著《回忆马克思恩格斯》，马集译，人民出版社1973年版，第167页。

② 关于马克思、恩格斯有关语言问题的一些学说，详情可参阅于全有《语言底蕴的哲学追索——从传统语言本质论到层次语言本质论》第3章第3.3部分有关内容，吉林大学博士学位论文，2008年。

二

19世纪下半叶，德国语言学家施莱歇尔于1863年在自己的著作《达尔文学说和语言学》中提出所谓"语言生物机体说"（他的另一著作《论语言对于人类自然历史的意义》中也有涉及）。本来，英国博物学家、进化论奠基人达尔文（Charle Robert Darwin，1809—1882）于1859年出版的《物种起源》中，在通过比较的方法研究物种变异后，提出不同动物或植物内部结构的一致性、器官的同源性，显示了它们起源的共同性，以及不同动物胚胎在早期发育中表现出来的相似性意味着它们有共同的祖先等观点。施莱歇尔在达尔文学说产生后，想用进化论的模式来研究语言的分类与发展[①]。施莱歇尔认为："语言是天然的有机体，它们是不受人们意志决定而形成，并按照一定规律成长、发展而又衰老和死亡的"，"它们会受到我们称之为'生命'的一系列现象的制约。语言科学是一门关于自然科学的科学，它的研究方法也同研究其他自然科学基本上一样。"[②]施莱歇尔把语言看作生物体，并在语言生物主义的基础上建立起了语言谱系树理论模式。实际上，施莱歇尔并非第一个把语言看作生物有机体的人，19世纪初的一些学者已有诸如"语言是一种机构""语言是一种自然的有机体"等类似的认识与看法。如丹麦语言学家拉斯克早在1834年就曾说过"语言是一种自然的物体"[③]，德国语言学家葆朴于1836年在《元音系统》一书中也曾认为"语言将被看作有机的自然物体，它们是按照确定的规律形成的，它们好像[④]具有生命的内部原则而发展着"[12]250，德国浪漫主义文学批评

---

① 需要说明的是，有个别著述认为，达尔文在施莱歇尔前提出了"语言是一种有机体"说。这种说法似不确切。施莱歇尔本是受达尔文进化论学说的影响，才提出语言有机体说的。而达尔文在其提出进化论学说的名作《物种起源》中，没有提出过"语言是一种有机体"说。达尔文在1871年出版的《人类的由来》一书中说："各种语言，像有机的生物一样，也可以加以分类或归类，……成为一些自然的类别，也可以根据其它的特征来分，成为人为的类别。"（[英]达尔文著《人类的由来》，潘光旦、胡寿文译，商务印书馆2005年，第133页。其中，引文中的"像"字，原文为"象"字。这里引用时，按现在规范改为"像"字。）但达尔文此说也只是说语言像有机生物一样，又在时间上晚于施莱歇尔提出的"语言生物机体说"。达尔文还在《人类的由来》这本书中提出了语言是人的一种本能说（[英]达尔文著《人类的由来》，潘光旦、胡寿文译，商务印书馆2005年，第126—132页）。

② 参阅：1.徐志民著《欧美语言学简史》（修订本），学林出版社2005年版，第105页；2.李葆嘉著《中国语言文化史》，江苏教育出版社2003年版，第12—13页。

③ 岑麒祥著《语言学史概要》，北京大学出版社1988年版，第250页。原见拉斯克著《论文全集》（*Samlede Afhandlinger*），哥本哈根，1834年，第502页。

④ 此处"像"原文为"象"。这里按现在规范改为"像"。

家、语言学家弗·史勒格尔（F. Schlegel，1772—1829）还曾把语言分成有机语与无机语，洪堡特也早已提出语言是一种有机体。但真正系统地从生物学意义上提出"语言有机体"理论的，是施莱歇尔。跟洪堡特强调语言是有机体是为了反驳把语言看成是不变的构造之错误不同，施莱歇尔强调语言是有机体的重要目的之一是要突出语言的物质性。但他这种庸俗唯物主义立场下的自然主义的语言观，无疑等于是抹杀了语言的社会本质。尽管施莱歇尔的学说后随英国自然主义学派语言学家和宗教史学家马克斯·缪勒（Friedrich Max Müller，1823—1900，也有人译为"麦克斯·米勒"）于1861年出版的《语言科学讲话》一书一度曾在西方广为流传，但却显然经不起语言事实的检验。因而，当它遭遇到19世纪70年代后兴起的"青年语法学派"（又称"个人心理学派"）因反对研究语言时不关心"说这种语言的人"，而坚决主张要从语言本质的两方面——生理方面和心理方面——去找解决问题的出路时，语言有机体观招致被摈弃的命运，自然在所难免。当然，青年语法学派中存在的仅仅把语言看作是个人的生理现象和心理现象去探究语言的方式，同样也存在着忽视语言的社会性之弊端，注定不可能对语言的本质及其规律做出更为科学的阐释。这也使我们看到，19世纪以来人类关于语言本质认识上的两大不同的派别——以洪堡特、施坦塔尔及"青年语法学派"等为代表的个人心理主义派与以施莱歇尔、缪勒等为代表的自然主义派，由于其对语言本质观认识的局限，看不到语言根本性的特性是社会性的人赋予了语言以社会性的特征，从而造成他们注定不可能对语言既是个人的又是社会的这种现象做出更合乎逻辑的、正确的解释。

缪勒作为自然主义学派的语言学家，除把语言看成是一种自然现象——自然界的第四王国、主张把语言学划入自然科学外，他还在解释神话与语言的关系时，谈到了他对语言本质问题的另外一些认识。他说："语言就其本性和本质而言，是隐喻式的；它不能直接描述事物，而是求助于间接的描述方式，求助于含混而多歧义的语词。"缪勒还认为，"我们的心灵主要是通过语言才对我们成为客观的"，"语言与思想是不可分割的"，"人类语言除非凭藉隐喻就不可能表达抽象观念"[6]152—153。缪勒的语言隐喻本质论思想，对后世认知语言学中的隐喻理论的发展产生了较大的影响。

在这一时期，美国著名语言学家辉特尼（William Dwight Whitney，1827—1894）在其于1867年问世的《语言和语言研究》一书中，也提出了语言是一种工具及语言是一种约定俗成的符号等思想。辉特尼认为，"语言是人类表达思想的要具"，"语言是说出来的、听得见的符号；人类社会的思想主要就是通过这种符号才得以表达。我们把语言看成是一种制度，正是许多类似的制度构成了一个社会集团的文化"①。辉特尼把语言看成是一种社会制度无疑有其一定的不合理因素，因为语言并不是在任何一点上都跟其他社会制度相同的社会制度，但他把语言看成是一种约定俗成的符号，还是很有道理的②。德国和奥地利语言学家舒哈特（Hugo Schuhardt，1842—1927，也有人译为"舒哈尔德"等）曾在自己的著述中提出"语言的本质在于交际"[13]4等思想。

参考文献：

[1] 陈松岑. 语言变异研究 [M]. 广州：广东教育出版社，1999.

[2] 威廉·冯·洪堡特. 洪堡特语言哲学文集 [M]. 姚小平，编译. 长沙：湖南教育出版社，2001.

[3] 布龙菲尔德. 语言论 [M]. 袁家骅，赵世开，甘世福，译. 钱晋华，校. 北京：商务印书馆，1980.

[4] 威廉·冯·洪堡特. 论人类语言结构的差异及其对人类精神发展的影响 [M]. 姚小平，译. 北京：商务印书馆，2004.

[5] 姚小平. 洪堡特：人文研究和语言研究 [M]. 北京：外语教学与研究出版社，1998.

[6] 恩斯特·卡西尔. 人论 [M]. 甘阳，译. 上海：上海译文出版社，2004.

[7] 赵世开. 国外语言学概述：流派和代表人物 [M]. 北京：北京语言学院出版社，1990.

[8] 威廉·李卜克内西. 忆马克思 [M] // 保尔·拉法格，等. 回忆马克思恩格斯. 马集，译. 北京：人民出版社，1973.

[9] 保尔·拉法格. 忆恩格斯 [M] // 保尔·拉法格，等. 回忆马克思恩格斯. 马集，译. 北京：人民出版社，1973.

[10] 马克思，恩格斯. 德意志意识形态 [M] // 中共中央马克思恩格斯列宁斯大林著作编译局. 马克思恩格斯选集：第1卷. 2版. 北京：人民出版社，1995.

[11] 恩格斯. 劳动在从猿到人的转变中的作用 [M] // 中共中央马克思恩格斯列宁斯大林著作编译局. 马克思恩格斯选集：第4卷. 2版. 北京：人民出版社，1995.

[12] 岑麒祥. 语言学史概要 [M]. 北京：北京大学出版社，1988.

[13] 俞建章，叶舒宪. 符号：语言与艺术 [M]. 上海：上海人民出版社，1988.

（原刊《通化师范学院学报》2011年第3期）

---

① 参阅：1.[瑞士]费尔迪南·德·索绪尔著《普通语言学教程》，高名凯译，商务印书馆2004年，第31页；2.张世禄编《语言学原理》，商务印书馆1931年版，第10页；3.裴文著《索绪尔：本真状态及其张力》，商务印书馆2003年版，第28—29页。

② 参阅[瑞士]费尔迪南·德·索绪尔著《普通语言学教程》，高名凯译，商务印书馆2004年，第31、110、113页。

20世纪以来人类有关语言本质问题的
探索历程

摘要：20世纪以来，人类有关语言本质问题的认识在原有的基础上继续得以向前发展的同时，也不乏一些新的思想灵光的闪现。一方面，传统的语言工具论、语言符号论之语言本质观在一定程度上得到进一步的阐发与张扬；另一方面，以语言天赋论、语言行为论、语言过程论、语言本体论等为代表的新的语言本质观激荡涌生，开启了人类有关语言本质问题认识的新的路向。

关键词：语言本质；语言天赋论；语言行为论；语言过程论；语言本体论；语言实践表现符号论

20世纪以来，随着人类对语言及其相关问题认识的不断深入，人类在有关语言本质问题的认识上，虽然也不乏一些新的思想灵光闪现，但就总体情况看，基本上已逐渐地澄明化为三种思想为主流的态势：一方面，传统的语言工具论、语言符号论之语言本质观在一定程度上得到进一步的阐发，在学术界拥有相对广泛的市场；另一方面，随着19世纪、20世纪之交西方哲学发生"语言转向"（Linguistic turn）[①]等时代思潮的影响，以语言本体论等为代表的新的语言本质观激荡涌生，开启了人类有关语言本质问题认识的新的路向。

[①] "Linguistic turn"的汉语称谓目前通常有"语言学转向""语言的转向""语言转向""语言性转向""语言论转向"等多种。从"Linguistic turn"的本真状态等方面看，把"Linguistic turn"称作"语言学转向"是错误的。参阅于全有《语言哲学术语"Linguistic turn"的汉语称谓辨析》，《社会科学辑刊》2007年第1期，第248—250页。

一

20世纪初，德国哲学家、现象学哲学创始人胡塞尔在其于1900年至1901年问世的两卷本《逻辑研究》中，在阐释其现象学思想的同时，触及了他对语言本质问题的部分认识。胡塞尔认为，语言中词语的构成与组合，既有约定俗成的一面，又有先验的一面（这一点上颇有些类似于莱布尼茨的相关认识）。他认为："对下列事实的……清醒认识，对于语言研究具有决定性的意义：语言不仅具有其生理的、心理的以及文化和历史的基础，而且还具有先验的基础。这种先验的基础关涉到语言的先验的组合及变换规则和本质性的意义形式。某种本质上不受先验性所决定的语言是根本不可想象的。"[1]46胡塞尔还认为，语言不只是发挥标记作用的一般符号，语言是具有意义的符号；语言符号的功能是表达[1]47。而词的物理方面与意义间的联系是偶然的、非必然的联系。实际上也就是说，语言符号音义结合是任意的[1]48。胡塞尔的对语言符号任意性的这一认识，不仅较后来索绪尔的相关认识要早若干年的，而且也是颇有深度的。胡塞尔还从其所提出的"理解是如何可能的"这一全新的命题出发，将"理解"规定为语言的本质，即语言的存在是满足人们相互理解的需要[2]21。胡塞尔对语言本质的这一认识，显然还是不完整的。斯大林于1904年在其《社会民主党怎样理解民族问题？》一文中提出："语言是发展和斗争的工具。不同的民族有不同的语言。"[3]37列宁于1914年在其《论民族自决权》一文中说："语言是人类最重要的交际工具。"[4]508列宁的这一论断，后经斯大林在《马克思主义和语言学问题》一书中的引用与阐发，成为社会主义国家一个常见的关于语言的经典性定义，进而又影响到了西方的许多国家，从而成为20世纪关于语言的一个常见的经典性的定义。

1916年，在素有"现代语言学之父""结构主义语言学鼻祖"之称的瑞士语言哲学家索绪尔去世后的第四年，其学生巴利（Charles Bally，1865—1947）和薛施蔼（Albert Sechehaye，1870—1946）帮助整理出版了以他的三次讲授普通语言学课为内容的《普通语言学教程》一书①。在这部有"哥白尼革命"之誉[5]248、被布龙菲尔德称为"为我们奠定了人类言语科学的

---

① 关于索绪尔的《普通语言学教程》，另有 R. Godel《索绪尔〈普通语言学教程〉稿本溯源》（1957）、R. Engler《索绪尔〈普通语言学教程〉评注本》（1967、1974），以及《索绪尔第三次普通语言学教程》（1993）等多种可供参照的相关著作。

理论基础"[6]146的名著中，索绪尔对有关语言本质问题进行了具有里程碑意义的重要开拓。索绪尔认为"言语活动有个人的一面，又有社会的一面"[7]29，他把"言语活动"明确地区分为"语言"和"言语"这样两个层面上的东西。在索绪尔看来，语言"只是言语活动的一个确定的部分，而且当然是一个主要的部分。它既是言语机能的社会产物，又是社会集团为了使个人有可能行使这机能所采用的一整套必不可少的规约"[7]30，"语言本身就是一个整体、一个分类的原则"[7]30，它"是通过言语实践存放在某一社会集团全体成员中的宝库，一个潜存在每一个人的脑子里，或者说得更确切些，潜存在一群人的脑子里的语法体系"[7]35。他认为，语言的特征可以概括如下："（1）它是言语活动事实的混杂的总体中一个十分确定的对象。我们可以把它定位在循环中听觉形象和概念相联结的那确定的部分。它是言语活动的社会部分，个人以外的东西；个人独自不能创造语言，也不能改变语言；它只凭社会的成员间通过的一种契约而存在。另一方面，个人必须经过一个见习期才能懂得它的运用；儿童只能一点一滴地掌握它。它是一种很明确的东西，一个人即使丧失了使用言语的能力，只要能理解所听到的声音符号，还算是保持着语言。（2）语言和言语不同，它是人们能够分出来加以研究的对象。我们虽已不再说死去的语言，但是完全能够掌握它们的语言机构。语言科学不仅可以没有言语活动的其他要素，而且正要没有这些要素掺①杂在里面，才能够建立起来。（3）言语活动是异质的，而这样规定下来的语言却是同质的：它是一种符号系统；在这系统里，只有意义和音响形象的结合是主要的；在这系统里，符号的两个部分都是心理的。（4）语言这个对象在具体性上比之言语毫无逊色，这对于研究特别有利。语言符号虽然主要是心理的，但并不是抽象的概念；由于集体的同意而得到认可，其全体即构成语言的那种种联结，都是实在的东西，它们的所在地就在我们脑子里。此外，语言的符号可以说都是可以捉摸的；文字把它们固定在约定俗成的形象里。但是要把言语行为的一切细节都摄成照片却是不可能的；一个词的发音，哪怕是一个很短的词的发音，都是无数肌肉运动的结果，是极难以认识和描绘的。相反，语言中只有音响形象，我们可以把它们译成固定的视觉形象。"[7]36—37最后，他把语言定义为"语言是一种表达观念的符号系统"[7]37。

---

① 此处的"掺"原文为"搀"，这里按现在规范改为"掺"。

无疑，索绪尔在有关语言本质问题的认识上，强调的是语言是一种符号系统，认为"语言的本质跟语言符号的声音性质没有什么关系"[7]27。在他看来，"符号在本质上是社会的"[7]39，语言是"以约定俗成为基础的"[7]103，"语言符号连结的不是事物和名称"，而是一种一端是音响形象（能指）、一端是概念（所指）的两面心理实体[7]101—102①。因而，语言无非是社会约定俗成的表达观念的符号。语言符号具有任意性、线条性、不变性（传承性）、可变性等特点[7]102—116, 181—185。同时，语言还是一个只知道自己固有秩序的系统[7]117—127，句段（Syntagmatic，也译"组合"）和联想（Associative，也译"聚合"）是语言系统中的两种根本关系，二者双重交汇构成语言的主体结构。至此，语言符号论之语言本质思想经索绪尔的阐发，已基本成形，并逐步成为有关语言本质认识的重要理念之一。

索绪尔还提到，语言"是形式而不是实质"[7]169②，"语言是一种社会制度"，但"语言并不是在任何一点上都跟其他社会制度相同的社会制度"，语言"可以归入人文事实一类"[7]37, 31，以及认为语言是"集体所创造和提供的工具"、声音"是思想的工具"[7]32, 29、"语言的扩张和内聚都要依靠交际"等[7]287。他反对言语活动的运用要以人的天赋机能为基础，认为"人们还没有证明，说话时所表现的言语活动的功能完全出于天赋"[7]30—31。

索绪尔的理论，"很大程度上是对语言本质的思考"[8]序2。他的上述关于语言本质的认识，开创了人类对语言及语言本质问题认识的新时代，对后世的影响是巨大而又多方面的。无论是由索绪尔的弟子梅耶（Antoine Meillet，1866—1936）与格拉蒙（Maurice Grammont，1866—1946）继承索绪尔的思想而来的法兰西社会心理语言学派的问世，还是作为源于索绪尔的、结构主义语言学流派的下位分支——以巴利和薛施蔼为代表的日内瓦学派、以叶姆斯列夫（Louis Hjelmslev，1899—1965）为代表的哥本哈根学派、以特鲁别茨柯依（Николай Сергеевич Трубецкой，1890—1938）与雅克布逊（Roman Jakobson，1896—1982）及马泰休斯（Vilém Mathesius，1882—1945）等为代表的布拉格学派、以鲍阿斯（Franz Boas，1858—1942）和萨丕尔与布龙菲

---

① 需要说明的是，吴为章用"声音映象"（sound image）和"概念映象"（concept image）来分别称说语言符号两端所连结的"音响形象"和"概念"。参阅吴为章编著《新编普通语言学教程》，北京广播学院出版社 2002 年，第 16 页。

② 索绪尔这里所说的"实质"（Substance），指的是构成符号实体，即由能指与所指的结合所形成的两面实体的物质；索绪尔这里所说的"形式"，指的是实体间的关系。

尔德等为代表的美国描写语言学派——的催生与发展，还是到对席卷欧美乃至影响到整个世界的结构主义思潮的引领——如对法国的德里达与罗兰·巴特的符号学研究、法国的拉康（Jacques Lacan，1901—1980）的精神分析、法国的列维-施特罗斯（Claude Lévi Strauss，1908—　）①的人类学研究等，索绪尔的影响无疑是巨大而又深远的②。当然，索绪尔的有关语言本质的理论也并不是完美无瑕的，其中也存在着一定的局限性。如他把语言看成是社会心理现象，符号的能指与所指实际上都成了心理的、意识的、同质的东西；把听觉映象作为能指，也等于排斥了声音；在强调语言是符号系统、区分语言内外部要素时，注重联系不足，出现了被他的学生、法国知名语言学家梅耶所批评的"太强调语言的系统性以致忘却了语言中人的存在"问题[9]53；二元对立思维方式的绝对化，造成了对语言中间层次状态存在的不承认与抹杀等。

二

　　1921年，奥地利哲学家、分析哲学的主要代表人物维特根斯坦在其《逻辑哲学论》一书中，从其逻辑实证主义思想出发，提出作为一种符号的语言是世界的图像（即语言图像论）、语言的界限就是世界的界限之观点。其目的在于强调语言是直接表达思想的，语言通过表达思想而表达事实，必须把语言与语言外之事实相对应来说明语言的本质，而不是孤立地就语言研究语言。他说，"事实的逻辑图像是思想"[10]31，"真的思想的总体就是一幅世界的图像"[10]31，"我们用以表达思想的记号我称为命题记号"[10]32，"命题记号即是事实"[10]32。而"命题的总体即是语言"[10]41。这样，维特根斯坦在逻辑分析的基础上所得到的语言的本质，便是一个由所有描述事态或事态的命题

---

① 需要说明的是，Claude Lévi Strauss 这个名字目前许多著作都将其翻译为"列维－施特劳斯"。根据著名语言学家伍铁平教授提供的材料，虽然按 Claude Lévi Strauss 的祖籍可将其按德国姓氏译为"列维－施特劳斯"，但从 Claude Lévi Strauss 本人是法国人上看，应按法语将其译为"列维－施特罗斯"更为合适。像原苏联的《语言学百科辞典》等，实际上就是将 Claude Lévi Strauss 译为"列维－施特罗斯"的。

② 索绪尔著的《普通语言学教程》1974 年英译本新版本中新增加的 J. Culler 的一篇引言中，还把索绪尔与奥地利心理学家、精神分析学派创始人弗洛伊德（Sigmund Freud，1856—1939）与法国社会学家涂尔干（Durkheim Emile，1858—1917）并称为近代三大思想家（分别为近世语言学、近世心理学、近世社会学领域）。

组成的封闭的、完成了的整体。他认为，"哲学将通过清楚地表达可说的东西来指谓那不可说的东西"[10]49，"语言中表达了自己的东西，我们不能用语言来表达"[10]49，"我的语言的界限意味我的世界的界限"[10]85①，亦即"语言（我所唯一理解的语言）的界限就意味我的世界的界限"[10]85，这里，维特根斯坦把语言与世界的界限联系起来，从逻辑上将语言规定为世界的界限，既表明了人所能达到的世界只是语言的世界之观点，又显示了语言在这里已被赋予了本体论的意义。维特根斯坦之后的许多分析哲学家，往往都不同程度地承袭了维特根斯坦的这种在语言中去把握存在的思路。当然，这不等于说，维特根斯坦在有关语言问题的认识上，已没有语言工具论等之理念。恰恰相反，他在后期的代表作《哲学研究》中，曾明确地表达了语言是工具的思想。实际上，发端于德国著名的逻辑学家与数学家弗雷格（Friedrich Ludwig Gottlob Frege，1848—1925）、成长于罗素（Bertrand Arthur William Russell，1872—1970）、维特根斯坦，直至奥斯汀（John Langshaw Austin，1911—1960）、蒯因（Willard van Orman Quine，1908—2000，也有人译为"奎因"等）、克里普克（Soul Kripke，1940— ）等分析哲学传统（英美传统），尽管其对语言分析的目的大体相同（认为许多哲学问题从根本上说是语言问题，可通过语义分析解决）、具体目的不尽相同（如弗雷格是为给数理逻辑寻找本体论基础、罗素是为对传统哲学进行根本改造、维特根斯坦要消除传统哲学问题），但从他们基本上都认为语言是对事物和思想的表达，都是从对语言的分析出发去解决问题的致思途径上看，他们实际上还是自觉或不自觉地存在着把语言作为工具、也作为他们达至自己的研究目的的工具来看待的因素的。这一点，同胡塞尔、海德格尔、伽达默尔、德里达等为代表的现象学—解释学传统（德法传统）是很不相同的。后者恰恰认为语言就是思想的本身，不承认语言后还有思想，甚至在海德格尔那儿，不仅语言构成了我们这个世界，而且是语言在说了。

法国语言学家房德里耶斯（Joseph Vendryès，1875—1960）也于1921年问世了一部名为《语言论》（1925年被译成英文）的重要著作。房德里耶斯在该书中认为："语言是工具，同时又是思维的辅助形式。"[11]房德里耶斯提出，语言是作为交际工具和思维工具的符号系统，与思维密不可分。他说：

---

① ［奥］维特根斯坦著《逻辑哲学论》5.6，贺绍甲译，商务印书馆2002年，第85页。需要说明的是，这里的"我"，按维特根斯坦的理解，指的"并不是人"或"人的心灵"，而是"形而上主体，是世界的界限——而不是它的一个部分"。参阅［奥］维特根斯坦著《逻辑哲学论》5.6.41，贺绍甲译，商务印书馆2002年，第87页。

"对语言所能下的最一般的定义是：它是符号的系统。……所谓符号是指一切能作为人与人之间交际工具的记号。"他认为，"语言是思维的工具和助手"，"不可能存在于进行思维和说话的人之外"[12]200—201①。房德里耶斯还提出语言是一种社会现象，具有任意性等特点[12]200。同年，美国人类学家与语言学家萨丕尔在其《语言论——言语研究导论》一书中提出："语言只是声音符号的习惯系统"[13]4，是一种"表达意义的工具"[13]20。而"言语是一种非本能性的、获得的、'文化的'功能"[13]4。他给语言下的定义是："语言是纯粹人为的，非本能的，凭借自觉地制造出来的符号系统来传达观念、情绪和欲望的方法。"[13]7②他认为，"语言的本质就在于把习惯的、自觉发出的声音（或是声音的等价物）分派到各种经验成分上去"[13]10。显然，萨丕尔对语言本质的认识，是在考虑到了前人已有的工具论与符号论两种观点的基础上提出来的。但他实际上是把重点放在了语言的社会性方面，"因为它纯然是一个集体的历史遗产，是长期相沿的社会习惯的产物"[13]4。萨丕尔在语言观问题上，最引人争议的，是他与他的学生沃尔夫所提出的所谓的"萨丕尔-沃尔夫假说"（The Sapir-Whorf Hypothesis）。这一假说，思想源于萨丕尔，阐发多来自沃尔夫。其基本思想是：（1）"语言决定论"，即语言决定思维；（2）"语言相对论"，即思维相对于语言而存在，语言不同，思维不同，语言形成世界、形成不同的世界观。如萨丕尔在其1929年问世的《语言学作为一门科学的地位》一文中，一改前期《语言论》中"语言、种族和文化不一定互相关联"的观点，认为语言"强有力地制约着我们对社会问题和社会过程的所有的看法"，人"在很大程度上受制于已经成为他所属的那个社会的表达工具的特定的语言"，"事实是'现实世界'在很大程度上是由有关集团的语言习惯不自觉地建立起来的。从来没有两种语言相似到可以认为代表同样的社会现实"③。沃尔夫在其于1940年发表的《作为精确科学的语言学》一文中则说，

---

① 需要说明的是，潘文国对房德里耶斯"语言是思维的工具和助手"的相关理解是："语言是工具，同时又是思维的辅助形式。"参阅潘文国《语言的定义》，《华东师范大学学报》（哲学社会科学版）2001年第1期，第99页。

② 需要说明的是，潘文国将这句话译为："语言是人类特有的、非本能的一种方式，借助于自身创造的一种符号体系，用来交流意见、感情和愿望。"参见潘文国《语言的定义》，《华东师范大学学报》（哲学社会科学版）2001年第1期，第99页。

③ 参阅：1. ［美］本杰明·李·沃尔夫著《论语言、思维和现实——沃尔夫文集》，高一虹等翻译，湖南教育出版社2001年版，第1页；2. 胡明扬主编《西方语言学名著选读》（第二版），中国人民大学出版社1999年版，第157页；3. 赵世开编著《美国语言学简史》，上海外语教育出版社1998年版，第31—33页。

他的"语言相对论原则"用通俗的话来说，就是"使用明显不同的语法的人，会因其使用的语法不同而有不同的观察行为，对相似的外在观察行为也会有不同的评价；因此，作为观察者他们是不对等的，也势必会产生在某种程度上不同的世界观"[14]译序8。萨丕尔－沃尔夫的语言是一种世界观说，继承并发展了洪堡特的语言世界观理论，对20世纪西方语言哲学的发展产生过重要的影响，不少语言哲学流派的学者其出发点就是从语言世界观出发的。中国20世纪80年代后期，以申小龙为代表的本体论文化语言学学者，曾将其作为文化语言学倡立的哲学基础。

在这一时期，俄国语言学家、当代国际术语学创始人之一的德雷仁（Ernest K. Drezen，1892—1937）在其于20世纪20年代多次修订、出版的《世界共通语史——三个世纪的探索》一书中，阐发了语言是一种工具的思想。德雷仁认为，"语言是人类互相联系、互相理解的工具""是促进生产结果得以实现的工具"[15]4。他还认为："语言是一种工具，一种联系工具。它和其他一切工具一样，也是受存在的一定的生产和经济形式所规定的。"[15]7

丹麦著名语言哲学家叶斯柏森（Jens Otto Harry Jesperson，1860—1943。也有人译为"叶斯帕森""叶斯泊森"）在其于1921年出版的《语言论：语言的本质、发展和起源》及1924年出版的《语法哲学》两部著作中，先后触及了语言的本质问题。叶斯柏森认为："语言的本质乃是人类的活动，即一个人把他的思想传达给另一个人的活动，以及这另一个人理解前一个人思想的活动。"[16]3而我们要想了解语言的本质，就"不应该忽视这两个人，语言的发出者和接受者，或更简便地说，说话人和听话人以及两者间的相互关系"[16]3。从这个观点出发，叶斯柏森十分重视语言的交际功能与社会性，把语言看成是社会现象，看成是人类的交际工具和思维工具，显示了他在有关语言本质问题的认识上既不同于他之前的德国语言学家施坦塔尔和保罗（Hermann Paul，1846—1921）把语言看成是个人的心理现象的观点，又不同于他之前的索绪尔把语言看成是社会心理现象的观点之不同的认识。

英国人类学家、语言学家马林诺夫斯基（Bronislaw Malinowski，1884—1942）于1923年在其《原始语言中的意义问题》中认为，"语言的最原始功能是体现为行为方式，而不是思想的记号"，应当通过一个民族的文化生活和风俗习惯来观察语言的功能[17]14。英国语言学家、伦敦学派奠基人弗斯（John Rupert Firth，1890—1960）在马林诺夫斯基的意义语境理论（词语的意义要结合语境去理解）的基础上，认为语言是一种社会过程或人类行为，并提出"意义即语言环境中的功能",采用情境方式去解释语言,形成了情境语言学或功能语言学学派[18]168—169、[17]14。语言行为方式说之理念后在英国哲学家奥斯汀、英国语言学家韩礼德(M. A. KHalliday, 1925— , 又名"哈里迪")及美籍华裔语言学家赵元任(1892—1982)那里,得到了进一步的发挥。

中国著名语言文字学家、第一部汉语白话文语法著作的创造者黎锦熙(1890—1978)在20世纪20年代前后的语言教学中,也明确地提出了语言是工具的思想。他说:"语言文字不过是学问底一种工具,文法更不过是一种工具底工具。"①

1927年,德国著名哲学家、存在主义哲学创始人海德格尔在其《存在与时间》一书以及后来的《形而上学导论》(1953)、《在通向语言的途中》(1959)等一系列著作中,提出了对语言本质问题的新认识。海德格尔有关语言本质问题的认识,可以以20世纪30年代中期为界分为前后两段:前期主要立足于生存本体论,强调逻各斯是语言本质的基础(也是构成存在的最基本方面),后期主要立足于语言本体论,把注意力从逻辑问题转向了语言问题,把语言问题上升到本体高度②。

海德格尔是在对此在的生存本体论分析中,发现语言的本质的。他首先从语言与生存的关系入手,进入到对语言本质问题的探讨。他认为,作为"有所言谈的存在者"的人,"意味着这种存在者以揭示着世界和揭示着此在本身的方式存在着"[19]192—193。而语言这一现象在此在的展开状态这一生存论建构中

---

① 黎锦熙著《新著国语文法》之《订正新著国语文法新序(1933)》,商务印书馆1998年版。需要说明的是:(1)这里之所以说黎锦熙是20世纪20年代前后提出此说,是因为黎锦熙在1933年的这篇序言中的此段话,本来记录的是一个和黎锦熙"十年前曾经讨论过国语文法底标准问题"、后来又在黎锦熙的《新著国语文法》出版后(初版是1924年)"便欣然用作教本"的人,当年在学校学习时,听黎锦熙先生讲过的此话。从时间上推算,黎锦熙提出语言是工具的思想,起码也应当是在1924年之前。(2)有人认为,黎锦熙在1924年出版的《新著国语教学法》(商务印书馆)中提出"夫文字,工具也,利器也""要使文字和语言一致。文字以语言为背景,才是真正确切的符号,才能作普通实用的工具"之语是黎锦熙关于"语言是工具"的论述。这种看法,无论是从所引用的黎锦熙这段话所述的内容,还是从所述内容的出处及出现的时间上看,都是不甚准确的。

② 对此,海德格尔曾这样说道:"我是在授课资格论文二十年之后的一个讲座中才大胆探讨语言问题的。……在1934年夏季学期,我开过一个题为《逻辑学》的讲座。而这个讲座实际上是对 λóγos[逻各斯]的沉思,我力图在其中寻找语言的本质。但其后又隔了近十年,我才能够去道说我所思考的东西。"([德]海德格尔《从一次关于语言的对话而来——在一位日本人与一位探问者之间》,见[德]海德格尔著《在通向语言的途中》,孙周兴译,商务印书馆2004年版,第93页。)

有其根源。语言的生存论存在论基础是"言谈"（Rede）[19]188①。而作为"言谈"的逻各斯（logos，源于希腊文λογος），具有"使……公开"的意思，其功能在于把某种东西"展示出来让人看"[19]37—39，因此，逻各斯给语言提供了本质的基础，语言则是逻各斯的"说出性"，通过语言把什么给表达出来了，这正是语言的本体论功能。也就是说，在海德格尔那里，语言所表达的东西、通过语言所表现的东西，都不是主体或使用语言的人所决定的，因为语言所表达的世界早已先于个人存在而存在了。这样，语言的本质也不是主体性的了，而是存在的、世界的了。后来，海德格尔发现，他想要建立的以此在的生存为基础的生存本体论与传统的从认识主体出发去追寻本体论的方式虽有区别，但却仍然没有摆脱以主体为中心的传统本体论哲学的影响，且他原本希望的从"此在"的生存来揭示存在的一般意义之目的也没有达到，于是便放弃了他的生存本体论追求，而转向了在他看来比"此在"的生存更为根本、与世界的联系更为直接的语言，转向了语言本体论的追求。他在1946年秋与巴黎让·波弗勒（Jean Beaufret）的《关于人道主义的书信》（1947年收入其《柏拉图的真理学说》一书中）中提出"语言是存在的家"。他说："存在在思中形成语言。语言是存在的家。人以语言之家为家。思的人们与创作的人们是这个家的看家人。只要这些看家人通过他们的说使存在之可发乎外的情况形诸语言并保持在语言中，他们的看家本事就是完成存在之可发乎外的情况。"[20]358—359在海德格尔看来，对存在意义的回答，需要用展示的方式来显露根据。这也是现象学的真谛所在。而要了解存在的真实含义，必须从独具询问与反思能力的人对存在的提问入手。他认为，人是一种特殊的存在者："这种存在者，就是我们自己向来所是的存在者，就是除了其它可能的存在方式以外还能够对存在发问的存在者。我们用此在〔Dasein〕这个术语来称呼这种存在者。"[19]9"此在"就是人的存在，它能发问存在、领会或领悟存在，"对存在的领会本身就是此在的存在的规定"[19]14。而这种领会只有借助语言才能完成。在这当中，是思想（思考）把存在对人的本质的关联作为存在交给自己的东西向存在供奉

---

① 〔德〕海德格尔著《存在与时间》（修订译本），陈嘉映、王庆节合译，生活·读书·新知三联书店2000年，第188页。需要说明的是，这里的"言谈"，即德语的Rede，一般的著作多译为"言谈"。陈嘉映、王庆节先生在本书中本译为"话语"，笔者在本文中引用时仍采用"言谈"译法。其实，关于德语Rede的含义，现代语言学之父索绪尔早在《普通语言学教程》中，就已经明确地对其含义做出过是"言谈"意义的解释。索绪尔说，德语的"Rede大致相当于'言语'，但要加上'谈话'的特殊意味"（参见〔瑞士〕费尔迪南·德·索绪尔著《普通语言学教程》，高名凯译，商务印书馆2004年，第36页）。

出来：存在在思（想、考）中形成语言（即语言来自存在），语言是存在的栖身之家（即存在住在"语言"这个家里，并在这里显现、居停，语言是存在显现、居停的活动方式），人栖居在语言所筑起的这个家中（人住在"语言"的家中，"语言"大于"人"）。思考的人们与诗人是这个家宅的看家人。他们通过自己的言说使存在的开敞形乎语言并保持在语言中，他们的看守就是存在的开敞的完成[21]155。这样，海德格尔就把语言和人、存在联系了起来，并逐步地推导出"语言说话"的论断，把语言置放到了本体论的位置。

海德格尔在有关语言本质问题上，并未简单地只把语言看作是一种表达与传播思想的工具，他是在"我们并没有否认人是说话的生灵，一如我们没有否认那种以'表达'为名对语言现象作分类整理的可能性"的前提下来考问人何以说话、什么是说话的[22]11。他认为，"就其本质而言，语言既不是表达，也不是人的一种活动。语言说话"[22]10。语言何以能说话呢？这是因为人之所以说话，是"因为人应合于语言。这种应合乃是倾听。人倾听，因为人归属于寂静之指令"[22]27。在海德格尔看来，人的要素在本质上乃是"语言性的"。而人之本质是"通过语言而被带入其本己，从而它始终被转让给语言之本质，被转让给寂静之音"的。而这种情况的发生，"乃由于语言之本质即寂静之音需要（braucht）人之说话，才得以作为寂静之音为人的倾听而发声"[22]24。因而，海德格尔认为"语言之本质现身乃是作为道示的道说"[23]253。而作为说话的人，则"我们不仅是说这种语言，我们从这种语言而来说话。只是由于我们一向已经顺从语言而有所听了，我们才能从语言而来说话"[23]254，"我们听道说，只是因为我们本就归属于道说。唯①独道说向归属于道说者允诺那顺从语言的听和说"[23]255。

道说既然就是显示，那作为显示的道说又从何而来呢？海德格尔认为这又是从"大道"而来。他说，"在道说之显示中的活动者乃是居有"，"它把在场者和不在场者带入其当下本己之中"。而这种"有所带来的居有，即成道"，"成道者乃大道本身"[23]258。显然，海德格尔把道说语言的根归为"大道"。而这种"大道"，在海德格尔那里，则又是"我们既不可把大道（Ereignis）表象为一个事件，也不可把它表象为一种发生，而只能在道说之显示中把它经验为允诺者。我们不可能把大道归结为其他什么东西，不可能根据其他什么东西来说明大道"[23]258—259。

---

① 此处的"唯"原文为"惟"，这里按现在规范改为"唯"。

至此，海德格尔完成了他的语言本质问题的追索之旅，语言本体论之语言本质观自此已基本形成。

海德格尔对语言本质问题的追索的致思方式是非常独特的。他所探讨的语言的本质主要是要探讨语言作为语言如何"成其本质"，即"语言作为语言而成其本质的方式，也即持存的方式，也就是在那个允诺语言入于语言之本己要素而成其本身的东西中聚集起来的方式"[23]248。因而，严格说来，他所做的关于语言本质问题的探讨，并不同于一般意义上的关于语言本质问题的探讨。他对语言所做的这种本体论的思考，是在对包括洪堡特在内的传统语言本质观批判的基础上建立起来的①，既与传统的属人的语言本质观大相径庭，又比罗素、前期维特根斯坦等理想语言学派所持的理想的逻辑语言体系与世界同构的观点走得更远、更彻底。他的这种把语言置于本体地位、消解人的语言本质观，与日常语言学派的语言由仍属人、由人使用所决定的语言本质观，也是截然不同的。海德格尔的这种语言本质观，不但对以伽达默尔为代表的哲学解释学产生了重要的影响，而且对后现代主义的彻底解构人的语言观的思潮，也产生了重要的引导作用。如海德格尔之后的德里达之解构主义的语言观，即是建立在海德格尔的语言本质观基础上的。当然，海德格尔的这种语言本质观在给予人们对语言本质问题以新的视角、新的启发的同时，也不同程度地存在着夸大了语言在人们生活中的作用和地位，颠倒了人与语言之间的关系等倾向②。

原苏联美学家、文艺理论家、结构符号学代表人物之一巴赫金（Михаил Михайлович Бахтин，1895—1975）在其于1929年出版的《马克思主义与语言哲学》一书中，在批判了被他所称为"抽象客观主义"的索绪尔学说后，认为语言存在的实际就是言语交际，是话语，而不是抽象的语言结构，并认为话语是言语的交际单位，应在语言的真实生命——言语交际中研究语言[24]。

---

① 需要说明的是，个别著述认为海德格尔沿袭或承接了洪堡特的语言观，这种看法是不确切的。海德格尔实际上是把洪堡特的语言观作为传统形而上学语言观的主要代表来看待并批判的，认为"洪堡把语言的本质理解为 Energeia（活动），但是他却完全在非希腊的意义上即在莱布尼茨的单子论的意义上来理解主体的语言活动的。他的语言之路采取的是指向人的方向，并通过语言指向另一个东西：对人类精神发展的探究和描述"。因而，从这种角度来理解语言的本质的洪堡特并没有展示语言的本质。参阅刘敬鲁著《海德格尔人学思想研究》，中国人民大学出版社 2001 年版，第 282—285 页。

② 关于这部分内容的分析，详情可参阅于全有《语言底蕴的哲学追索——从传统语言本质论到层次语言本质论》第 2 章第 2.2.3 部分中的有关内容，吉林大学博士学位论文，2008 年。

三

1936年，英国语言学家帕默尔（L. R. Pamler）在其《语言学概论》中提出了一个跟索绪尔的"语言的本质跟语言符号的声音性质没有什么关系"[7] 27的认识相对立的观点："语言在本质上是人类发出的声音。这些声音是造成语言的材料。"[25] 13帕默尔认为，"语言是为了影响听者的行为这一特殊目的而发出的声音"，"语言就是有意义的声音"[25] 13。在帕默尔看来，语言其实有三种功能：一是它表示说话者的思想、感情等；二是它影响听话者的行为，有引起收效的功能；三是它能把所指的"事物"符号化。因而，帕默尔给语言下了这样一个定义："语言是一个符号系统，符号的材料是语音。"[25] 13在语言与思维关系问题上，帕默尔认为："语言不仅仅是思想和感情的反映，它实在还对思想和感情产生种种影响。"[25] 139

20世纪中叶，日本语言学家时枝诚记（ときえだもとき，1900—1967）在其于1941年出版的《国语学原论》（1955年又出版了统编本的《国语学原论》）一书中，提出了语言实质上是人的思想的表达过程和理解过程之说。时枝诚记认为，语言就是个人的表达行为和理解行为，是一种动态的过程；语言就是言语表达和理解过程的本身，不存在独立于言语表达和理解过程之外的所谓的"语言"。为此，时枝诚记还得出了一个如下等式：语言=语言行为=语言活动=语言生活。也就是说，时枝诚记所说的语言，不是索绪尔符号系统说下的那种静态系统与纯心理观念，而是一个动态的过程，是物质性的。时枝诚记认为语言的本质是"主体的概念作用"。时枝诚记把自己的这一思想称为"语言过程说"，并认为语言过程说就是"我对语言的本质为何物之谜的回答"[26] 1。时枝诚记的这一理论后被日本的三浦勉所继承，并得到了新的发展。三浦勉在其《语言过程说的展开》（《言語過程説の展開》，1983）等一系列著述中，针对时枝诚记学说中存在的忽视伴随语言表达的社会性约定的认识及由此引起的媒介过程、不区分对现实事物的表达和对想象的事物的表达等不足，将语言和言语统一到一起，提出语言是人的表达行为和理解行为的结果。语言过程说从语言事实出发去认识语言自有其一定的合理因素，但也部分地存在着对语言理解上的片面性因素①。

---

① 参阅：1. [日] 三浦つとむ著《言語過程説の展開》，《三浦つとむ選集3》，株式会社勁草書房，1983年8月10日第1版第一刷発行；2. 许宗华《语言过程说——一种不同于语言工具论的语言观》，《解放军外国语学院学报》2001年第3期，第10—14页。

　　美国著名物理学家爱因斯坦（Albert Einstein，1879—1955）在其于1941年发表的《科学的共同语言》一文中，触及了他对语言本质问题的一些认识。爱因斯坦认为，语言和思维关系密切，只有当人们开始"频繁地使用所谓的抽象概念时，语言才成为真正意义上的推理工具"，即语言可以是抽象思维的工具。而"一个人的智力发展以及其形成概念的方式在很大程度上依赖于语言"，"语言和思维是联成一体的"。爱因斯坦还认为，声音在其他方面可交流的符号与感觉印象联系起来，这是形成语言的第一步。但这一步，很可能在某种程度上"所有的群居动物都已达到了这种原始的交流"。语言形成于"更深层次的符号使那些表示感觉印象的符号之间相互建立了联系"之后[27] 106—107。

　　丹麦语言学家、结构主义哥本哈根学派创始人叶姆斯列夫在其于1943年问世的《语言理论纲要》中提出："语言是人类形成思想、感情、情绪、志向、愿望和行为的工具，是影响他人和受他人影响的工具。"[11]，[18] 381—383叶姆斯列夫还在语言认识上，提出不但要认识语言系统……还要通过语言认识语言背后的人和人类社会，以及全部人类知识领域[28] 20。美国实用主义哲学家、现代指号学创始人莫里斯（Charles William Morris，1901—1979）在其于1946年问世的《指号、语言和行为》一书中，在从有机体的行为出发来构造关于指号（sign）的理论体系时，曾触及了他对语言本质问题的认识。莫里斯认为，"语言"这个定义应该包括五个标准：第一是"一种语言是由许多指号组成的"，第二是"一种语言中的每一个指号，对于若干解释者都具有共同的意谓"，第三是"构成一种语言的那些指号必须是公指号，也就是说，这些指号是解释者－族的诸成员所能产生的，并且它们对于产生者同样具有它们对于其他的解释者所具有的那种意谓"，第四是"构成一种语言的诸指号都是多情境的指号"，第五是诸指号"必须构成一个由相互联系的指号所组成的体系"[29] 42—43。因而，莫里斯给语言下定义说："语言是一组多情境的指号，这些指号具有解释者族的诸成员所共有的那种个人间的所意谓，并且它们是解释者族的诸成员所能产生的和可以以某种特定的方式组合起来以形成复合指号的。或者更简单地说：一种语言就是一组多情境的、在组合的方式上有限制的公指号。如果组合的限制包含在'体系'这个语词中的话，我们就可以说：一种语言就是一个多情境公指号的体系。由于指号－族是多情境的，最简单的基本定义就是：一种语言就是一个公指号－族的体系。"[29] 43—44显然，在有关语言本质问题的认识上，莫里斯主张语言是由一些公指号构成的体系。

　　英国哲学家、逻辑学家、数学家，分析哲学创始人与主要代表罗素在其于

1948年问世的《人类的知识——其范围与限度》一书中认为，语言是由一些符号构成的工具。在他看来，"语言是把我们自己的经验加上外形并使之为大家共晓的一种工具"[30]72，"语言虽然是一个有用甚至是不可缺少的工具，却也是一个危险的工具"[30]75，因此，哲学家就面对着使用语言来消除语言所暗示的错误信念的困难任务。由符号构成的语言"有表达和传达两种功用"[30]70，这两种功用有相容性，"并不一定是各自分开的"[30]70。语言还"能让我们使用符号来处理与外面世界的关系"[30]73。但罗素不同意没有语言就没有思想的主张，认为"没有语言也可能有思想"，语言不过是"使一些没有语言就不能存在的思想成为可能"[30]72。罗素还认为，语言有两大相互关联的优点，一是"它是社会性质的"，二是"它对'思想'提供了共同的表达方式，这些思想如果没有语言恐怕永远没有别人知道"[30]71。而人类的语言和其他动物的那种先于语言的声音的最根本的区别，就在于人类的语言可以表达思想。值得一提的是，罗素还曾在其于1927年问世的《哲学大纲》中提出了一个常被后人批评为自然主义语言观的观点，认为语词的每一种排列都复制或描述了物理环境中某些事实的结构[31]49—52。

四

斯大林在其于1950年问世的《马克思主义和语言学问题》一书中，针对原苏联东方学家、语言学家马尔（Vilém Mathesius，1864—1934）的一些庸俗社会学的错误观点，着重阐发了他的语言是社会的交际工具及语言与思维密切相联系的思想。他在引用列宁的"语言是人类最重要的交际工具"说的同时，又说道："语言是手段、工具，人们利用它来彼此交际，交流思想，达到互相了解。语言是同思维直接联系的，它把人的思维活动的结果、认识活动的成果用词和句中词的组合记载下来，巩固起来，这样就使人类社会中的思想交流成为可能了。"[32]561—562斯大林还认为，"语言既是交际的工具，又是社会斗争和发展的工具"[32]562，"语言的存在和语言的创造就是要作为人们交际的工具为整个社会服务"。而"语言一离开这个全民立场"，则"它就会丧失自己的本质，就会不再是人们在社会中交际的工具"[32]550。

至此，语言工具论之语言本质思想在经过斯大林的阐发后，已基本成型，并逐步成为有关语言本质认识的重要理念之一。

斯大林还在同书中阐述了语言的社会本质，认为语言是一种社会现象。他在论述语言的特征时说："语言属于在社会存在的时间内始终起作用的社会现象之列。它随着社会的产生和发展而产生和发展，随着社会的死亡而死亡。社会以外是没有语言的。因此要了解语言及其发展的规律，就必须把语言同社会的历史，同创造这种语言、使用这种语言的人民的历史密切联系起来研究。"[32]561斯大林的上述有关语言本质问题的思想，对后来中国有关语言本质观的认识产生了很大的影响，此后许多学者曾在文中阐述了语言工具论、语言社会现象论思想。如著名语文学家、教育家叶圣陶（1894—1988）继1949年提出语言"是表达内容的唯①一工具"[33]204后，于1955年又在《关于语言文学分科的问题》中提出："按照马克思列宁主义关于语言的学说，语言是'交际的工具'，是'社会斗争和发展的工具'。"[34]著名语言学家、语文教育家吕叔湘（1904—1998）、张志公（1918—1997）等，也都分别阐释过语言是工具的思想。

1953年，维特根斯坦在其所出版的后期思想代表作《哲学研究》中，出于对传统形而上学及自己前期哲学思想的失误批判之目的，在将其哲学研究的基点由前期《逻辑哲学论》所探讨的"理想语言"转移到后期的"日常语言"上的过程中，对语言本质重新做了新的认识。在他的《哲学研究》中，维特根斯坦不但否定了自己前期提出的语言图像论思想（实际上他在20世纪20年代末即已放弃了《逻辑哲学论》中的观点），而且认为语言有描述以外的多种功能，提出了语言游戏间不存在所谓的共同的逻辑本质，只存在着"家族相似"（而非统一性或共同性）的一些共同特征的观点。因而我们不能谈论，也不存在语言的共同的逻辑本质。也就是说，维特根斯坦在这里否认了自己前期提出的那种超验的、脱离实际的逻辑是语言本质的观点，否定的原因是他看到了自己前期的观点脱离了语言的具体运用情况，而陷入了理想的语言状态之迷宫。他通过语言游戏的分析意识到：运用语言是一种活动，是一种生活方式，词的意义即用法；现实的语言多种多样，不仅仅只有一种描述的功能，日常语言本身就已具有良好的秩序，无须再去建构某种理想的语言。这样，语言也就无所谓有所谓共同的逻辑本质了，那种认为语言有本质的观点便不过是由于对日常语言的误解或偏见造成的了。而日常语言中我们能看到的，只有"家族相似"的一些共同特征。虽然维特根斯坦通过日常语言的分析，较好地完成了他的批判传统的本质主义思想之目的，但在我们看来，他也不过是正确地诊断了病症的症结之所在（传统形而上学的追求事物本质的思维方式），却并没有进一步为之

---

① 此处的"唯"原文为"惟"，这里按现在规范改为"唯"。

开出更为有效的解决相关问题的药方。维特根斯坦所谓的语言游戏间只存在着"家族相似"的特征，而无共同本质的认识本身，虽然在一定程度上起到了揭示他所要分析的问题症结之作用，并让人们更好地看到了语言用法的多样性、伸缩性、变动性及实践性等特征，但却显然只是循着分析与揭示传统形而上学追求事物本质的方式之弊端的思路去看问题的，明显没有事物本质的层次性之意识，也在某种程度上等于否定了抽象思维的概括性等特征。这是维特根斯坦对语言本质的认识难以达至更深入、更深邃境界的一个重要原因。维特根斯坦还在《哲学研究》中，多次表达了语言是工具的思想。如"发明一种语言可能意味着出于特定的目的在自然律的基础上（或者与自然律相一致）发明一种工具"[35]207，"想一想工具箱中的工具：有锤子、钳子、锯子……词的功能就像这些东西的功能一样，是多种多样的"[35]9等。他还曾提出，"语言的述说乃是一种活动，或是一种生活形式的一个部分"[35]17，"词语就是行动"[36]1，这些语言功能思想，成为后来以奥斯汀及塞尔（John Searle，1932—　　）等为代表的言语行为理论的思想源泉。

英国哲学家、言语行为理论创始人奥斯汀继承了维特根斯坦"意义即用法"等理念，并进一步将其发展为"说话就是做事"。他在创建自己的言语行为理论中，部分地触及了对语言本质的认识。一方面，奥斯汀认为语言是一种工具，他在1956年发表的《为辩解辩》一文中，就曾认为"词是我们的工具"[37]21①；另一方面，奥斯汀又在其《怎样用语言做事》讲演中认为，语句的功能只有执行功能一种，这是语言最基本的功能。而传统观点总是从语言的表达功能（陈述功能和描述功能）上阐述语言的本质，却没有看到语言的本质就在于做事。所以，奥斯汀认为言语的本质是人类的一种行为，因而语言也是人类行为的一部分，本身包含着行为的力量。奥斯汀根据说话的力量（语旨力），把言语行为分为三类：（1）语谓行为（即表述性行为，表达语意行为）；（2）语旨行为（即施为性行为，完成语旨行为）；（3）语效行为（即成事性行为，取得语效行为）。奥斯汀认为，这种区分只是一种抽象，实际的言语至少兼有两种行为②。奥斯汀的上述思想，后在美国哲学家塞尔的《言语行

---

① 杨玉成著《奥斯汀：语言现象学与哲学》，商务印书馆2002年版，第21页。原见 Austin, John Langshaw, Philosophical Papers, third edition, Oxford University Press, 1979.

② 参见：1. 杨玉成著《奥斯汀：语言现象学与哲学》第三章，商务印书馆2002年版；2. 赵敦华著《现代西方哲学新编》，北京大学出版社2001年版，第178—179页；3. 伍铁平主编《普通语言学概要》（第二版）第七章第一节，高等教育出版社2006年版。

为》（1969）等著述中得到了进一步发挥。塞尔认为，语言交流的最小单位不是符号、语词或语句，而是通过一个或几个语句而被完成的言语行为。他把言语行为分为命题行为、语行行为、语效行为三种，反对维特根斯坦关于语言用法和语言游戏无限多样的观点，认为如果把语言行为的目的当作划分语言用法的基本概念，就能看出语言用法和语言游戏的种类是有限的。他强调语句的意义与其语境密切相联，否认语句具有一种不以语境为转移的字面意义。

法国著名的美学家、文艺理论家、符号学家罗兰·巴特在其于1957年出版的《神话论》一书中，认为语言不仅仅是工具，而且它还从结构上形成社会生活的实质性内容[38] 161。法国语言学家马丁内（André Martinet，1908—1999）在其于1962年问世的《语言功能观》中认为，语言是一种双重分节的交际工具，即语言是由两个内部层次——第一个层次是最小音义结合体的符素（monème）、第二个层次是音位（phonème）——相互作用下完成其交际功能的一种工具，并认为交际功能是语言的优于其他功能的、基本的，也是最中心的功能[18] 254—257, [39]。

1957年，美国著名语言哲学家乔姆斯基出版了《句法结构》一书，开启了他打破结构主义一统天下的"乔姆斯基革命"的序幕。乔姆斯基在这本书及后来的《句法理论的若干问题》（1965年）等著作中，从其对语言本质问题的不同认识出发，提出了他的语言哲学思想。乔姆斯基的这些有关语言本质问题的不同认识，贯穿在他的转换生成语言理论的发展过程——"句法结构"模式、"标准理论"模式（简称"ST模式"）、"扩展的标准理论"模式（简称"EST模式"）、"管辖与约束"模式（简称"GB模式"）、"最简方案"模式（简称"MP模式"）等几个阶段中。在乔姆斯基看来，语言的本质及特征都是由语法决定的。他的语言本质观主要体现在如下两方面。首先，他从笛卡儿的理性主义的天赋观念思想出发①，在继承了17世纪法国波尔·罗瓦雅尔的普遍唯理语法传统与19世纪德国洪堡特关于语言是一种创造能力及语言的"内部形式"学说的基础上，通过对儿童语言习得情况的推论，提出了他的语言天赋能力思想。他认为，人类具有一种先天的语言习得机制，人脑的初始状态应该包括或固有人类一切语言共有的特性——"普遍语法"或"语言普遍现象"。普遍语法是人类语言最基本的、具有共性的东西②。其次，乔姆斯基把索绪尔的

---

① 乔姆斯基不同于笛卡儿物质和心理相互独立的观点，他认为心理依赖物质。

② 乔姆斯基的天赋说只是认为语言知识中有天生的成分——即普遍语法知识——具有"不可学得性"（unlearnability），而不认为全部语言知识都是天生的，即不否认后天经验获得的"可学得性"（learnability）的语言知识。

"语言"与"言语"之别发展为"语言能力"（competence）与"语言运用"（performance），认为语言学的重要任务就是要研究语言能力。乔姆斯基所说的"语言能力"，指的是人所具有的理解、辨别、生成话语的机制，这种机制在乔姆斯基看来是"天赋"的、普遍的（按乔姆斯基2002年的新说法，人类生物天赋的一部分是特殊的"语言器官"，即语言能力[40]）。语言学研究就是要把这种天赋能力的普遍语法形式特征构建出来。因此，乔姆斯基创造了一套形式化、公式化的转换生成原则与规则来研究英语言，试图从中概括出也适用于他语言的共性规律①。

乔姆斯基的普遍语法的天赋论假设，对于我们更好地认识语言的本质提供了新的视角，具有一定的启发意义。这种天赋论假设的科学性程度，仍还有待于科学发展去进一步证明。但乔姆斯基把语言作为心理的内在知识研究、以便发现生物个体的大脑结构以何种结构方式说话与理解话语的这种注重内在的形式研究，显然有忽略了语言的社会性之倾向。所以，认识到这一不足的英国语言学家、系统功能语法的创始人韩礼德于20世纪50年代末从强调语言的"社会行为"本质出发去探讨语言的发展规律，就不仅是对乔姆斯基学说的一种逆动，也是一种必要的补充了。至于20世纪60年代兴起的以美国语言学家拉波夫（W. Labov，1927— ）等为代表的社会语言学，则更是作为以乔姆斯基为代表的形式主义语言学的对立面，从语言的社会本质、社会功能出发的产物。

值得注意的是，美籍华裔语言学家赵元任于20世纪50年代末期在其《语言问题》演讲中，在前人已有的语言行为方式论基础上，提出"语言是人跟人互通信息、用发音器官发出来的、成系统的行为的方式"。他认为，语言具有以下几个特征：一是"一种自主的、有意识的行为"，二是语言跟所表达的事物间的关系"完全是任意的，完全是约定俗成的关系"，三是语言"是一个人类社会的传统的机构"，四是语言既"富于保守性，又是跟着时代变迁的"，五是语言"是一个由比较少的音类所组织的有系统的结构"[41]3—5。

在这一时期，德国哲学家伽达默尔在其于1960年问世的《真理与方法——

---

① 参阅：1.［美］诺姆·乔姆斯基著《句法结构》，邢公畹、庞秉均、黄长著、林书武译，中国社会科学出版社1984年版；2.［美］诺姆·乔姆斯基著《句法理论的若干问题》，黄长著、林书武、沈家煊译，中国社会科学出版社1986年版；3. 俞如珍、金顺德编著《当代西方语法理论》第五章，上海外语教育出版社2003年版；4. 赵世开编著《美国语言学简史》第4部分，上海外语教育出版社1998年版；5.［英］尼尔·史密斯、达埃德尔·威尔逊著《现代语言学（乔姆斯基革命的结果）》，李谷城、方立、吴枕亚等译，外语教学与研究出版社1983年版。

哲学诠释学的基本特征》一书中，继承了海德格尔"语言是存在的家"之思想及洪堡特的语言是世界观等思想，从解释学的立场出发，来构建自己的理解本体论思想（在他后来的《哲学解释学》一书中也有体现）。伽达默尔认为，语言是理解的媒介，就是"人的存在的真正媒介"，或是"此在本身存在的方式"（这种媒介不是工具或符号系统，不是客观性的）。他提出："能理解的存在就是语言。"[42]119这意味着：语言是我们遭遇事物的方式，语言是对世界的体验，人总以拥有语言的方式拥有世界，世界也只有进入语言之中才成为世界，每一种语言都是一种独特的世界观[1]148,[42]119。在伽达默尔看来，"语言本质上是交谈的语言，但它只有在交流过程中才能获得它的实在性"[1]149。而当人们以语言的方式拥有世界时，语言在此就并不是作为纯粹的工具或交谈手段，语言也根本不是一种意识借以同世界打交道的、与符号和工具并列的第三种器械或工具[43]63，而是一种专门的、唯一的生活过程。语言交流在这一过程中展现了世界，世界也通过语言显现了自身，因而，拥有语言，也就等于拥有了世界。而要拥有世界，必须也只能拥有语言的世界，语言是人类拥有世界的唯一方式。显然，伽达默尔强调语言的媒介性、交谈性，这种对语言本质的认识观无疑具有一定的积极意义。但他把语言视为拥有世界的唯一方式等认识，显然带有忽视认识世界的其他实践活动的片面性的因素。他一方面强调语言不是交流工具，只是对世界的体验，却在另一方面，又用语言这种媒介作工具在表达世界，显示了他的语言观的自相矛盾之处。

五

20世纪末叶，随着20世纪80年代认知语言学的兴起，人们对语言本质问题的认识又有了新的提高。1980年，认知语言学的创始人——美国语言学家莱考夫（George Lakoff）和约翰逊（Mark Johnson）出版了《我们赖以生存的隐喻》一书，从隐喻的角度探讨了语言的隐喻本质。1987年，莱考夫又出版了《范畴》、约翰逊又出版了《心中之身：意义、想象和理解的物质基础》等书，基本上形成了认知语言学的语言观。认知语言学认为，认知是语言的基础，是连接客观世界和语言的桥梁。语言不仅是认知的工具，其本身也是认知的成果，是认知的重要组成部分。语言本身的结构和特点深受认知的影响，语言结构与人类的概念知识、身体经验以及话语的功能有关，并以它们为理据。认知语言学扬弃了乔姆斯基的自然语言的句法是自主的、不受语义影响的天赋能力语言观，代之以经验主义的语言观，认为语义是句法生成的基础，没有人的认知以外的所谓的意义，语言也并不是封闭的、自足的体系，而是开放的、有依赖性的，语言能力是人后天在客观现实、社会文化、心理基础、认知能力等各种因素综合作用的基础上，对世界进行感知、体验与概念化的产物，它与人的认知能力密切相关。在这种背景下，又出现了语言也是巩固和记载认知成果的工具之主张[44]6—8。如中国当代著名语言学家许国璋（1915—1994）在其于1984年发表的《语言的定义、功能、起源》一文中，就在已有的相关认识的基础上，强调了语言也是认知的工具。他认为："语言是人类特有的一种符号系统，当它作用于人与人的关系的时候，它是表达相互反应的中介；当它作用于人和客观世界的关系的时候，它是认知事物的工具；当它作用于文化的时候，它是文化信息的载体和容器。"[45]1

这一时期，中国学者对语言本质问题进行了不少新的、有益的探索。邢公畹（1914—2004）在其《信息论和语言科学及文艺科学》一文中，从信息论的角度对语言的本质进行了揭示，提出"语言是一种参考信息"，意思是说作为信息载体的语言在承载信息时，加进了额外信息（即参考信息）。参考信息就是信息的编码体系[46]8。申小龙于1990年在其《汉语人文精神论》中，提出"语言的社会性、人文性才是语言的本质"[47]370。王希杰在提出语言具有动态性与非系统性、缺漏性与不自足性、潜在性与显性的基础上，认为"作为思维工具、交际工具、文化载体的语言，是一种具有自我调节功能的和非体系特征的，处在不断地从无序向有序运动过程之中的、动态平衡的、多层次的音义相结合的复杂的符号体系"[48]67。于根元等在1997年的"语言哲学对话"中提出动态是语言的本质，交际是语言的基本属性①。张颂于2000年在其《关于语言本质的思考》一文中提出："语言的本质正在于其'人文性'"，亦即"人文精神的音声化"是语言的本质[49]。

六

21世纪初，中国学者于根元在其于2003年出版的《应用语言学概论》中提出

---

① 于根元等在1997年1月9日的"语言哲学对话"中提出动态是语言的本质。该内容先以《动态：语言的本质——语言哲学对话选载》在《语文建设》1997年第8—9期连载，后结集于1999年出版的《语言哲学对话》一书中。见于根元等著《语言哲学对话》第四部分，语文出版社1999年版。

"语言是人类最重要的认知、思维、交际的工具"，并认为"也可以认为认知、思维是交际的一种方式，而只说语言是人类最重要的交际工具。"[50]91,[51]70他还在书中提出一如舒哈特"语言的本质在于交际"的主张，认为"交际是语言的本质"[50]92。

2008年，于全有在其博士学位论文《语言底蕴的哲学追索——从传统语言本质论到层次语言本质论》中，提出了语言层次本质论思想（即后来被称为"语言实践表现符号论"思想）[52]。于全有认为，在人类已有的种种传统语言本质观中，存在着一个共同的缺陷，就是它们对语言本质的认识，往往都是站在各自的视角上，从语言的某一层面或某一角度上出发，去观照语言、思索语言的，既没有本质的层次性意识，又在致思途径上往往还没有完全摆脱传统形而上学追求终极存在的单一性之思维方式，因而，难免会在对语言本质问题的认识上，存在着一些诸如忽视人的存在、忽视人的交往实践活动，不能系统、深入、恰切地反映语言的真正本质，或片面、偏执等不尽如人意的地方。于全有从对"本质"的哲学思索出发，依据对本质的层次性及语言的实际状态的研究考察，认为语言本质应该是一个由语言的底层本质（基础层次）、一般本质（核心层次）、特殊本质（表象层次）等诸层次而构成的具有一定的内在的逻辑联系的整体。语言的底层本质是人的实践活动（简称"实践"），这可以从语言的产生、发展、习得、应用等多层次与多角度反映出来；语言的一般本质是表现（"表"为"表述""表达"，"现"为"显现""呈现"），这可以从语言表达与接收（理解）的过程及不同语域的语言存在之不同方式上反映出来；语言的特殊本质是符号，这可以从语言的音义结合等特性上及与一般符号特点的比较上反映出来。这三者的层次、内容及其关系如下图：

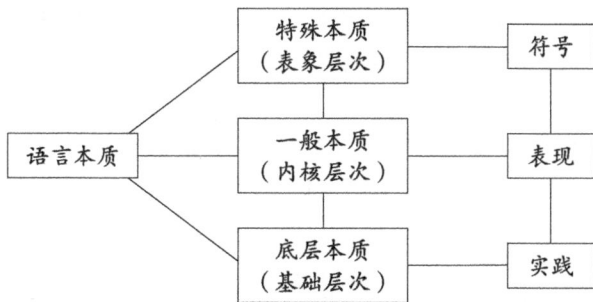

其中，语言的底层本质"实践"，是决定整个语言系统的性能与状况的根本所在。它逻辑地催生了具有理想性与价值性特征的语言的一般本质"表

现"，并在此基础上，又支撑了语言的一般本质对具有现实性特征的语言的特殊本质"符号"的催生。反过来，从另一个角度说，语言的特殊本质"符号"，又是语言的一般本质"表现"的现实实现；而语言的一般本质"表现"，则又是语言的底层本质"实践"的理想性、价值性的诉求。从语言的三层本质的价值性能上看，"实践—表现—符号"这三者，既是语言本质逻辑性的层次反映，又是人的生存、实践与语言间的逻辑关系的反映；既是对语言历史的、现实的、未来的本质状态的系统反映，又是在实践基础上的对传统语言工具论、本体论、符号论、过程论等合理内核的合理吸纳与融通。

在此基础上，于全有从语言本质上对"语言"的概念重新进行了定位，认为"语言是人类实践活动的音义结合的表现符号"[52]①。

参考文献：

［1］涂纪亮. 现代欧洲大陆语言哲学［M］. 北京：中国社会科学出版社，1994.

［2］钱伟量. 语言与实践：实践唯物主义的语言哲学导论［M］. 北京：社会科学文献出版社，2003.

［3］斯大林. 社会民主党怎样理解民族问题？［M］//中共中央马克思恩格斯列宁斯大林著作编译局. 斯大林全集：第1卷. 北京：人民出版社，1953.

［4］列宁. 论民族自决权［M］//中共中央马克思恩格斯列宁斯大林著作编译局. 列宁选集：第2卷. 2版. 北京：人民出版社，1972.

［5］R·H·罗宾斯. 语言学简史［M］. 上海外国语学院外国语言文学研究所，译. 合肥：安徽教育出版社，1987.

［6］徐志民. 欧美语言学简史［M］. 修订本. 上海：学林出版社，2005.

［7］索绪尔. 普通语言学教程［M］. 高名凯，译. 北京：商务印书馆，2004.

［8］陈嘉映. 语言哲学［M］. 北京：北京大学出版社，2003.

［9］戚雨村. 现代语言学的特点和发展趋势［M］. 上海：上海外语教育出版社，2000.

［10］维特根斯坦. 逻辑哲学论［M］. 贺绍甲，译. 北京：商务印书馆，2002.

［11］潘文国. 语言的定义［J］. 华东师范大学学报（哲学社会科学版），2001（1）：97—108，128.

---

① 本文收入本书时补注：关于20世纪以来人类有关语言本质问题的探讨，还有一些内容可以参阅收入本书中的《语言交际理论研究需要注意澄清的几个基本问题》《语言钥匙论之语言观论析》等文章中的相关部分。

［12］胡明扬. 西方语言学名著选读［M］. 2版. 北京：中国人民大学出版社，1999.

［13］萨丕尔. 语言论：言语研究导论［M］. 陆卓元，译. 北京：商务印书馆，2003.

［14］本杰明·李·沃尔夫. 论语言、思维和现实：沃尔夫文集［M］. 高一虹，等，译. 长沙：湖南教育出版社，2001.

［15］德雷仁. 世界共通语史：三个世纪的探索［M］. 徐沫，译. 北京：商务印书馆，1999.

［16］奥托·叶斯柏森. 语法哲学［M］. 何勇，夏宁生，司辉，等，译. 王惟甦，韩有毅，校. 北京：语文出版社，1988.

［17］李葆嘉. 中国语言文化史［M］. 南京：江苏教育出版社，2003.

［18］赵世开. 国外语言学概述：流派和代表人物［M］. 北京：北京语言学院出版社，1990.

［19］海德格尔. 存在与时间（修订译本）［M］. 陈嘉映，王庆节，译. 2版. 北京：生活·读书·新知三联书店，2000.

［20］海德格尔. 海德格尔选集：上［M］. 孙周兴，选编. 上海：生活·读书·新知上海三联书店，1996.

［21］徐友渔，周国平，陈嘉映，等. 语言与哲学：当代英美与德法传统比较研究［M］. 北京：生活·读书·新知三联书店，1996.

［22］海德格尔. 语言［M］//海德格尔. 在通向语言的途中. 孙周兴，译. 北京：商务印书馆，2004.

［23］海德格尔. 走向语言之途［M］//海德格尔. 在通向语言的途中. 孙周兴，译. 北京：商务印书馆，2004.

［24］张会森. 作为语言学家的巴赫金［J］. 外语学刊，1999（1）：50—54.

［25］L. R. 帕默尔. 语言学概论［M］. 李荣，王菊泉，周焕常，等，译. 吕叔湘，校. 北京：商务印书馆，1983.

［26］时枝诚记. 国语学原论·序［M］. 东京：株式会社岩波书店，昭和十六年十二月十日.

［27］阿尔伯特·爱因斯坦. 科学的共同语言［M］//爱因斯坦晚年文集. 方在庆，韩文博，何维国，译. 海口：海南出版社，2000.

［28］罗·亨·罗宾斯. 普通语言学概论［M］. 李振麟，胡伟民，译. 上海：上海译文出版社，1986.

［29］莫里斯. 指号、语言和行为［M］. 罗兰，周易，译. 上海：上海人民出版社，1989.

［30］罗素. 人类的知识：其范围与限度［M］. 张金言，译. 北京：商务印书馆，2003.

［31］约翰·麦奎利. 谈论上帝：神学的语言与逻辑之考察［M］. 安庆国，译. 高师宁，校. 成都：四川人民出版社，2003.

［32］斯大林. 马克思主义和语言学问题［M］//中共中央马克思恩格斯列宁斯大林著作编译局. 斯大林文集：1934—1952. 北京：人民出版社，1985.

［33］叶圣陶. 中学语文科课程标准［M］//中央教育科学研究所. 叶圣陶语文教育论集：上册. 北京：教育科学出版社，1980.

［34］叶圣陶. 关于语言文学分科的问题［J］. 人民教育，1955（8）：27—33.

［35］维特根斯坦. 哲学研究［M］. 李步楼，译. 北京：商务印书馆，2002.

［36］Ludwig Wittgenstein. *Culture and Value*. trans. Peter Winch，ed. G. H. von Wright. Chicago：University of Chicago. Press，1984.

［37］杨玉成. 奥斯汀：语言现象学与哲学［M］. 北京：商务印书馆，2002.

［38］裴文. 索绪尔：本真状态及其张力［M］. 北京：商务印书馆，2003.

［39］杨金华. 评马丁内的功能语言观［J］. 外国语（上海外国语学院学报），1991（3）：17—21.

［40］Noam Chomsky. Language and the Brain. Universita Degli Studi Di Siena. 1999；诺姆·乔姆斯基. 语言与脑［J］. 语言科学，2002（1）：11—30.

［41］赵元任. 语言问题［M］. 北京：商务印书馆，1980.

［42］赵敦华. 现代西方哲学新编［M］. 北京：北京大学出版社，2001.

［43］加达默尔. 哲学解释学［M］. 夏镇平，宋建平，译. 上海：上海译文出版社，2004.

［44］赵艳芳. 认知语言学概论［M］. 上海：上海外语教育出版社，2001.

［45］许国璋. 语言的定义、功能、起源［M］//许国璋. 论语言和语言学. 北京：商务印书馆，2001.

［46］邢公畹. 信息论和语言科学及文艺科学［M］//南开大学中文系《语言研究论丛》编委会. 语言研究论丛：第5辑. 天津：南开大学出版社，1988.

［47］申小龙. 汉语人文精神论［M］. 沈阳：辽宁教育出版社，1990.

［48］王希杰. 修辞学通论［M］. 南京：南京大学出版社，1996.

［49］张颂. 关于语言本质的思考：语言传播杂记之十六［J］. 现代传播（北京广播学院学报），2000（1）：94，83.

［50］于根元. 应用语言学概论［M］. 北京：商务印书馆，2003.

［51］于根元. 应用语言学前沿问题［M］. 北京：中国经济出版社，2006.

［52］于全有. 语言底蕴的哲学追索：从传统语言本质论到层次语言本质论［D］. 长春：吉林大学，2008.

（原刊《辽东学院学报》社会科学版2011年第3期）

后 记

　　这本书是我近些年来从事语言哲学研究部分文章的一个小结，主要是关于语言观问题的理论与发展演进等方面的追索与探究的。这些文章，大都是在学术刊物上公开发表过的文章，有的是在相关学术讨论会上交流过的内容。收入本书时，除个别地方外，尽可能保留了原文风貌。

　　我自20世纪80年代后期走上语言研究道路之后，从语言本体研究逐步走入语言学及应用语言学研究，乃至进入语言哲学研究领域，一路走来，感慨良多。问学的过程本身就是一本书，每本都自有其独具的味道。特别是在我走进语言哲学研究领域的前前后后，所经历过的令人难以忘怀的历历过往，许多已醇化为陈年老酒的时光与风雅，实非一时所能尽其甘冽、醇厚与馨香，权且留与未来慢慢咀嚼、回味。唯"水有源，树有根""斯文有传，学者有师"，为学每有收获的根源不能或略。在此，谨向在我问学的不同阶段曾给予过我诸多教益与无私帮助的学界前贤、师长们，致以诚挚的谢意。在我对语言观念研究的过程中，在不同层次与不同的具体研究对象的相关研究中，曾获得过来自不同科研部门的科研基金项目的支持。本书的出版，得到了沈阳师范大学学术文库的出版资助。这里，谨对上述相关科研部门对本人本方面研究的鼎力支持，致以真诚的谢意。著名语言学家李宇明先生于百忙之中为本书拨冗赐序，万卷出版公司的王维良社长及编辑张洋洋、刘书吟等对本书的出版问世给予了诸多支持与帮助，在此一并致谢。需要感恩、致谢的人和事很多，限于篇幅，恕不于此一一呈现了。

　　扬雄《法言》有言："君子之所慎：言、礼、书。"言论、著作等之所以为"君子之所慎"，概因出于以免有失而误导听读者之考量。语言观研究作为对语言认识的一种形上之思，从事这样一种带有根本性认识特征的探究，有类于"语言素问"，本不是一件很轻松地就可以达至目标之事，它需要研究者要具有相当程度的语言哲学等方面研究的功夫、功力与功底。限于水平，书中的不足之处在所难免，尚望学界同道批评指正。

于全有

2023年1月5日于盛京类庐